Über das Buch:

Gehen Sie mit Ihren Kindern, dem äußeren und dem inneren, auf eine Reise zu den Urbildern der Seele und entdecken Sie gemeinsam die unendlichen Weiten, die dort auf Sie warten. Tauchen Sie ein in die zauberhaften Geschichten, die anhand der Karten der Großen Arkana - vom Maler Klaus Holitzka in seinem Kinder-Tarot mit Kindern für Kinder umgesetzt - einen Ariadne-Faden durch das so gefährlich scheinende Unbewußte und entlang der wirklich wichtigen Fragen des Lebens legen. Denn durch Geschichten lassen sich die Dinge am allereinfachsten erklären.

Über die Autorin:

Marie-Louise Bergoint, Jahrgang 1953, beschäftigt sich seit über zwanzig Jahren mit spirituellen Fragen. Ein immer wiederkehrendes Thema in ihrer Arbeit ist, Menschen dabei zu unterstützen, ihren ureigenen Sinn zu entdecken und diesen dann ins tägliche Leben zu integrieren und zu leben. Stationen auf diesem Weg waren (oder sind, in alphabetischer Reihenfolge): Autorin, Galeristin, Lebensgefährtin, Mutter von drei Kindern, Therapeutin, Verlegerin. In ihren Kursen als Therapeutin legt sie viel Wert darauf, daß wir unsere inneren Wirklichkeiten erleben, um so neue Möglichkeiten zu entdecken, unsere Ziele, Hoffnungen und Wünsche wahr werden zu lassen.

Marie-Louise Bergoint

Märchenhaftes Tarot

Eine Reise
zu den Urbildern
der Seele

lesen•fliegen•landen
Schirner Verlag

ISBN 3-930944-26-X

Copyright © by Schirner Verlag, Darmstadt
Erste Ausgabe 1997

Umschlaggestaltung und Illustration: Klaus Holitzka
Herstellung: Druckservice Reyhani, Darmstadt
Printed in Germany.

Inhaltsverzeichnis

Vorwort

Die Geschichten dieses Buches und die dazugehörigen Tarot-Karten, die hierin als Schwarzweiß-Zeichnungen abgebildet sind, sind für Kinder geschrieben und gemalt worden, doch werden sie auch das „innere Kind" in jedem Erwachsenen berühren und anregen.

Sie sind für all diejenigen gedacht, die nach Mitteln und Wegen suchen, das Wesentliche und im besten Sinne Eigene in ihren Kindern und sich selbst zu fördern. Für all jene, die sich selbst besser kennenlernen und dadurch selbstbewußter und abenteuerlustiger ihr Leben in die eigene Hand nehmen wollen.

Mit ihren märchenhaften Einzelheiten bringen diese Bilder und Geschichten Kinder und Erwachsene unmittelbar mit jenen Urbildern oder Archetypen in Kontakt, die jedem Menschen im Innersten vertraut sind. Es sind die uralten Bilder, in denen unsere Seele denkt und sich uns mitteilt, und zu denen wir alle einen unbewußten Zugang haben, weil sie uns Menschen seit den Anfängen unserer Entwicklung begleiten.

Von alters her wissen Menschen, daß Bilder und Geschichten auf der unbewußten Ebene weit mehr bewirken, als sie vordergründig zu erzählen scheinen. Tarotkarten, Märchen und Sagen dienten nicht nur der Unterhaltung, sondern wurden immer auch als eine subtile Art von Unterweisung oder gar Medizin verabreicht. Denn Bilder und Geschichten offenbaren uns komplexe Einsichten und Zusammenhänge über unser Leben und die Welt, ohne das wir sie mit unserem Verstand verstehen müssen. Sie verbreiten ihre heilsame Wirkung auch so.

Die 22 Großen Arkana jedes Tarotkartendecks setzen sich aus jenen Bildern zusammen, die die gemeinsamen Erfahrungen aller Menschen

widerspiegeln. Sie sind wie eine symbolische Landkarte unseres Bewußt-
seins, mit deren Hilfe wir immer tiefer in das Geheimnis unseres Lebens
eindringen können. Unabhängig von Zeit und Kultur in die wir hinein-
geboren werden, zeigen sie grundlegende, allgemeingültige Muster und
Lebenssituationen auf, denen alle Menschen auf ihrer Reise durchs Leben irgendwann einmal begegnen.

In diesem Sinne ist das Tarot nicht so sehr ein Spiel, mit dem wir
unsere Zukunft wahrsagen können, sondern vielmehr ein wertvolles
Werkzeug mit dem wir verstehen lernen, welche Erfahrungen gerade
jetzt für uns notwendig sind oder welche Entwicklungsschritte als nächstes anliegen.

So betrachtet, führen uns die Bilder des Tarot in jene meist verbor-
genen Schichten des Unbewußten, zu denen unser Verstand, unser Bewußtsein, keinen Zugang findet. Sie erschließen uns den inneren Raum
unseres Selbst, das über ein umfassenderes Wissen, eine Ahnung vom
großen Ganzen verfügt, das uns im alltäglichen Getriebe oft verborgen
bleibt.

Diesen Schatz inneren Wissens zu heben, dazu möchte Sie dieses
Tarot mit seinen Bildern und Geschichten einladen.

Wir wünschen Ihnen viel Spaß dabei.

Anleitung

Kinder leben im Hier und Jetzt. Anders als wir Erwachsenen interessiert es sie in der Regel wenig, was die Zukunft bringt. So sind dieses Buch mit seinen Geschichten und die dazu passenden Karten auch weniger dazu gedacht, als Orakel zu genutzt zu werden, sondern vielmehr in ihrem ursprünglichen Sinn, nämlich als Spiegel für unsere Erfahrungen in der Welt, als wunderbares Werkzeug zu Selbsterkenntnis und Weiterentwicklung.

Natürlich können Sie das Kartenspiel, wie alle anderen Tarot-Decks, auch als Orakel für sich selbst nutzen. Dazu können Sie auf jede Ihnen bekannte Legemethode zurückgreifen, oder die nachstehenden Vorschläge aufgreifen. Obwohl sie sich in erster Linie damit befassen, wie die Weisheiten des Tarot für Kinder angewandt werden können, sind sie durchaus nicht nur für Kinder gedacht. Auch das Kind in Ihnen selbst wird davon profitieren und wachsen.

Ein besonderer Hinweis:
Wenn Sie diese Geschichten zum ersten Mal lesen oder vorlesen, beginnen Sie mit dem Kapitel „Der fliegende Teppich oder wie alles begann". Diese Geschichte faßt, wie ein Rahmen, die folgenden Tarot-Geschichten ein und erklärt symbolisch, was Tarot ist.

Die persönliche Tarotkarte ermitteln

Die **Persönlichkeitskarte** spiegelt den Ausdruck, den das Selbst in der Außenwelt findet, wieder. Sie steht für unsere Talente, Fähigkeiten, das, was uns antreibt, und dafür, wie andere uns wahrnehmen.

Die **Seelenkarte** steht für den tiefsten Wesenskern. Sie zeigt uns die natürliche Quelle der Kraft in uns, die geistige Essenz unseres Lebens.

Die **Entwicklungs- oder Wachstumskarte**, auch **Jahreskarte** genannt, ändert sich jedes Jahr. Sie gilt von einem Geburtstag bis zum nächsten. Diese Karte weist auf Wachstumsmöglichkeiten, Herausforderungen und fällige Entwicklungsschritte hin.

Anmerkung vorab zur Berechnung:
Alle Summen über 22 werden noch einmal quergerechnet. Summen, die 22 ergeben, haben als Seelenkarte die 0, den Narren, und als Persönlichkeitskarte (2+2) die 4, den Herrscher.

Persönlichkeits- und Seelenkarte sind die gleichen, wenn die Quersumme bei der ersten Ausrechnung bereits unter 10 liegt.

Beispiele zur Ermittlung der Karten

Persönlichkeitskarte:	Geburtstag	23
	Geburtsmonat	9
	Geburtsjahr	<u>1948</u>
	Summe	1980

Quersumme bilden: $1 + 9 + 8 + 0 = 18$: Mondmann

Seelenkarte: Quersumme daraus: $1 + 8 = 9$: Eremit

Entwicklungskarte:	Geburtstag	23
	Geburtsmonat	9
	lfd. Jahr	<u>1997</u>
	Summe	2029

Quersumme bilden: $2 + 0 + 2 + 9 = 13$: Tod

Wie Sie die passende Karte
zu einer aktuellen Situation finden

1. Methode

Die einfachste und direkteste Methode besteht darin, das Kind zu bitten, sich die Bilder anzusehen und dann die Karte aus dem Set herauszuziehen, die ihm im Moment am Besten gefällt. Lesen Sie dann einfach die dazugehörende Geschichte. Da Kinder meistens noch einen direkten Zugang zu ihren inneren Bildern besitzen, wird die Botschaft dieser Geschichte am besten seinen augenblicklichen Zustand treffen.

2. Methode

Kinder lieben Geheimnisse. Lassen Sie Ihr Kind die Karten mischen und dann fächerförmig, mit der Bildseite nach unten, vor sich ausbreiten. Bitten Sie es dann, an etwas zu denken, womit es sich im Moment beschäftigt. Das kann ein Problem sein, aber genauso gut etwas Schönes und Erfreuliches. Lesen Sie wie bei der ersten Methode die Geschichte. Wenn ihr Kind will, reden Sie mit ihm über die Geschichte. Wenn nicht, lassen Sie die inneren Bilder für sich selbst sprechen.

3. Methode - Die vier närrischen Fragen

Oft ist es für Eltern oder andere Menschen, die sich aus beruflichen oder persönlichen Gründen in die Welt eines Kindes hineinzudenken versuchen, schwer herauszufinden, was das Kind gerade bedrückt, verunsichert oder beschäftigt. Die nachfolgende Methode das Tarot zu legen, bietet eine wunderbare Möglichkeit, dies herauszufinden, ohne daß die Kinder direkt darauf angesprochen werden müssen.

Aber auch für Erwachsene bietet dieses einfache Legebild überraschende Erkenntnisse. Gewohnt, meistens nur in eine Richtung zu denken oder zu fühlen, bereichert uns diese Methode, weil sie uns Bezüge verdeutlicht, an die wir bisher nicht gedacht haben. Lassen Sie sich überraschen!

Fragen Sie das Kind zunächst, ob es Lust hat, mit Ihnen ein Spiel zu spielen. Wenn ja, bitten Sie es wie bei Methode 2, an etwas zu denken, das es im Moment besonders beschäftigt, während es die Karten mischt. Dann werden die Karten fächerförmig, mit der Bildseite nach unten, ausgelegt.

Nun wird die erste Karte (0) gezogen und aufgedeckt hingelegt. Diese Zentrumskarte symbolisiert die gegenwärtige Situation. Sie zeigt den aktuellen Sachverhalt oder inneren Zustand im Leben des Betreffenden an.

Wenn Sie sich in der Symbolsprache und in den Deutungen der Karten bereits auskennen, können Sie frei improvisieren und einige Erläuterungen zu der Karte abgeben, die die Lebensumstände und Ihnen bekannte Hintergrundinformationen miteinbeziehen. Sollten Ihnen die Auslegungen der Karten noch fremd sein, suchen Sie die entsprechende Deutung der Karte im Inhaltsverzeichnis des Buches. Suchen Sie dann aus den vorgegebenen die Begriffe aus, die Ihnen am treffendsten erscheinen, die Karte zu deuten.

Vielleicht hat auch der Kartenleger selbst Lust, eigene Gedanken und Assoziationen zu formulieren, die ihm dazu einfallen. Sollte dies der Fall sein, werden Sie viel über seine Gedanken und Gefühle erfahren und vielleicht schon jetzt besser verstehen, was ihn im Augenblick beschäftigt oder ihm Sorgen bereitet.

Nun kommen die vier „närrischen" Fragen.

Jeweils bevor Sie die nächste Frage stellen, bitten Sie das Kind zu-

14

nächst eine weitere Karte zu ziehen und legen Sie sie dann gemeinsam zu dem Bild, das Sie auf der nächsten Seite sehen.

Lassen Sie ihm genug Zeit, auf die Fragen zu antworten. Allerdings dauert es bei Kindern meist nicht so lange, bis man eine Antwort erhält wie bei Erwachsenen. Wieder können Sie wie bei der Zentrumskarte frei assoziieren oder in der entsprechenden Deutung nachlesen. Nehmen Sie wieder Bezug auf die persönliche Lebenssituation des Fragers.

Neue Karte (1) ziehen lassen und links neben die Zentrumskarte offen ablegen.

Frage 1:
Was wird dadurch (Karte 1) in deinem Leben möglich? Oder: Wofür ist diese Situation (dieser Zustand, dieses Gefühl) in deinem Leben gut und wichtig?

Neue Karte (2) ziehen und rechts neben die Zentrumskarte offen hinlegen.

Frage 2:
Was wird dadurch (Karte 2) in deinem Leben verhindert? Oder, anders gefragt: Was kannst du in deinem Leben dadurch nicht leben?

Lassen Sie wieder eine Karte (3) ziehen und offen, über die Zentrumskarte, hinlegen.

Frage 3:
Was haben die Karten 1 und 2 gemeinsam? Was hat sowohl mit dem einen (1) und dem anderen (2) zu tun? Was verbindet sie?

Die letzte Karte (4) ziehen und offen, unter die Zentrumskarte, ab-legen.

Frage 4:
Was hat weder mit Karte 1 noch mit der Karte 2 zu tun? Was liegt jenseits dieser Polarität?

Vor Ihnen liegt jetzt ein umfassende Beschreibung der Situation, in der sich der Fragende befindet. Sie haben nun sozusagen vier Stand-punkte, von denen aus Sie die Ausganglage betrachten können. Wir neigen dazu, ein Gefühl, eine Situation oder einen Zustand nur von einer Seite aus zu betrachten und andere Blickwinkel auszublenden. Doch die Welt und unser Leben haben sehr viel mehr zu bieten und eine Situation von einem anderen Blickwinkel aus zu betrachten, eröffnet neue Möglichkeiten, mit ihr umzugehen und sie zu bewerten.
Lesen Sie nun die Geschichte der Zentrumskarte.

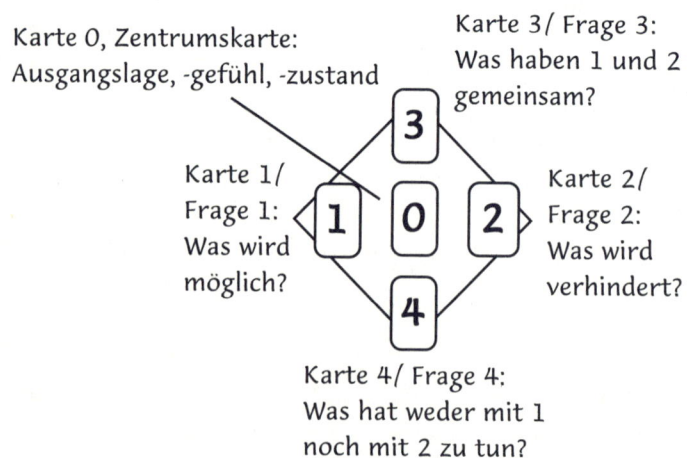

Karte 0, Zentrumskarte:
Ausgangslage, -gefühl, -zustand

Karte 3/ Frage 3:
Was haben 1 und 2 gemeinsam?

Karte 1/
Frage 1:
Was wird
möglich?

Karte 2/
Frage 2:
Was wird
verhindert?

Karte 4/ Frage 4:
Was hat weder mit 1
noch mit 2 zu tun?

Der fliegende Teppich oder wie alles anfing

Vor langer, langer Zeit, die jetzt gerade vorbei ist und bald schon wiederkehren wird, saß ein Kind auf seinem Bett und wollte noch nicht einschlafen ... Das Kind wurde von allen Leuten Kid genannt, obwohl es eigentlich nicht so hieß. Aber das ist eine andere Geschichte.

Und während Kid noch auf seinem Bett saß und an alles Mögliche dachte ... fühlte es plötzlich, wie sich die Bettdecke unter ihm bewegte und allmählich sanft und leicht zu schweben begann ... höher und höher trug sie es in die Luft empor. Gleich würde es die Zimmerdecke berühren können. Und erstaunt stellte es fest, daß die Bettdecke zu einem fliegenden Teppich geworden war ... und sanft und leicht ... ganz leicht und ruhig ... durchs Zimmer flog ...

Von oben sah das Zimmer jetzt ganz anders aus. Das Bett, der Tisch, das ganze Zimmer wirkte von hier richtig fremd. Es dauerte eine Weile bis es sich daran gewöhnt hatte, auf einem fliegenden Teppich zu sitzen und durchs Zimmer zu segeln ... aber dann wurde Kid neugierig und immer mutiger, einfach auszuprobieren, was mit einem fliegenden Teppich alles möglich sein konnte.

Es dauerte nicht lange, und Kid hatte herausgefunden, daß es durch seine Gedanken und Wünsche den Teppich lenken konnte. Es mußte nur daran denken, hinauf oder hinunter schweben zu wollen, und schon machte der Teppich genau das, was es wollte. Bald sauste der Teppich in wilden Kurven durchs Zimmer. Kid düste die Wände hinauf, bog haarscharf um die Zimmerecke und nach einigen Versuchen gelangen ihm sogar punktgenaue Vollbremsungen auf dem Boden. Aber genauso schön war es, bloß sanft durch die Luft zu gleiten. Einfach nur schweben und sich frei fühlen ...

Das Schwierigste war, lange genug an nur eine Sache zu denken. Mehr als einmal wäre Kid fast vom Teppich gestürzt, weil er mitten im Flug plötzlich die Richtung änderte. Dabei hatte Kid nur eben mal daran gedacht, ob im Kühlschrank wohl noch etwas Gutes zum Naschen wäre, ... und blitzschnell hatte der Teppich sich umgedreht und auf den Weg zum Kühlschrank gemacht.

Wie es wohl sein würde, auf dem Teppich durch die Wohnung zu surfen? Oder Saltos zu schlagen? Und bestimmt konnte man rasend schnell die Wände hinauf düsen und kopfüber an der Decke entlangfliegen, wenn man schnell genug war ...

Doch manchmal schien der Teppich etwas ganz anderes zu wollen, vielleicht weil er schon längst vor dem Kind ahnte, wohin die Reise ging. Möglicherweise wollte er auch selbst gern dorthin, weil ihn etwas geheimnisvoll Unbegreifliches anzog oder rief ... wer weiß das schon so genau ... Jedenfalls flog der Teppich plötzlich aufs offene Fenster zu und geradewegs hinaus in den weiten Himmel hinein ...

Bald sahen die Häuser nur noch wie bunte Bauklötzchen in der Landschaft aus. Menschen und Tiere schrumpften auf winzige Spielzeuggröße zusammen, und die Autos sahen wie kleine, bunte Käfer aus. Immer schneller schoß der Teppich am Himmel dahin, während das Kind zuerst staunend und still, später aufmerksam und vergnügt auf ihm saß und alles ganz genau beobachtete. Noch später nahm der Wind Kids lustige Lieder und laute Freudenschreie mit sich fort und trug sie zu den Wolken und Sternen hinauf ...

Und am Abend, als der Vollmond hinter einer Wolke hervorblinzelte, sah er ein vergnügtes Menschenkind auf seiner Bettdecke durch den Himmel flitzen. »Aha«, dachte er, »wieder eins, das auszieht, die Welt kennenzulernen.« Schmunzelnd verzog er sich wieder hinter der Wolke.

Irgendwann, vielleicht jetzt, reibt das Kind sich überrascht die Augen und guckt verwundert um sich: Der Teppich ist an einem großen Lagerfeuer gelandet. Im unruhig flackernden Licht des Feuers leuchten kurz Gesichter auf, um gleich darauf wieder hinter Schatten und Rauch zu verschwimmen. Eine Gruppe Männer und Frauen macht Musik, andere tanzen und singen dazu. Eine Frau läßt kleine Hunde Saltos drehen, während neben ihr ein paar Kinder einem Ball nachjagen. Einige Männer und Frauen spielen Karten, andere sitzen einfach nur da und starren ins Feuer. Wieder andere unterhalten sich angeregt und ihr helles, fröhliches Lachen vermischt sich mit dem vergnügten Lärm der Kinder und den anderen Geräuschen rund ums Feuer.

Niemand scheint sich über Kids plötzliches Erscheinen zu wundern. Einige nicken freundlich, aber die meisten sind so mit sich selbst beschäftigt, daß sie Kid überhaupt nicht zu bemerken scheinen.

Ganz in der Nähe sitzt eine alte Frau. Gerade setzt sich ein junger Mann neben sie und beginnt aufgeregt auf sie einzureden. Eine Weile hört sie schweigend zu, dann scheint sie ein paar Fragen zu stellen. Schließlich reicht sie ihm ein Bündel Karten.

Nachdenklich mischt der junge Mann die Karten in seiner Hand. Dann schließt er die Augen und zieht entschlossen eine Karte aus dem Stoß heraus.

Einen Moment später überzieht ein breites Grinsen sein Gesicht. Offensichtlich gefällt ihm das Bild auf der Karte. Er reicht es der Frau hinüber und auch sie lächelt und nickt zustimmend mit dem Kopf. Sie deutet auf das Bild und scheint etwas dazu zu erzählen. Aufmerksam hört der junge Mann zu. Hin und wieder lächelt er. Dann und wann runzelt er die Stirn und einmal nickt er mit dem Kopf, so als wolle er sagen: »Ja, genau. Genau so!«

Kaum war er nach einem herzlichen Abschied gegangen, tritt eine junge Frau aus dem Schatten und hockt sich neben die Frau. Wieder spielt sich das Gleiche ab. Auch das Mädchen mischt die Karten und zieht eine aus dem mit dem Gesicht nach unten ausgelegten Kartenfächer. Doch diesmal scheint das Bild auf der Karte weniger schön zu sein, denn das Mädchen beginnt zu weinen. Die alte Frau sitzt einige Minuten schweigend da und schaut das Mädchen nachdenklich an. Dann beginnt sie wieder zu reden. Sie hat schon eine ganze Weile erzählt, bevor zuerst das Weinen aufhört und dann ein erstes zartes Lächeln auf dem Gesicht des Mäd-chens erstrahlt. Schließlich hockt sie ernst, aber ru-hig neben der Frau und blickt nachdenklich in die Weite. Schweigend sitzt die Kartendeute-rin neben ihr und blickt ins Feuer.

Irgendwann wendet sie sich Kid zu und sagt freund-lich . »Willkommen bei uns. Ich freue mich, daß du den Weg hierher gefunden hast. Wenn du irgend etwas wissen willst oder dich nicht zurecht findest, komm ruhig zu mir. Ich beantworte dir gern all deine Fragen.«

»Was sind das für Karten, die Leute zum Lachen oder Weinen bringen?« fragt Kid neugierig.

»Die Karten bringen die Menschen nicht zum Weinen oder Lachen. Aber das, was die Bilder darauf über dein Leben erzählen, das ist mal zum Lachen und ein andermal eben zum Heulen«, sagt die Frau und fügt lachend hinzu: »Nicht jeder ist so klug wie die Narren und Kinder dieser Welt. Sie finden in allem etwas, das zum Lachen reizt. Und mitten im größten Spaß können sie plötzlich todtraurig werden oder zu streiten anfangen, nur um es gleich darauf zu vergessen und wieder staunend und unbekümmert durch die Welt zu gehen.«

»Wie meinst du das: Die Bilder erzählen etwas über mein Leben?« fragt das Kind und rückt interessiert näher.

»Die Bilder auf den Karten zeigen dir verschiedene Abschnitte des Lebens. Man könnte auch sagen, es ist das Bilderbuch Gottes für uns Menschen«, sagt die Frau und lächelt geheimnisvoll.

»Wenn unsere Seele mit uns sprechen will«, fährt sie fort, »redet sie in Bildern. Deine Träume sind Botschaften von ihr, genauso wie deine Sehnsüchte und viele deiner Wünsche und Ängste es sind. So verschieden wir Menschen auch denken, fühlen und handeln, die wichtigsten Erfahrungen des Lebens machen wir alle gleichermaßen, ohne Unterschied. Wir alle werden als hilflose kleine Babies geboren, wachsen heran und lernen laufen, sprechen, ja und nein zu sagen. Jeder von uns fühlt sich manchmal einsam und unverstanden, und manchmal wie der König der Welt. Wir alle lieben jemanden, und wir alle müssen immer wieder von etwas Abschied nehmen, das wir lieber behalten wollen. Aber, obwohl sich alles ständig verändert, bleibt sich vieles doch gleich.

Alle miteinander leben wir auf dem gleichen Planeten, begrüßen jeden Morgen die gleiche Sonne, im gleichen Universum.« Sie schweigt und nach einer Weile fügt sie leise hinzu: »Verstehst du?«

Gedankenverloren starrt sie in das lodernde Feuer und für eine Weile sagt keiner der beiden ein Wort.

»Und warum kommen die Leute zu dir?« fragte Kid und blickte die Frau gespannt an.

»Menschen hören gern Geschichten und ich bin eine Geschichtenerzählerin«, antwortet die Frau. »Manchmal kommt es vor, daß Menschen nicht mehr weiter wissen. Irgendwie haben sie sich im Gewirr ihrer Gefühle und Gedanken verirrt, oder sie sind irgendwo gelandet und wissen nicht wieso«, sagt sie und zwinkert dem Kind verschmitzt zu. »Oder sie stehen an einer Kreuzung ihres Lebens und wollen wissen, wohin welcher Weg führt. Wieder andere suchen die Brücke zwischen den sichtbaren und den unsichtbaren Welten. Die Karten weisen den Weg, und meine Stimme ist für eine Weile ihr Führer. Du siehst, es gibt viele Gründe zu mir zu kommen.«

Von den Bildern in ihren Händen scheint ein sanftes Leuchten auszugehen. Es ist fast so, als ob die Bilder lebendig werden wollen und nach dem Kind rufen. Ohne nachzudenken streckt Kid seine Hand aus und nimmt das Bündel Karten entgegen.

»Gibt es etwas, das dich im Moment sehr beschäftigt?« hört er die Frau fragen, »dann denke jetzt fest an diese Situation oder erinnere dich an das Gefühl, während du die Karten mischst.« Sie schweigt eine Weile und setzt dann mit beschwörender Stimme hinzu: »Und jetzt ziehe eine Karte. Irgendeine. Du wirst wissen welche, ohne sie ansehen zu müssen.«

Kid zieht eine Karte heraus, und betrachtet sie nachdenklich, während die Frau eine Geschichte zu erzählen beginnt.

Kids Augenlider werden ganz schwer und immer schwerer. Schließlich läßt es sie einfach zufallen. Sogleich saust Kid wieder auf dem Teppich über den Himmel und folgt dem Ruf seiner Seele, ohne zu wissen, wo sie als nächstes landen würden. Aber das ist auch nicht wichtig. Überall würde es gut sein ... und ein Abenteuer locken ... ›Es kann gar nicht anders sein!‹ denkt Kid..

Und so ist es dann auch gewesen...

Deutung

0. Der Narr

Urbild	Das Kind
Eigenschaften der Karte	Unbekümmertheit, Unschuld, Mut, Abenteuerlust, Sehnsucht, Vertrauen in das Schicksal, Suche nach Neuem
Gefahr	Leichtsinn, Unreife, Probleme durch Gedanken- und Gewissenlosigkeit, Chaos
Botschaft	Hänge nicht an Vergangenem, vertraue dem Leben. In mir sind alle Möglichkeiten, das Neue zu gestalten.
Ziel	Das Neue und Unerwartete offen und vorbehaltlos annehmen
Zur Erinnerung	Wer kein festes Ziel hat, kann sich nicht verlaufen.

Der Narr in mir

Mit einem lauten »Platsch!« landete der Teppich in dem großen Kessel Erbsensuppe.

Die Herren Ritter, die friedlich um den Topf gesessen hatten und gerade dabei waren, ihre hungrigen Mägen zu füllen, sprangen entsetzt zurück. Hastig versuchte jeder so schnell wie möglich davonzurennen. Aber das ist gar nicht so einfach, wenn steife und ziemlich verbeulte Rüstungen jede Bewegung behindern. Und so gab es ein mächtiges Geschepper, Gefluche und Durcheinander, als die Ritter erschreckt aufsprangen, unbeholfen übereinander stolperten und schließlich als verstreute Blechhaufen auf der grünen Wiese liegenblieben.

Nur der König war auf seinem Thron sitzen geblieben. Sprachlos und mit offenem Mund, was seinem königlichen Aussehen nicht gerade zuträglich war. Er starrte er auf das seltsame Wesen in seinem Erbsentopf, dann auf die Blechhaufen im Gras und schließlich wieder auf das merkwürdige Geschöpf direkt vor ihm.

»Schei... Erbsensuppe!« sagte das Etwas gerade und wischte sich mit beiden Händen die zähe Suppe aus den Augen. »So hungrig bin ich nun auch wieder nicht.«

Jetzt entdeckte es den König. Einen Moment lang guckte es verblüfft, dann grinste es und verbeugte sich etwas übertrieben tief vor dem König.

»Gestatten königliche Hohlheit mich vorzustellen? Billy the Kid ist mein Name.«

Der König hatte seine Sprache noch immer nicht wiedergefunden. Dafür machten die Ritter um so mehr Krach. Schimpfend und streitend versuchten sie, die Blechteile zu entwirren, in denen ihre Arme und Beine steckten. Billy the Kid sah sich neugierig um. Hinter dem erstarrten König reihten sich bunte Ritterzelte auf. Vor jedem Zelt flatterte eine Fahne lustig im Wind. Auf der Wiese davor lagen die Ritter kreuz und quer im Gras oder versuchten gerade, auf die Beine zu kommen. Im Eingang eines prächtigen Zeltes drängten sich ein paar verschreckte Ritterfräuleins und stierten ihn mit runden Augen und offenen Mündern stumm an. Hinter den Zelten tauchten immer mehr neugierige Köpfe von Knappen und Knechten auf.

Der König räusperte sich. »Also, ich muß doch sehr bitten, Herr Kid«, sagte er mit aller königlicher Würde, die er im Augenblick aufbringen konnte. »Das verdiente Mahl meiner treuen Ritter so zu stören, ist wirklich kein Benehmen. Wo kommen Sie überhaupt so plötzlich her?«

Kid schüttelte den Kopf. »Wenn ich das bloß selber wüßte,« murmelte er leise vor sich hin. Laut sagte er: »Ich komme ... ich bin ...«, er zögerte. ›Wer bin ich eigentlich?‹ dachte er.

»Ich bin ein reisender Zauberer aus dem Morgen-Land«, sagte er laut, »zu Euren Diensten, königliche Wohlgeformtheit.« Und wieder verbeugte er sich tief.

Um sie herum war es stiller geworden. Die Ritter hatten sich jetzt alle wieder aufgerappelt und standen abwartend im Kreis um Kid und den König.

»Aha,«, sagte der König und kratzte sich ratlos am Kinn, »ein reisender Zauberer ... aus dem Morgen-Land ... so, so.«

Unter den Rittern wurde es erneut unruhig. Ein Raunen ging durch ihre Reihen und weil sie sich dabei gegenseitig die Ellbogen in die Seiten stießen, schepperte und klirrte es wieder. Es hörte sich an, als würden Konserven miteinander reden. Kid mußte lachen. ›Die Ritter in ihren Blechdosen‹, dachte er und kicherte noch mehr.

»Du bist noch sehr jung für einen Zauberer«, meinte der König jetzt und schüttelte zweifelnd den Kopf.

27

Kid fand es an der Zeit den Suppenkessel zu verlassen. So eindrucksvoll wie möglich lenkte er den Teppich aus dem zähen Eintopf heraus und landete in einem eleganten Bogen auf der Wiese. Der König, die Ritter und die Jungfrauen waren beeindruckt. Eine der Damen, es schien die Prinzessin zu sein, klatschte sogar begeistert in die Hände.

»Nun ja«, beeilte sich der König zu sagen, »vielleicht ist das bei Euch im Morgen-Land anders. Jedenfalls sind in unserem Land reisende Zauberer immer willkommen. Du bist ja genau richtig zu, äh, in unserem Mahl gelandet.« Dabei warf er einen bedauernden Blick auf den Erbsentopf. »Teile mit uns, was davon noch übrig geblieben ist.«

Obwohl das Essen nicht sehr üppig war - Erbsensuppe und hartes Brot - dauerte es nicht lange, und alle waren in bester Stimmung. Die Herrschaften und Kid verstanden sich ausgezeichnet, und schon bald erzählten ihm die Ritter und Jungfrauen, weshalb sie hier draußen, weit weg von der heimatlichen Burg, ihre Zelte aufgeschlagen hatten:

In der Gegend hatte es einmal sehr viele Drachen gegeben. Unter den Rittern und Jungfrauen war es irgendwann Mode geworden, die jungen Damen von einem schrecklichen Drachen rauben zu lassen. Ein mutiger, unerschrockener Ritter mußte dann losziehen und sie aus den Klauen des Monsters befreien. Der Ritter sollte den Drachen töten und als Zeichen seines Sieges den abgeschlagenen Schwanz und die Jungfrau mitbringen.

Inzwischen gab es nicht mehr viele Drachen. Und die Wenigen die es noch gab, waren wirklich groß und stark und sehr klug geworden. Leider waren sie an den Jungfrauen überhaupt nicht interessiert. Dafür töteten sie jeden, der ihrem Gebiet zu nahe kam, gnadenlos und ohne sich auf Verhandlungen einzulassen. Das ganze Königreich litt unter diesen Zuständen. Die Jungfrauen und Ritter natürlich am meisten.

Am allermeisten aber litt der König. Die Prinzessin hatte sich nämlich in den Kopf gesetzt, nur dann zu heiraten, wenn sie vorher von
einem Drachen entführt worden war. Und auch nur den, der sie von
diesem Ungeheuer befreite. Dem König wäre das alles ganz recht gewesen, aber die Drachen wollten eben keine Prinzessinnen mehr rauben.
Und schon gar nicht wollte sie als Trophäe im Rittersaal enden. Was
sollte er machen?

Die Drachen hatten sich in ein schluchtenreiches Gebiet zurückgezo-
gen. Der schmale Hohlweg, der einzige Zugang zu ihrem Reich, wurde
ständig bewacht. Schon seit Jah- ren hatte niemand mehr einen Drachen gesehen, immer nur ihre feuerspeienden Nüstern zwischen
den hohen Felswänden des Wegs, sobald sich jemand zu
nähern wagte.

Seit Wochen ver- suchte man auf alle möglichen Arten mit den Drachen ins Gespräch zu
kommen. Aber die Dra- chen rührten sich nicht,
sondern spuckten einfach Feuer, sobald sich jemand
dem Eingang näherte.

Die schöne Prinzessin rückte näher an Kid heran. »Wenn überhaupt
jemand zu den Drachen vordringen kann, dann, da bin ich ganz sicher,
bist du das, der junge Zauberer aus dem Morgen-Land«, sagte sie und
lächelte ihn dabei zärtlich an.

Kid fühlte, wie sich seine Gedanken unter diesen Blicken verwirrten.
Ganz kurz dachte er daran, daß er noch nie einem Drachen begegnet
war und keine Ahnung hatte, wie man mit einem Drachen umgehen
sollte.

Aber gleich darauf war das nicht mehr wichtig. Die Ritter jubelten
ihm zu, der König klopfte ihm auf die Schulter und nannte ihn seinen

neuen Hofmagier und erklärte ihn zum Erretter des Landes. Die Prinzessin lächelte ihn derweil so huldvoll an, daß er für einen kurzen Moment glaubte, er sei schon wieder von der Drachenjagd zurück, und die Prinzessin sowie der ganze Hofstaat huldigten ihm als neuem König.

Doch so weit war es noch nicht. Zum Abschied drückte ihm die schöne Prinzessin eine Rose in die Hand und die Ritter reichten ihm ernst und bedächtig den Rucksack mit Proviant und seinen Habseligkeiten. Zum Schluß wies ihm der König die Richtung und wünschte ihm viel Glück.

Und ehe Kid sich versah, hob der Teppich wieder ab und flog in die gezeigte Richtung.

Es dauerte gar nicht lange, und das Land unter ihm wechselte seine Farbe. Aus dem frischen Grün der Felder und Wälder wurde erst ein stumpfes Braun und dann, als die Berge mit ihren klaffenden Schluchten auftauchten, breitete sich unter ihm nur noch schwarzes, verbranntes Land aus.

Gleich in der ersten Schlucht entdeckte er einen schrecklich großen Drachen mit mehreren Köpfen. Sie guckten und drehten sich aufmerksam in alle Richtungen. Einer schien ihn bereits entdeckt zu haben.

»Hhhmmm! Erbsensuppe! Ich rieche Erbsensuppe. Wie damals. Hhmm … hhmmm … Ich liiiebe Erbsensuppe … Ach, wie lang hab ich keine Erbsensuppe mehr gegessen … Hätte ich damals doch nur …«

»Was brabbelst du da dauernd von Erbsensuppe«, mischte sich eine andere Stimme ein. »Die blöde Erbsensuppe ist an allem schuld. Ohne dieses Zeug säßen wir jetzt doch gar nicht hier und würden diesen dämlichen Eingang bewachen.«

»Also mit der Erbsensuppe hatte das Ganze ja wohl alles oder nichts zu tun«, wandte eine dritte Stimme ein. »Und im Übrigen kann eine

Erbsensuppe nicht schuld sein«, sagte sie schnippisch, »genauso wenig wie sie das große Glück sein kann.«

»Von einer höheren Warte aus gesehen ist das doch völlig unwichtig. Es ist eben unser vorbestimmtes Schicksal, das uns hierher gebracht hat.« Die neue Stimme klang etwas hochnäsig und ihr tiefes Seufzen milderte den herablassenden Tonfall nur wenig.

»Aber, aber, meine Damen und Herren. Vielleicht würden Sie einmal zu streiten aufhören und Ihre Köpfe nach oben wenden. Ein unbekanntes Flugobjekt mit Erbsensuppengeruch nähert sich. Alarmstufe Drei Zisch würde ich meinen.«

Alle Köpfe drehten sich nach oben. Sie waren so überrascht, daß sie ganz vergaßen, Feuer zu speien. Von oben und dazu mit Erbsensuppengeruch war noch nie jemand zu ihnen gekommen.

»Hallo«, schrie es von dem seltsamen Vogel herunter, »ich bin der König der Lüfte und will Euch einen Besuch abstatten. Erlaubt ihr meine Landung?«

»Ich bin dafür«, sagte der erste Kopf, dem schon das Wasser im Mund zusammenlief.

»Ich bin entschieden dagegen«, wandte der zweite Kopf knurrend ein. »Von oben und mit diesem Geruch ist noch nie etwas Gutes gekommen.«

»Von oben ist überhaupt noch nie etwas gekommen, wenn ich mich nicht irre«, antwortete der dritte Kopf, der eine Sie war, und blähte seine rosaroten Nüstern abfällig auf. Langsam, fand sie, wurde es wirklich unerträglich, ständig nur mit diesen Schwachköpfen zusammen zu sein. Sie sehnte sich nach gebildeteren Gesprächspartnern, nach Abwechslung und mehr Spaß. Vielleicht würde ja der bunte Zwerg am Himmel etwas davon bringen. »Der sieht doch sehr nett und harmlos aus. Wir sollten ihn empfangen und hören, was er vorzubringen hat«, fügte sie deshalb hinzu.

31

»Ganz recht, meine Liebe. Dort oben wohnt das Große Feuer. Und ein Bote, der vom Großen Feuer selbst kommt, sollten wir ehrenvoll empfangen. Ausnahmsweise stimme ich ihnen einmal uneingeschränkt zu.«

»Nun, nun«, der fünfte wiegte zweifelnd den Kopf, »man weiß nie, ob der Feind nicht eine tückische List einsetzt. Ich hab schon so manches erlebt. Besser wir halten ihn vorerst auf Abstand.«

Er stieß ein Warn-Zisch aus und guckte befriedigt zu, wie aus dem kleinen Feuerstoß erst kleine, dann immer größere bunte Rauchkringel aufstiegen. Aber das war noch nicht alles. Die Rauchkringel formten sich zu verwickelten Mustern, lösten sich wieder auf, neue Kringel stießen hinzu und ein anderes Muster entstand ... es sah einfach wunderschön aus, so, als ob die Kringel miteinander tanzen würden.

»Wow! Einfach gigantisch!« schrie es vom Teppich herunter. »Können Sie das noch mal machen?«

Dem Drachenkopf blieb das Feuer im Halse stecken, so verdutzt war er. Und auch die anderen Köpfe starrten fassungslos zum Himmel hinauf.

»Bitte, ich möchte es noch mal sehen«, bat Kid. »Ich glaube, damit könnten Sie sehr berühmt werden«, meinte er dann noch. Er hatte nämlich gesehen, wie der feuerspeiende Kopf die anderen triumphierend angesehen hatte und die Nase jetzt ein wenig höher trug.

»Phh! Berühmt werden«, sagte der zweite Kopf und sah sich abfällig in der engen, leeren Schlucht um. »Bei wem denn berühmt werden? Außerdem können wir alle Feuer speien.« Er stieß ebenfalls einen Warn-Zisch aus. Er fiel ziemlich gewöhnlich aus.

»Es gibt Dinge, die du besser kannst.« Die Stimme gluckste vor unterdrücktem Gelächter. »Ich muß schon lachen, wenn ich nur daran denke. Mach' doch mal den alten Griesgram vom fünften Loch nach.«

Innerhalb von Sekunden schien sich der ganze Drache völlig zu verwandeln. Erst änderten sich seine Farben. Irgendwie schien er dicker zu werden und plötzlich hatte er nur noch drei Köpfe. Dicke Rauchwolken quollen aus seinen Nasenlöchern, während er zornig die enge Schlucht auf und ab schnaubte. Dabei redeten die drei Köpfe so blödes Zeug, daß Kid vor lauter Lachen fast vom Teppich gefallen wäre.

»Wunderbar! Klasse!« rief er begeistert, und klatschte in die Hände. »Das ist genau das, was die Leute sehen wollen. Könnt ihr noch mehr?«

Schüchtern hob sich ein Kopf. »Ich singe in meiner Freizeit«, wisperte er und schlug errötend die Au-   gen nieder.

Kid nickte ihm aufmun-   ternd zu und gleich darauf erfüllte eine so sanfte und zarte   Melodie die Luft, daß alle unwillkürlich die Augen   schlossen und sich von der wundervollen Musik   davontragen ließen.

Danach war es   eine Weile völlig still.

»Wirklich schade,   daß wir so selten Gelegenheit haben unsere Kunst   zu zeigen«, seufzte einer der Köpfe. Die anderen nickten   zustimmend und seufzten auch.

Kid kam eine Idee. »Dort, wo   ich gerade herkomme,« sagte er, »da ist so jemand wie ihr sehr gefragt, wenn ihr wißt was ich meine.«

Die Drachenköpfe schienen eher verwirrt zu sein.

»Na ja, sowas wie euch haben die Leute noch nicht gesehen. Bestimmt würde die Prinzessin ihre Krone dafür hergeben, wenn ihr in ihrem Schloß eine Vorstellung geben würdet.«

»Aber sie töten uns doch!« empörte sich einer der Köpfe.

»Aber nur, weil sie nicht wissen was ihr könnt«, der Teppich flog näher heran. »Wenn wir uns zusammentun, werden sie euch bald mit Geschenken überhäufen und mit Leckerbissen verwöhnen. Das versprech' ich euch.«

»Mit Erbsensuppe?« fragte der erste Kopf und schnüffelte am Teppich.

»Klar«, grinste Kid. »Mit Erbsensuppe auf jeden Fall.«

Und so kam es, daß der König, die Ritter und Jungfrauen schon bald wieder mit offenem Mund dasaßen und wie gebannt etwas noch nie Gesehenes anstarrten.

An einer langen Leine folgte dem fliegenden Teppich und Kid ein graziös dahertänzelnder Drache. Seine Schuppen funkelten wie Diamanten und veränderten andauernd ihre Farben. Einer seiner Köpfe stieß zierliche bunte Rauchkringel aus, und im Licht der untergehenden Sonne schienen die schwebenden Muster von innen her zu leuchten. Das Schönste aber war die wundervolle Musik, die über allem schwebte und sie alle mehr und mehr verzauberte. Keiner von ihnen hatte jemals etwas Schöneres und Prächtigeres gesehen.

Kid verbeugte sich vor der Prinzessin und reichte ihr die Leine. »Sie können wundervolle Kunststücke und sind sehr gebildet«, flüsterte er ihr zu. »Das ist viel besser als die Schwanzspitzen im Saal.« Die Prinzessin nickte zerstreut. Sie hatte nur noch Augen für das wundervolle Spektakel, das der Drache bot.

Es dauerte nicht lange, da wollten alle Prinzessinnen weit und breit unbedingt einen Drachen haben. Und so mußten die jungen Ritter lernen, sich in neuen Geschicklichkeiten zu üben. Aber da war Kid schon lange wieder zu neuen Abenteuern unterwegs ...

Deutung

1. Der Zauberer (Der Magier)

Urbild	Der Zauberer, der Magier
Eigenschaften der Karte	Klugheit, Kraft, Selbstvertrauen, Macht, grenzenloser Tatendrang, Vorstellungskraft, neuer Schwung, Einfluß, Wissen, neue Ideen, Konzentration, Meisterschaft
Gefahr	Mißbrauch der Macht, Überheblichkeit, Anmaßung, Ausbeutung, Täuschung, Entschlußlosigkeit, schwarze Magie
Botschaft	Wie oben so unten, wie außen so innen. Bestimmst du die Situation oder beherrscht die Situation dich?
Ziel	Herausforderungen meistern lernen. Den höheren Sinn erkennen und mit dem persönlichen Wollen vereinen.
Zur Erinnerung	Meine Möglichkeiten sind grenzenlos, und ich weiß sie zu nutzen.

Der Zauberlehrling

Eines Tages flog der Teppich geradewegs aufs offene Meer hinaus. Anfangs wurden sie noch von vielen Seevögel begleitet, doch bald blieben auch die letzten zurück. Um sie herum schien es nur noch die unendliche blaue Weite aus Himmel und Meer zu geben.

Später wußte niemand mehr zu sagen, wer die Insel zuerst entdeckt hatte. Und auch die Frage, ob der Teppich oder Kid beschlossen hatte zu landen, war dann schon nicht mehr wichtig ...

Die Insel war, jedenfalls im Vergleich zum großen Meer rundherum, nicht besonders groß. Trotzdem gab es auf ihr all das, was man zu einem glücklichen und zufriedenen Leben braucht:

Große Bäume voller köstlicher Früchte spendeten Schatten. Frisches Quellwasser sprudelte durch blumenübersäte Wiesen, vorbei an üppigen Gärten und Häusern. An den Hängen der Berge in der Mitte der Insel wuchsen riesige Farne und der Duft würziger Kräuter stieg Kid in die Nase.

In der Mitte der Insel wohnte ein Zauberer, und genau dort landete der Teppich. Kaum hatten sie den Boden berührt, da öffnete sich auch schon die Tür, und der alte Zauberer trat vors Haus.

»Herzlich Willkommen«, sagte er und lächelte freundlich. »Haben euch die Luft- und Wassergeister gut geleitet, so wie ich es ihnen aufgetragen habe?«

Er sah Kid forschend an.

»Dann kommt jetzt herein und genießt die Gaben von Mutter Erde und die Freude eines warmen Feuers. Es ist alles bereit.«

Er führte den Jungen ins Haus.

Die nächsten Stunden saßen der Magier und Kid zusammen am flak-
kernden Feuer und sprachen über all das, was wirklich wichtig ist. Und
über all die interessanten Dinge, die es sonst noch gab. Und immer dann,
wenn sie etwas brauchten oder wünschten, tauchte es einfach auf.

Hatten sie Durst, murmelte der Alte einige Worte und gleich darauf
standen zwei gefüllte Gläser auf dem Tisch.

Oder sie sprachen über ein bestimmtes Tier, und plötzlich stand es
mitten im Raum, und sie konnten sich sogar mit ihm unterhalten ...

Einmal erzählte er von einem Ort, den er besonders gern mochte ... der
ihm sehr viel bedeutete ... und auf einmal verwandelte sich das Haus des
Zauberers in jenen besonderen Ort. Unversehens war er wieder dort und
roch den Duft, den es nur dort zu riechen gab. Und er traf all die Menschen, die dorthin gehörten ...

Verwirrt schüttelte er immer wieder den Kopf. Schließlich fragte er
den Zauberer: »Sag' mal«, fing er an und sah dabei dem alten Zauberer
mutig in die Augen, »wie machst du das? Kann ich das auch lernen?«

Der Alte schaute ihn eine Weile schweigend an, dann nickte er bedächtig und sagte: »Alles was du dazu brauchst, hast du schon. Aber ich
kann dir helfen, den Zauberer in dir zu entdecken und deine magischen
Werkzeuge nutzen zu lernen. Wenn du es wirklich willst, dann wird aus
dir ein wahrhaft großer Zauberer werden.«

Und so begann für Kid eine neue und aufregende Zeit. Er lernte, mit
den Bäumen und Tieren zu sprechen, und allmählich verstand er ihre
Art, in der Welt zu sein.

Er lernte, die übermütigen Feuergeister und die verträumten Wasserwesen herbeizurufen, und nach und nach lernte er auch die Macht der
Steine kennen. Nach einer Weile fügten sich selbst die wildesten Wind-
geister seinem Willen.

Jeden Tag übte er, ganz bestimmte Bilder mit geschlossenen Augen zu sehen, bis er das, was er erreichen wollte, klar und deutlich vor sich sah.

Der Zauberer brachte ihm bei, genau hinzusehen und seinen Verstand zu schärfen, bis er zu verstehen glaubte, was Himmel und Erde im Innersten zusammenhält. Gleichzeitig lehrte ihn der Zauberer der Stimme seines Herzens zu vertrauen.

Und schließlich gelang es ihm, ganz allein die Feuergeister und Wasserwesen herbeizurufen, auf dem wildesten Sturm zu reiten und den Blitz als mächtiges Schwert zu führen.

Manchmal war es sehr anstrengend und ermüdend, ein Zauberlehrling zu sein. Oft hätte er sich am Liebsten auf seinen Teppich gesetzt und wäre davongeflogen. Andererseits war es faszinierend, ein Zauberer zu werden und in sich Kräfte und Talente zu entdecken, die ihn selbst am meisten erstaunten.

Außerdem erinnerte ihn sein Meister immer wieder daran, daß die Welt um ihn herum ein Spiegelbild seiner eigenen Gedanken und Gefühle ist. Und seine Gedanken nehme jeder schließlich überallhin mit. Also blieb er.

Im Laufe der Zeit wurde ein recht brauchbarer Zauberer aus ihm und bald glaubte er, genug gelernt zu haben. Manchmal wurde er jetzt schnippisch und trotzig, wenn der Alte ihn rief oder ihm etwas zu erledigen auftrug.

Der alte Magier beobachtete ihn eine Weile und dann, eines Tages, sagte er zu Kid : »Ich muß für ein paar Tage verreisen. Du bist erfahren genug, um die Insel allein zu führen. Ich vertraue sie dir an. Ich übergebe dir die magischen Werkzeuge der Insel.« Umständlich und langsam öffnete er das Bündel in seinen Händen.

»Der Stab verleiht dir Macht über Himmel und Erde«, sagte er und reichte Kid den Stab. »Das Schwert gibt dir die Kraft, dich durchzuset-

zen, und schärft deinen klaren Verstand.« Kid nahm auch das Schwert
entgegen und gürtete es sich um. »Und in diesem Kelch erkennst du die
tiefe Weisheit deiner Gefühle.« Er schaute Kid in die Augen. »Die Mün-
zen schließlich«, fuhr er fort, »erinnern dich daran, daß du die Welt
erschaffst.«

›Klasse‹, dachte Kid, ›die ganze Insel gehört mir - das wird eine tolle
Zeit!‹ Und während der Zauberer sich verabschiedete, träumte er bereits von den wunderbaren Abenteuern der nächsten Tage und hörte
gar nicht mehr richtig zu, was der Alte ihm noch alles zu sagen hatte.

Kaum war das Schiff mit dem Magier davongesegelt, streckten
ein paar vorwitzige Wasser- nöcks ihre Köpfe aus dem Meer.
»Hallo«, riefen sie, »hast du nicht Lust, ein
bißchen mit uns zu spielen?«
»Klar«, schrie Kid zurück, »kommt mit
mir. Wir feiern ein Fest. Ich lade euch ein.«
»Und euch auch«, brüll- te er in den blauen Himmel
hinein, wobei er wild mit den Armen winkte und nicht ahnte,
wen er da alles zu seinem Fest einlud.

Auf dem Rückweg begegneten ihm noch viele, die er mehr oder weniger gut kannte. Noch bevor er zu Hause angekommen war, wußte jede
Elfe und jeder Gnom, wußten alle Tiere und sämtliche Geister rund um
die Insel, daß es ein großes Fest geben würde und alle eingeladen waren.

Im Haus angekommen, beschwor der Junge mit magischen Zauberformeln sämtliche Hausgeister herbei, und bald bogen sich die Tische
unter den verschiedensten Köstlichkeiten. Das ganze Haus glänzte und
funkelte in festlichem Schmuck.

Es dauerte nicht lange und eine höchst seltsame Gesellschaft schwebte, trampelte, huschte oder polterte durch Haus und Garten. Als erste

kamen die lustigen Geister der Luft hereingeweht, aber dann füllte sich das Haus schnell mit allen möglichen Wesen:

Aufgeputzte, glitschige Wassernöcks und Nixen starrten neugierig die unruhig flackernde Feuerwesen an. Erschreckt zuckten sie zurück, wenn sie ihnen zu nahe kamen, aber gleichzeitig glitzerten ihre Augen gefährlich und eiskalt.

Schönen, zarten Feen lief eine Gänsehaut den Rücken hinunter, während schaurige Trolle ihnen die Hand küßten oder sie zum Tanz aufforderten. Einige Hexen standen in der Ecke, und schon von weitem konnte man sehen, daß sie keine gute Laune mitgebracht hatten. Feuerdrachen schlurften mißmutig durchs Haus. Die anwesenden Nebelwichtel machten alle einen sehr flüchtigen Eindruck und geisterten viel zu schnell durch die Luft, als daß man etwas mit ihnen hätte anfangen können.

Einige blinkende Irrlichter umschwirrten einen finsteren Riesen und machten ihn langsam verrückt. Daneben amüsierten sich kichernde Elfen mit klapprigen Poltergeistern, und feixende Kobolde feierten mit faltigen Zwergen und verschrumpelten Gnomen ein ausgelassenes Wiedersehen.

Ein Bär und andere verzauberte Prinzen standen etwas schüchtern in der Ecke und versuchten herauszufinden, wen von den anwesenden verhexten Prinzessinnen sie küssen mußten, um endlich erlöst zu sein.

Alle waren sie der Einladung Kids gefolgt und wollten jetzt ihren Spaß haben.

Am ersten Tag ging es lustig zu, und sie feierten immer fröhlicher und ausgelassener. Doch am Ende des zweiten Tag schlug die übermütige Party-Stimmung plötzlich um. Der Riese hatte endgültig genug von den frechen Irrlichtern und fing an nach ihnen zu schlagen. Das wiederum empörte die Elfen und Feen, und sie griffen beherzt ein.

Das machte den Riesen völlig verrückt und den Wassernöck neben ihm ebenfalls. Er fühlte sich vom vielen Feiern schon ziemlich erschöpft und das aufgeregte Flattern und Schwirren und Gewisper raubte ihm auch noch das letzte bißchen Geduld.

Zu allem Überfluß kamen die Feuergeister immer wieder gefährlich nahe, auch diese unberechenbaren Sturmwesen mußte man ständig im Auge behalten. Zudem hatte ihm die schöne Nixe noch keinen einzigen Blick gegönnt ... Eine kleine Elfe surrte an seinem Ohr vorbei und kicherte vor sich hin. Jetzt reichte es ihm endgültig! Ärgerlich schlug er nach dem lästigen Wesen .

Später hätte keiner genau zu sagen gewußt, wie es angefangen hatte, aber plötzlich ging im Haus alles drunter und drüber. Die Gäste fingen lauthals miteinander zu streiten an. Immer lauter und aufgeregter schallten ihre Stimmen durch die Räume. Da und dort wurden schon die Fäuste geballt. Als dann noch ein Sturmgott zornig wurde und zu toben anfing und alle wild durcheinander wirbelte, brach endgültig das Chaos aus.

Bald stand kein Möbelstück mehr an seinem Platz, und im sauberen, festlich herausgeputztem Haus des Zauberers herrschte ein wüstes Durcheinander, in dem alle möglichen Geister und Dämonen ihr Unwesen trieben.

Inmitten des fürchterlichen Tohuwabohus stand Kid. Verzweifelt versuchte er, sich an die Beschwörungsformeln zu erinnern und die ausgeflippten Gäste in ihre Welten zurückzuschicken. Aber seine Worte und Gesten zeigten diesmal keinerlei Wirkung. Irgendwie hatte er seine Macht über sie verloren. Selbst die sonst so zahmen Hausgeister schienen ihn zu verspotten und hörten einfach nicht auf seine Befehle. Hilflos ließ er die Arme sinken.

»Was soll ich bloß machen?« dachte er verzweifelt. »Ich wollte der alte Zauberer wäre wieder da. Der würde sie schon zu bändigen wissen.«

Kaum hatte er den Gedanken zu Ende gedacht, stand der Alte neben ihm. Ohne eine Miene zu verziehen sah er sich um, dann wandte er sich schmunzelnd dem Jungen zu.

»Wie ich sehe, hast du aufregende Tage gehabt. Weshalb hast du mich gerufen?«

»Ich werd' sie einfach nicht mehr los«, sagte Kid kleinlaut. »Es sind so viele gekommen. Und jetzt machen sie, was sie wollen. Ich weiß nicht mehr, was ich tun soll.«

»Ja«, sagte der alte Zauberer, »so geht es uns allen am Anfang.« Und mit einer einzigen machtvollen Handbewegung vertrieb er die unverschämte Gesellschaft aus seinem Haus, oder dem, was davon noch übriggeblieben war.

»Ich glaub', ich hab' ziemlichen Mist gebaut«, versuchte sich der Junge zu entschuldigen.

Aber der Zauberer klopfte ihm nur auf den Rücken und sagte: »Weißt du, ein Zauberer sollte vor allen Dingen lernen, seine Kräfte richtig einzuschätzen. Die letzten Tage hast du viel über dich und diese Kraft erfahren. Du bist auf dem allerbesten Weg ein guter Magier zu werden.«

Er lächelte Kid aufmunternd zu. »Und jetzt ruf die Hausgeister herbei und bring das Haus wieder in Ordnung.«

Jahre später war aus dem Kind ein berühmter Zauberer geworden. Noch lange nach seinem Tod erzählten sich die Menschen ehrfürchtig von seiner außerordentlichen Macht und den großen Taten, die er vollbracht hatte.

Deutung

2. Die Mondfee (Die Hohepriesterin)

Urbild   Die Jungfrau

Eigenschaften
der Karte   Ruhe, Weisheit, Geduld, Phantasie, innere Ausgeglichenheit, Liebe, Sanftmut, Güte, Glück, der eigenen Intuition vertrauen

Gefahr   Realitätsflucht, Lebensangst, ständiger, nagender Zweifel, emotionale Instabilität, Egoismus, Oberflächlichkeit, Rachsucht

Botschaft   Um mich sind lichte und dunkle Kräfte am Wirken. Intuitiv erfasse ich die Lösung, die sich der bewußten Erkenntnis entzieht.

Ziel   Der inneren Eingebung vertrauen, Zugang zu unbewußten Bereichen finden.
Die verborgene, weibliche Kraft in uns entdecken und nutzen lernen.

Zur Erinnerung   Ich vertraue meiner inneren Eingebung. Meine Träume und Ahnungen weisen mir den rechten Weg.

Im Reich der Mondfee

Der Teppich schoß pfeilschnell über den Himmel. Kids Ärger gab guten Treibstoff ab. Je weiter er sich entfernte, desto blöder schien ihm der Streit gewesen zu sein. Natürlich hatte er recht gehabt und nur gesagt, was eh jeder wußte.

Aber jetzt, von so weit weg betrachtet, war er sich nicht mehr ganz so sicher. Vielleicht hatten die anderen ja doch nicht ganz unrecht gehabt Warum mußten sie auch bloß immer so stur sein! Er spürte, wie die Wut wieder in ihm hochkochte.

»Denen werd' ich's schon noch zeigen«, murmelte er vor sich hin und gab dem Teppich noch etwas mehr Schubkraft.

Er war so in Gedanken versunken, daß er erst aufblickte als es plötzlich immer dunkler zu werden begann. Jetzt merkte er, daß der Teppich nicht mehr geradeaus flog, sondern abgebogen war und in eine mondbeschienene Landschaft hineinflog. Auf der anderen Seite des Himmels strahlte die Sonne hell über einem weiten fruchtbaren Tal, in dem die hohen Türme einer Stadt in den Himmel ragten.

Kid wollte dem Teppich befehlen zurück in die Sonne zu fliegen, doch der Teppich reagierte überhaupt nicht, sondern flog unbeirrt weiter in das dunkle Land hinein.

»Warum tust du das?«, fragte Kid, und seine Stimme zitterte vor Wut. »Ich hab' keine Lust auf Schlafen und all den Quatsch. Ich will mich amüsieren und Spaß haben. - Hier ist doch gar nix los.« Er schaute sich gereizt um. »Hier gibt's ja noch nicht mal Bürgersteige zum Hochklappen.«

»Aber Tore!« donnerte eine Stimme und im nächsten Moment prallte der Teppich gegen eine unsichtbare Wand. Kid landete unsanft auf dem Boden. Eine riesige Gestalt beugte sich über ihn.

»Hier kommt nur durch, wer meine Fragen beantworten kann«, sagte der Wächter des Tores und bohrte seinen spitzen Fingernagel in Kids Brust. »Und ob du das kannst ..?« Er wiegte zweifelnd den Kopf hin und her.

Kid rappelte sich mühsam hoch. ›Mein Gott‹, dachte er. ›Nimmt das denn heute gar kein Ende. Schon wieder einer, der was von mir will.‹

»Ich will da gar nicht rein«, brüllte er, »der will. Frag doch ihn!« Er zeigte auf den Teppich, der über ihm schwebte.

»Aber der kennt doch schon alle Antworten«, erwiderte der Wächter. »Das ist doch witzlos. Also, antworte du mir! Was ist das Wichtigste auf der Welt?«

Kid versuchte, schnell eine Antwort zu finden. Was war das Wichtigste auf der Welt? Manchmal schien Schokolade das Wichtigste zu sein. Aber das meinte der Kerl bestimmt nicht.

Vielleicht Gott? So richtig befriedigte ihn das nicht. Gott hatte noch nie etwas zu ihm gesagt. Eigentlich kannte er ihn gar nicht. Eltern und Freunde zu haben? Das war schon sehr wichtig. Aber war es das Wichtigste auf der Welt? Oder immer alles zu kriegen, was man sich wünschte? Oder gut in der Schule zu sein?

Kids Gedanken schossen von einem Satz zum anderen. Aber bei jeder Antwort, die ihm einfiel, schien etwas zu fehlen.

»Ich weiß es nicht«, sagte er schließlich und zuckte mit den Schultern.

»Bravo! Bravo!« rief der Wächter überschwenglich und klatschte in die Hände. »Genau so ist es ...« seine Stimme verklang und vor Kids erstaunten Augen schmolz er zusammen und löste sich auf.

Kid blickte nach oben, wo eigentlich der Teppich sein sollte. Doch da, wo er eben noch geschwebt hatte, war nichts mehr zu sehen. Dafür saß eine kleine Katze am Boden und guckte Kid an. Ihre großen grünen

Augen glitzerten im hellen Mondlicht und einmal glaubte er silberne Sterne darin aufblitzen zu sehen.

»Wenn du willst«, schnurrte sie und schlenderte zu ihm herüber, »wenn du willst, bring' ich dich zum Tempel der Mondfee.«

Kid blickte in das mondbeschienene, ruhige Land vor sich, dann drehte er sich unschlüssig um. Am Horizont leuchtete noch immer die Sonne über dem Tal mit der Stadt. ›Eigentlich wäre ich jetzt lieber dort‹, dachte er. ›Ohne den Teppich muß ich sowieso laufen. Besser ich gehe in die Stadt als in das dunkle Land. Wer weiß, ob dort überhaupt jemand lebt. Die Katze kann mir viel erzählen …‹

Diese rieb sich laut schnurrend an seinen Beinen und schwieg, sie schien es nicht eilig zu haben. ›Andererseits‹, Kid schaute zu der Katze hinunter, ›vielleicht war die Katze ja der Teppich.‹ Und den Teppich wollte er nur ungern verlieren.

»Warum kommst du nicht mit mir?« fragte er und zeigte in die Sonne am fernen Horizont.

»Nein danke«, sagte die Katze höflich, »zur Zeit wohne ich bei der Mondfee. Das da drüben«, sie blickte kurz in Richtung Stadt, »interessiert mich gerade zu wenig. Bei der Mondfee sind die Mäuse viel fetter und außerdem«, sie lächelte verträumt, » habe ich das Rätsel noch nicht gelöst. - Also, was ist jetzt? Kommst du mit mir, oder gehst du dorthin?«

Kid konnte sich immer noch nicht entscheiden. Wenn er in das helle Tal blickte, zog es ihn eindeutig dorthin. Aber wenn er an das dachte, was die Katze erzählt hatte, dann wurde er schon neugierig. Wie eine Mondfee wohl aussah? Und mit der Katze zusammen zu laufen, wäre sicher unterhaltsamer, als allein die andere Richtung einzuschlagen … Seine Augen wanderten von einer Seite zur anderen. Je länger er nachdachte, desto unsicherer wurde er.

»Mach', was du willst«, hörte er die Katze sagen, »ich gehe jedenfalls wieder zur Mondfee.«

Sie hörte auf um seine Beine zu streichen und stolzierte in die nächtliche Landschaft hinein. Kid konnte sich noch immer nicht entscheiden. Folgte er der Katze, wußte er nicht, was ihn dort erwartete. Ging er in Richtung Sonne, mußte er allein laufen - und wo war überhaupt der Teppich hingekommen?

»Hey, du«, rief er der Katze hinterher, »weißt du wo mein Teppich ist?« Die Katze schien ihn nicht mehr zu hören, sie spazierte einfach weiter. Unschlüssig drehte sich Kid um und schaute in das helle Licht weit hinter sich, dann wieder der Katze nach. Er konnte sich einfach nicht entscheiden. Und dann, ohne daß er es verhindern konnte, setzten sich seine Beine wie von selbst in Bewegung und rannten der Katze nach.

Sie waren schon eine ganze Weile gelaufen, als ihm auffiel, daß das Land manchmal in sanftem, hellen Licht leuchtete und dann wieder stockdunkle Nacht herrschte. Gerade hatte er noch zum vollen Mond aufgeblickt, jetzt stand eine schmale Mondsichel am Himmel, und wenig später war es finstere Nacht, in der nur noch schwaches Sternenlicht ihnen den Weg zeigte. Aber nicht lange, und der Mond tauchte wieder als Sichel auf, wurde voller und runder, leuchtete eine Weile hell und voll, um dann schnell wieder schmaler und schmaler zu werden, bis er ganz verschwunden war und Dunkelheit die Nach verschlang.

»Was ist denn mit dem Mond los?« fragte er die Katze.

Die Katze sah ihn erstaunt an. »Wieso, der macht doch das, was er immer und überall tut. Er nimmt ab und wieder zu.«

»Ja, das schon«, erwiderte Kid ungeduldig, »aber doch nicht jede Nacht ein paarmal!«

»Ach so, das meinst du. Habe ich dir nicht gesagt, daß im Reich der Mondfee die Zeit anders läuft? Mal kommt sie einem schneller vor, mal langsamer; und manchmal läuft sie rückwärts. Das hängt ganz von dir ab.«

Kid wollte gerade fragen was sie damit meinte, als vor ihnen ein merkwürdiges Gebäude auftauchte. Es sah aus wie ein uralter Tempel, aber auch wieder nicht ganz.

Im Inneren des Tempels saß eine verschleierte Frau und las in einem Buch. Jetzt blickte sie auf, und als sie zu lächeln anfing, schienen Tausende von silbernen Sternen in ihren Augen zu explodieren.

Kid war wie verzaubert . Plötzlich wußte er nicht mehr so genau, ob er träumte, oder ob das die Wirklichkeit war.

»Ist das wichtig?« Die Stimme klang wunderbar weich, und er schien sie irgendwie in sich zu hören. Aber ob er sie aus seinem Bauch, mit seinem Herzen oder in seinem Kopf wahrnahm, hätte er nicht sagen können.

Er schüttelte stumm den Kopf. Er konnte nur sprachlos staunen, so wunderschön war das, was er sah. Das junge Mädchen mit den Sternenaugen saß auf einem nachtblauen Thron und lächelte ihn an, während in ihren Augen noch immer Sternschnuppen sprühten. Ein sanftes Licht schien von ihr auszugehen und sie von innen heraus leuchten zu lassen. Ihr Rock sah aus, als wäre er aus Abertausenden feiner Wasserläufe gewebt. Schillernde kleine Bäche flossen unentwegt an ihr herunter und füllten das Meer hinter dem Tempel.

Vor ihr stand ein großes, rundes Wasserbecken, in dem sich der Mond spiegelte und das auf merkwürdige Weise lebendig wirkte. Ebenso wie das Buch in ihren Händen.

Hinter ihr wehte ein dichter Schleier leicht im Wind. Die zwei Säulen, zwischen denen er wie ein Vorhang schwebte, kamen Kid wie Wächter vor. Er fragte sich, was sich wohl dahinter verbergen mochte.

»Natürlich das Geheimnis aller Geheimnisse«, wieder konnte er ihrer Stimme mehr ahnen oder spüren, als daß er sie hörte, »was den sonst!«

Neugierig versuchte Kid hinter dem wehenden Vorhang etwas zu erkennen, doch der gab sein Geheimnis nicht preis.

Als er die Mondfee wieder anblickte, schien sie sich verändert zu haben. Noch immer splitterten tausend Sterne in ihren Augen, aber sie wirkte jetzt mehr wie eine reife Frau und nicht mehr wie ein unbekümmertes, junges Mädchen. Auch ihre Stimme klang jetzt viel dunkler und machte ihn eigenartig schwindlig.

Sie forderte ihn auf, sich zu ihr zu setzen und in das Wasserbecken zu schauen.

Kaum hatte er sich gesetzt und eine Weile in das seltsam lebendige Wasser geschaut, da fielen ihm die Augen zu. Doch im gleichen Moment öffneten sich seine Traumaugen und er sah im Wasserbecken den wehenden Vorhang zwischen den beiden Säulen. Ohne nachzudenken schob er den Vorhang beiseite und trat zwischen den Säulen hindurch.

Überrascht blieb er gleich wieder stehen. Vor ihm dehnte sich die unendliche Weite des Universums. Planeten kreisten um strahlende Sonnen und unzählige Sterne leuchteten aus der samtenen Dunkelheit. Voller Staunen breitete er die Arme weit aus, und im nächsten Moment trieb er schwerelos in die unbekannte Sternenwelt hinein.

Im Laufe seiner Reise erlebte er Unglaubliches. Mit eigenen Augen sah er Planeten entstehen und ganze Galaxien sterben. In manchen Teilen des Alls fühlte er sich sicher und ließ sich gedankenlos durch die unendlichen Weiten treiben. Er besuchte unbekannte Welten und freundete sich mit ihren Bewohnern an. Er trudelte durch Wolken von glitzerndem Sternenstaub und noch lange danach schimmerte und funkelte er, als wäre er selbst ein Stern am dunklen Himmel.

In anderen Teilen war es so düster und bedrohlich, daß ihm eine Gänsehaut über den Rücken lief und er nur schnell wieder wegwollte.

Manchmal tauchte er in Bereiche ein, wo er das Gefühl hatte zu WISSEN; zu wissen und zu verstehen, woher all diese Planeten, Sterne und Galaxien kamen, und wohin sie schließlich wieder gingen. Und dann, als das Gefühl wieder einmal besonders stark war, und er gerade zu glauben begann, nun wüßte er endgültig Bescheid, stand er plötzlich wieder vor einem wehenden Schleier zwischen zwei Säulen. Aber so sehr er sich auch bemühte, es gelang ihm nicht hinter den Vorhang zu spähen.

Nicht lange darauf entdeckte Kid in einem entlegenen Teil des Universums einen kleinen, wunderbar blauen Planeten. Er beschloß, es wäre wieder einmal Zeit, festen Boden unter seinen Füßen zu spüren. Und so kam es, daß er bald auf einer Wolke saß und sich auf ihr um die Erde treiben ließ.

Was er sah, gefiel ihm. Ganz besonders gefiel ihm ein kleiner Junge, der so ähnlich aussah wie er selbst. Gespannt beobachtete er, wie im Laufe der Jahre aus dem kleinen Jungen ein erwachsener Mann wurde und endlich ein alter Mann, der auf ein erfülltes Leben zurückblickte.

Er fühlte, wie er plötzlich von der Wolke rutschte und auf die Erde zusegelte ... und dann vergaß er alles, was gewesen war, und der Vorhang zog sich hinter ihm zu.

Kid schlug verwirrt die Augen auf. Das Wasser im Becken brodelte, als würde ein Feuer unter ihm lodern, aber da war keins. Jedenfalls keins, das er sehen konnte. Fragend schaute er zur Mondfee auf.

Aber war das wirklich noch die Fee? Vor ihm saß eine uralte Frau und lächelte ihn an. Doch, ja, sie war es! Noch immer explodierten Tausende von Sternen in ihren Augen.

Wieder hörte er ihre Stimme in sich sprechen. Vielleicht fühlte er sie auch, oder war es eher so, daß er sie sehen konnte?

Er war so damit beschäftigt herauszufinden WIE er die Stimme eigentlich wahrnahm, daß er gar nicht verstand, was er hörte.

»... jetzt, wo du so viel erfahren hast!« hörte er gerade noch. Was hatte er erfahren? Er erinnerte sich an nichts anderes, als in das Wasserbecken geguckt zu haben. Was sollte er da erfahren haben?

Die Mondfee lächelte geheimnisvoll.

»Ein Teil von Dir wird es immer wissen. Auch wenn du dich nicht erinnern kannst. Vertraue einfach diesem Teil in dir. Nun, da du ihn verstehen gelernt hast.«

Ihre Stimme verklang. Kid blieb tief in Gedanken versunken sitzen. In ihm und um ihn herum war es jetzt ganz still, selbst der Wind hatte aufgehört zu wehen.

Irgendwann spürte Kid die Katze um seine Beine streichen und erwachte wie aus einem Traum.

»Komm«, maunzte sie, »ich bring' dich zurück.«

Kid stand auf und folgte ihr. Es wurde ein schweigsamer Marsch durch die Nacht, keiner von beiden hatte Lust zu reden. Von dieser Seite aus war die unsichtbare Mauer schon von weitem zu erkennen. Aber er konnte kein Tor entdecken. Selbst als sie vor der Mauer standen und die Katze sich herzlich von Kid verabschiedete, konnte er keine Tür in der hohen und endlos langen Mauer finden.

Ratlos rief er der Katze nach: »Und wie komm ich rüber? Da ist kein Tor!«

»Einfach durchgehen«, schrie die Katze zurück und rannte weiter.

Kid betrachtete zweifelnd die Mauer. Sie schien dick und massiv zu sein. Einfach hindurchgehen? Die Katze mußte verrückt sein! Er jedenfalls würde nicht so dumm sein und sich blaue Flecken und blutige Beulen holen.

Andererseits, die Katze hatte bisher immer die Wahrheit gesagt, warum sollte sie diesmal lügen? Er überlegte hin und her, ohne zu einem Entschluß zu kommen. Und dann ging ein Teil von ihm einfach los. Ging einfach auf die Mauer zu und - hindurch!

Vor ihm, am Horizont, strahlte noch immer die Sonne über den Dächern der Stadt ...

Deutung

3. Die Prinzessin (Die Herrscherin)

Urbild	Die Mutter, Mutter Erde, Mutter Natur

Eigenschaften
der Karte

innerer und äußerer Reichtum, Fruchtbarkeit, Fürsorge, Schutz, Freigiebigkeit, Hilfsbereitschaft, Geborgenheit, Pflichterfüllung, Grundlagen für die Zukunft schaffen, Harmonie und Liebe, Leidenschaft

Gefahr

Willkür, Uneinsichtigkeit, Chaos, die böse Hexe, männermordendes Weib, mütterliche Tyrannei, Prunksucht, Naturkatastrophen

Botschaft

Mutter Natur hat viele Gesichter. Einerseits schenkt sie Leben, andererseits bringt sie den Tod. Doch aus diesen scheinbaren Gegensätzen entsteht alles Neue.

Ziel

Die Vielfalt des Lebens entdecken und annehmen. Ausgleich von Gegensätzlichem durch die Geburt eines Dritten: 1 + 2 = 3, Vater + Mutter = Kind

Zur Erinnerung

Ich gebe und nehme im Einklang mit Mutter Natur.

Fremde Kronen

»Das war einmal ein langer Flug gewesen«, dachte Kid und reckte und streckte sich. Es wurde Zeit, mal wieder zu landen und sich die Füße zu vertreten. Sie warf einen Blick nach unten.

»Nicht schlecht«, murmelte sie und ließ den Teppich tiefer sinken. Unter ihr breitete sich eine liebliche Landschaft aus. Ein kleiner Fluß strömte durch ein sanft gewelltes Tal. Verstreut lagen kleine Dörfer zwischen Obstbäumen und sattgrünen Feldern. Auf üppigen Weiden standen Tiere und fraßen zufrieden frisches Gras.

Ganz am Ende des Tals, dort wo es in die Berge überging, ragte ein prachtvolles Schloß in den Himmel. Die roten Dächer einer Stadt schmiegten sich um die Schloßmauern, wie Küken um die Henne..

Kid beschloß, in der Nähe der Stadt am Flußufer zu landen. Sie ließ den Teppich knapp über dem Boden dahinschweben und sah sich genauer um. Wiesen voller Blumen zogen sich bis zum Wasser hinunter, in dem uralte Bäume ihre Äste spiegelten. Im Vorbeifliegen pflückte sie Äpfel und Birnen von den Bäumen und ließ sie sich schmecken. In einem Garten stibitzte sie ein paar Karotten und Nüsse, und zusammen mit den Vögeln pickte sie sich ein paar von den saftigen Trauben. Sie wollte gerade in Ruhe ihre Beute vertilgen, als sie das Mädchen entdeckte.

Es saß am Flußufer auf einem großen prächtigen Kissen und sang seiner Puppe etwas vor. Dabei wiegte sie die Puppe liebevoll hin und her.

Kid blieb regungslos in der Luft stehen. Das Mädchen sah wunderschön aus. Ihr blondes Haar glänzte und funkelte mit der kleinen Krone, die darauf saß, um die Wette. Die Steine in den Spitzen des Diadems blitzten wie Diamanten in der Sonne. Ihr kostbares weißes Kleid war so sauber, wie es Kids Kleider nie länger als zehn Minuten waren.

Jetzt schaute das engelsgleiche Wesen auf und entdeckte Kid.

»Hallo«, sagte sie und lächelte erfreut, »schickt dich mein Vater?«

Kid schüttelte den Kopf.

Das Mädchen winkte sie näher heran und flüsterte: »Wenn nicht, dann kommst du um mich zu retten ? ...« ihre Stimme blieb hoffnungsvoll in der Luft hängen, und ihre runden Augen wurden noch etwas runder. Dann klatschte sie begeistert in die Hände

»Wovor retten ? ... Ich weiß doch gar nicht, wer du ...«, stotterte Kid und fühlte sich ziemlich blöd.

Das fremde Mädchen sah sich schnell nach allen Seiten um. »Na, wenn dich nicht mein Vater, der Zauberer, geschickt hat, um auf mich aufzupassen, dann mußt du von der großen Göttin kommen. Ich wußte, daß sie mir helfen würde. Ich habe so zu ihr gebetet.«

Sie himmelte Kid geradezu an.

»Ich hab' einfach keine Lust zu Fuß durchs Land zu gehen. Nur weil meine Frau Mama, die Königin das für richtig hält«, fügte sie schnippisch hinzu. »Ich soll mein Reich kennenlernen! So'n Quatsch! Zu Fuß und ohne Diener, wie alle Prinzessinnen vor mir auch! Als könnte ich nicht auch so Königin werden!«

Ihre Augen blitzten mit den Juwelen in ihrer Krone um die Wette.

»Also mein Plan ist ganz einfach. Du und ich, wir tauschen die Rollen. Du gehst morgen früh für mich ins Land hinaus, und ich bleibe als du im Schloß. Ich werde dich heute Abend bei Hofe einführen. Sagen wir als eine Freundin aus ...«, sie überlegte kurz, »aus Kindergartenzeiten. Oder irgendetwas anderes. Mir fällt schon 'was ein.«

Sie sprang auf und zog Kid vom Teppich. »Den brauchst du nicht. Das würde auffallen.« Sie rollte den Teppich zusammen und legte ihn zu ihrem Kissen und der Puppe.

»Das wird gleich abgeholt. Komm jetzt!« sagte sie und zog Kid hinter sich her.

Es wurde ein netter Abend. Kid hatte sich von ihrer Sprachlosigkeit erholt und fand die Königsfamilie sehr nett. Sie wäre gern noch länger sitzen geblieben, aber die Prinzessin drängte zur Nachtruhe. Schließlich hätten sie noch viel zu besprechen, sagte sie ein paarmal mit besonderer Betonung und bedeutungsvollen Blicken.

Zum Schlafen kamen sie in dieser Nacht kaum, denn sie hatten viel zu besprechen. Manchmal fragte sich Kid, warum sie sich auf ein solches Abenteuer einließ. Aber die Prinzessin ließ keinen Zweifel aufkommen. Sie würden morgen früh, vor Sonnenaufgang, zusammen das Schloß verlassen. Wie es Brauch war, würde niemand von der Prinzessin Abschied nehmen, wenn sie aufbrach ihr Reich zu erkunden. Nur würde sie als Kid im Schloß und der Stadt bleiben, und Kid würde in ihren Kleidern durchs Land wandern.

Zuletzt gab sie Kid einen kostbaren Ring.

»Er ist mehr als ein Schmuckstück. Mein Vater hat ihn zu meiner Geburt geschmiedet. Er verleiht dir Zauberkräfte. Welche, das mußt du selbst herausfinden.«

Kid stellte noch ein paar Fragen, die ihr in letzter Minute einfielen, dann trat sie als Prinzessin vor die Stadttore. Und das Abenteuer begann.

Kid merkte bald, daß es sehr angenehm war, als Prinzessin durch ein reiches Land zu spazieren. Überall erkannten die Leute sie und liefen zusammen, um sie zu sehen. Man schleppte die erlesensten Köstlichkeiten heran und verwöhnte sie, wie nur eine Prinzessin verwöhnt wird. Nachts schlief sie in herrlich weichen Betten und morgens brachten ihre Untertanen ihr das Frühstück ans Bett. Von allem immer nur das Beste.

Doch allmählich wurden die Dörfer seltener. Aus den fruchtbaren Tälern wurden erst sanfte Hügel und schließlich schroffe Berge. Hier gab es nur wenige Bauernhöfe und noch weniger zu essen. Oft mußte Kid jetzt draußen unter freiem Himmel schlafen, obwohl es empfindlich kalt geworden war.

Dort lernte sie die wilden Tiere ihres Reiches kennen, und auch die sie halfen ihrer Prinzessin bereitwillig weiter, verrieten ihr so manches Geheimnis.

In einer besonders kalten Nacht suchte Kid tief im Inneren einer Höhle Schutz. Ein leichtes Glühen schien von den Wänden auszugehen. Vielleicht könnte sie sich daran wärmen? Doch kaum hatte sie ihre Hände an die Wand gelegt, hörte sie, wie der Eingang zur Höhle polternd zustürzte. Kid starrte entsetzt auf die rumpelnden Steine. Wie sollte sie hier jemals wieder rauskommen?

»Hihihi«, »Hihihi«, »hihi«, aus allen Ritzen und Nischen schien das Kichern und Gackern über sie hereinzubrechen und sie zu verspotten.

Zornig trat sie gegen den Felsen und schrie vor Schmerzen auf.

»Unbeherrschte junge Dame, diese neue Prinzessin«, schien die Wand zu sagen.

»Hast du dir schon eine Prüfung fürs Prinzeßchen ausgedacht?« die Stimme gluckste vor Lachen.

»Was hatten wir denn lange nicht mehr?«

»Wir könnten mal wieder jemanden zum Putzen brauchen.«

Eine zweite Stimme kam von irgendwoher: »Den Berg hat schon lange keine mehr gefegt und geputzt. Ganz zu schweigen von den Wänden. Guckt nur, wie stumpf sie geworden sind!«

Aus dem Nichts tauchte ein Zeigefinger auf und wischte über die stumpf glühende Wand. Dort wo er entlanggestrichen war, strahlte der Fels jetzt in einem warmen Rot.

Triumphierend stand der Zeigefinger in der Luft. Eine dicke Staubschicht lag auf seiner Fingerspitze. Wieder hallte und dröhnte die Höhle von Gekicher und Gelächter. Kid zog den Kopf ängstlich zwischen die Schultern und versuchte, sich so klein wie möglich zu machen. Die Stimmen schienen von überall her zu kommen. Es mußten Tausende sein.

Kid schielte vorsichtig hinter ihrem Haar hervor. Der Zeigefinger hatte jetzt einen Arm. Dann eine Brust, Kopf, Bauch, und schließlich Beine.

Vor ihr stand eine gräßliche alte Hexe und musterte sie von oben bis unten. Aus dem Nichts tauchten noch zwei andere Hexen auf und schlichen um sie herum.

Kid schloß die Augen, riß sie aber gleich wieder auf. Besser sie sah, was die Hexen mit ihr vor hatten.

Die drei Alten tuschelten miteinander und kamen jetzt dichter heran.

»Du wirst diesen Berg heute Nacht reinigen und die Höhle zu einem einzigartigen, glänzenden Juwel machen,« die Stimme klang kalt und schneidend, »oder diese Tür wird sich nie mehr für dich öffnen.« Die beiden anderen nickten und grinsten mit ihren zahnlosen Mündern.

Kid sah sich um. Der Berg war riesig und die Höhle viel zu hoch, um sie überall putzen zu können.

»Aber …«, setzte sie hilflos an.

»Kein Aber!«, unterbrach die alte Hexe Kid scharf und verschwand.

»Aber …«, Kid wandte sich den beiden anderen zu.

»Kein Aber!« sagten sie wie aus einem Mund und verschwanden ebenfalls.

Kid drehte sich einmal im Kreis und schaute sich genauer um. Die Höhle war noch größer, als sie zuerst gedacht hatte, und nach allen

Seiten gingen Gänge ab. Wie sollte sie diese Arbeit in nur einer Nacht bewältigen? Das war einfach unmöglich.

Niedergeschlagen setzte sie sich auf den Boden. Sie hatte ja noch nicht mal Putzzeug. Selbst wenn sie es versuchen würde, sie wußte gar nicht, womit sie putzen sollte.

Verzweifelt schlug sie die Hände vors Gesicht. Der Ring der Prinzessin prallte schmerzhaft gegen ihre Nase. Der Ring! Sie hatte ja noch den Zauberring der Prinzessin!

Aufgeregt drehte sie den Ring am Finger. Nichts geschah. Sie murmelte alle möglichen Worte vor sich hin, während sie den Ring drehte, vom Finger zog, ihn wieder ansteckte. Sie küßte ihn und versuchte es mit drücken und beißen. Nichts geschah.

»Blöder Ring«, in einem plötzlichen Anfall von Wut, warf sie den Ring verächtlich auf den Boden. Der Ring kullerte davon. Aber dort, wo er entlanggerollt war, schimmerte jetzt eine breite, saubere Bahn.

»Roll Ring, roll!« Kid sprang auf und tanzte durch die Höhle. Je schneller sie sang und klatschte, desto schneller wirbelte der Ring. Kurz vor Sonnenaufgang steckte sie den Ring wieder an ihren Finger und legte sich erschöpft schlafen. Der Berg glänzte jetzt wie Glas, und ein warmes rotes Licht loderte in seinem Inneren und wärmte sie.

Sie träumte von den drei Hexen. Doch die sahen jetzt ganz anders aus. Eine stand jung und schön wie der Frühling vor ihr, die Mittlere erinnerte sie an ihre Mutter und die Dritte war uralt, ihr Gesicht von unzähligen Runzeln durchzogen. Ein leiser, feierlicher Gesang erfüllte die Höhle und Kid kniete vor den Frauen. Eine der Alten setzte ihr eine wunderschöne Krone auf und hielt einen Moment segnend die Hände über sie. Dann waren sie verschwunden.

Am nächsten Morgen wachte Kid von lautem Vogelgezwitscher auf. Verdutzt rieb sie sich die Augen. Sie lag unter einem Baum auf einem weichen Moospolster, und über ihr strahlte eine helle, warme Sonne vom Himmel.

Hatte sie die Höhle nur geträumt? Sie setzte sich auf und schaute sich um. Von einer Höhle war nichts zu sehen. »Komisch«, dachte sie und wollte sich, wie immer, wenn sie verwirrt war, durch die Haare streichen. Doch was war das? Ihre Finger berührten etwas Hartes. Einen Augenblick später hielt Kid die Krone aus ihrem Traum in den Händen. Noch nie hatte Kid etwas so Schönes gesehen.

Die Juwelen in der Krone fingen das Sonnenlicht ein und warfen es als funkelnden Sternenregen wieder zurück in die Welt. Lange saß Kid da und schaute in den blitzenden Ring aus zwölf Edelsteinen. Dann stand sie entschlossen auf, steckte die Krone in ihren Rucksack und zog weiter.

Einige Tage wanderte sie durch dichten Urwald. Sie dachte schon, daß in diesem Teil des Landes überhaupt keine Menschen leben würden, als der Wald allmählich lichter und heller wurde. Immer öfter tauchten jetzt kleine Bauernhäuser und Dörfer auf. Kid wurde freundlich aufgenommen, doch niemand hier vermutete in ihr die Prinzessin des Landes.

Eines Abends, sie saß gerade mit den Dorfbewohnern um ein großes Feuer, tauchte plötzlich der Teppich mit der richtigen Prinzessin aus der Dunkelheit auf.

»Wo kommst du denn her?« rief Kid erfreut und rannte zu ihrem Teppich. Wie sehr sie ihn während ihrer Wanderschaft vermißt hatte, merkte sie erst jetzt. Zärtlich strich sie mit ihren Fingerspitzen seine Muster nach und plapperte allerlei dummes Zeug dazu.

Später saß sie mit der Prinzessin am Lagerfeuer, und sie sprachen darüber, was inzwischen passiert war.

Die Prinzessin erzählte, daß sie immer öfter an Kid hatte denken müssen und ihr das Leben in der Stadt und im Palast immer langweiliger vorgekommen war. Schließlich hatte sie an nichts anderes mehr denken können und da war der Teppich einfach losgeflogen - und jetzt saß sie hier.

Kid war gerade am Ende ihrer Geschichte angelangt und wollte eben die Krone aus ihrem Bündel holen, als alle erschreckt den Kopf hoben und lauschend in die Ferne starrten. Irgendwo - weit weg und trotzdem furchtbar laut, war ein dumpfes Splittern zu hören und plötzlich schien die Erde unter ihnen zu beben und zu dröhnen.

Stumm und starr vor Schreck sahen sie wie ein riesiger Schatten sich vor die Sterne schob und das Dröhnen und Splittern immer lauter wurden.

»Die Dunkle Mutter«, flüsterte die Prinzessin entsetzt und krallte ihre Finger in Kids Arm.

»Die Dunkle Mutter kommt uns holen.« Sie fing lautlos zu weinen an. Kid konnte jetzt eine riesengroße Gestalt erkennen, die durch das Land stapfte. Dort wo ihre Füße hintraten, zersplitterten die Bäume und ganze Dörfer und kleine Städte krachten unter ihren Füßen zusammen. Sie schien es nicht einmal zu merken. Hin und wieder bückte sich die Riesin und hob etwas auf. Manches von dem schob sie in ihr Maul, anderes warf sie achtlos wieder weg.

Schmerzensschreie hallten durch die Luft, und Kid fühlte, wie die Angst in ihr hochkroch. Wie gelähmt saß sie da und starrte auf die alles zerstörende Riesin, die näher und näher kam und immer noch größer und unheimlicher wurde.

Und plötzlich wurde es in ihrem Kopf ganz hell und klar, und sie wußte was zu tun war. Sie zerrte die schreckensbleiche Prinzessin auf den Teppich, und im nächsten Moment sauste der Teppich in den nächtlichen Himmel hinein.

Kid warf einen Blick zurück. Im Vergleich zu der Riesin waren sie nicht größer als eine winzige Fliege. Doch von hier oben wirkte die Dunkle Mutter gar nicht mehr so bedrohlich. ›Eigentlich sieht es aus, als ob ein Mensch über eine Wiese laufen würde und da eine Beere pflückt und dort ein Schneckenhaus aufhebt‹, dachte Kid. ›Und dabei zerstört er ganze Welten, ohne es zu bemerken ...‹

Weder Kid noch die Prinzessinnen achteten darauf, wohin der Teppich flog. Als unter ihnen das große Schloß inmitten der kleinen Stadt auftauchte, erwachten beide wie aus einem tiefen Schlaf. Wo sie dazwischen gewesen waren, hätte keine von ihnen sagen können.

Die Königin und ihr Gemahl, der Zauberer, feierten die Heimkehr ihrer Tochter mit einem großen Fest. Nach dem Essen forderte die Königin ihre Tochter auf, von ihrer Wanderschaft durchs Land zu erzählen. Die Prinzessin schilderte Kids Abenteuer so gut es eben ging. Als sie bei der Krone angekommen war, wollte die Königin sie sehen, und Kid holte sie zögernd aus ihrem Rucksack.

Die Krone in ihren Händen funkelte und blitzte in einem Feuerwerk von Farben. Die Gäste stießen Rufe des Entzückens und Erstaunens aus und drängten näher heran. Kid reichte die Krone an die Prinzessin weiter. Doch kaum hielt die Prinzessin die Krone in ihren Händen, hörte das Funkeln auf, und das eben noch kostbar schimmernde Metall verwandelte sich unter ihren Händen in billiges Blech. Die Prinzessin glotzte betroffen auf die Blechkrone und wurde puterrot.

»Fremde Kronen schmücken nicht«, die Königin sah ihre Tochter streng und durchdringend an.

»Du wirst dir deine eigene Krone schon selbst verdienen müssen. Diese«, sie nahm die Krone aus den Händen ihrer Tochter und setzte sie Kid auf, »diese Krone gehört Kid.«

Im gleichen Moment da die Krone Kids Kopf berührte, schien ein sanftes Glühen von ihr auszugehen, so, als würde sie von innen heraus pulsieren und leuchten. Die Königin verneigte sich feierlich vor Kid und alle Gäste taten es ihr nach.

Kid spürte wie das Licht der Krone in sie hinein strömte und jede Zelle ihres Körpers erfüllte.

Noch nie im Leben hatte sie sich als so stark und schön empfunden.

Deutung

4. Der König (Der Herrscher)

Urbild	Der Vater, der Patriarch
Eigenschaften der Karte	Autorität, Stabilität, Willensstärke, Vernunft, Sinn für Gerechtigkeit, Energie, Kraft, Tatendrang, Mut, Selbstbeherrschung, Beharrlichkeit, Pflichtbewußt-sein, will Ordnung schaffen, Führungsqualitäten
Gefahr	Hochmut, Rücksichtslosigkeit, Selbstverherrlichung, übertriebene Härte, Krieg um des Krieges Willen, Willkür, Brutalität
Botschaft	Wer sich selbst beherrscht, beherrscht die Welt.
Ziel	Stabilität und Ordnung schaffen, um langfristig sichere Zustände gewährleisten zu können. Sich selbst erkennen, und das Erkannte in die Tat umsetzen.
Zur Erinnerung	Meine Pläne und Wünsche sind wohldurchdacht, ich kann sie in Taten umsetzen.

Stell dir vor, du bist König

Kid rieb sich den Schlaf aus den Augen und dehnte sich wie eine Katze. Auf dem Teppich konnte sie wundervoll schlafen, besser als im Bett.

»Und jetzt irgendwo in netter Gesellschaft ein gutes Frühstück!« dachte Kid und spähte über den Rand des Teppichs nach unten.

Schlagartig war sie hellwach. So weit sie sehen konnte, breitete sich schwarz verbranntes Land unter ihr aus. Aus qualmenden Häusern wälzten sich mächtige Rauchschwaden und verdüsterten den Himmel. Felder und Gärten lagen brach, überwuchert von Dornengestrüpp und Disteln. Nirgendwo waren Menschen oder Tiere zu entdecken, aber ihre Ängste und Schmerzen schienen wie ein bleischweres Tuch auf dem Land zu lasten und jegliches Leben zu ersticken.

»Bloß weg hier«, flüsterte Kid entsetzt dem Teppich zu und klopfte ihn, als wäre er ein Pferd, das sie damit zur Eile antreiben könnte. Doch wieder einmal kümmerte er sich nicht um ihre Anweisungen. Im Gegenteil, tiefer und tiefer schwebte er der entsetzlich verkohlten Erde entgegen.

Es stank fürchterlich nach Verbranntem und immer wieder mußte Kid husten, doch der Teppich glitt immer weiter hinab. Kid schloß die Augen und versuchte, an etwas anderes zu denken. Doch die schrecklichen Bilder ließen sich nicht vertreiben.

Plötzlich zerriß lautes Geschrei und wildes Hufgetrappel die lastende Stille. Der Teppich unter ihr bewegte sich in einem eigenartigen Rhythmus. Erschrocken riß Kid die Augen auf und sah gerade noch, wie sich die letzten Teppichreste in ein Pferd verwandelten. Inmitten einer wilden Horde jagte sie jetzt durch das öde Land. Die Reiter um sie herum stießen schrille Schreie aus und schwenkten dabei drohend ihre

Waffen durch die Luft. Kid war so überrascht, daß sie Mühe hatte auf dem Pferd zu bleiben. Was war jetzt wieder los ?

Erst abends als sie ihr Lager aufschlugen, erfuhr sie mehr über ihre Begleiter. Sie waren einmal die Bewohner dieses Landes gewesen.

Damals sei es ein fruchtbares, schönes Land gewesen, sagten sie, mit blühenden Wiesen und reichen Städten. Doch dann seien neidische Nachbarn über ihr Land hergefallen und hätten sie vertrieben. Zornig wiesen sie auf das verdorrte Land um sie herum. Jetzt endlich sei die Zeit gekommen, es wieder zum Blühen zu bringen.

Nach und nach erfuhr Kid, daß der junge König des Landes schon vor Jahren seinem sterbenden Vater versprochen hatte, sein Reich zurückzuerobern.

Von diesem Tag an hatte der junge König zielstrebig und unermüdlich auf dieses Ziel hingearbeitet. Er sammelte seine verstreuten Untertanen um sich und feuerte ihre Sehnsucht nach der verlorenen Heimat wieder an. Er führte geheime Verhandlungen mit anderen Herrschern, und unermüdlich schmiedete er mit seinen Vertrauten Pläne, wie er wieder Herr seines Landes werden konnte.

Schließlich war alles bereit gewesen, und so waren sie aufgebrochen, die Feinde zu vertreiben. Kid war mitten in den Feldzug hineingeplatzt.

Am nächsten Morgen sah Kid den jungen König zum ersten Mal. Stolz saß er auf seinem weißen Pferd und blickte über die schweigende Menge. Die Sonne stieg rot über die Berge und seine Rüstung blitzte unter ihren Strahlen auf. Einen Augenblick schien sein Schwert rot vor Blut zu sein.

Kid schauderte, und doch konnte sie ihren Blick nicht von dem jungen König abwenden. Er sah genau so aus, wie sie sich einen König vorgestellt hatte.

Auf seinem Pferd thronend glich er einem jungen Gott. Eine unerschütterliche Ruhe ging von ihm aus, und gleichzeitig verbreitete er ein Gefühl von Kraft und Mut.

Stumm blickte er über das zerstörte Land, dann wandte er sich den wartenden Menschen zu. »Männer und Frauen«, rief er, »lange Jahre haben wir in der Fremde leben müssen und nur in unseren Träumen das Land unserer Sehnsüchte und Wünsche besucht. Jetzt ist die Zeit gekommen, unsere Träume Wirklichkeit werden zu lassen.«

Bei den letzten Worten hatte er sein Schwert hochgerissen und die Menge brach in Jubel aus. Einer seiner Ältesten reichte ihm eine Fahne, die der junge König feierlich entgegennahm. Als er sie hochhob und der Wind sie ergriff, flatterte ein prächtiger Adler aus ihr hervor und schwang sich majestätisch in die Lüfte. Er kreiste ein paarmal über den verblüfften Menschen, dann schoß er in Richtung des Feindes davon.

»Folgt mir!« schallte des Königs Stimme über das ausbrechende Durcheinander, und er gab seinem Pferd die Sporen. Trunken vor Begeisterung schwangen sich seine Krieger auf di Pferde und galoppierten hinter ihm her. Kid war dabei.

Der Angriff kam für den Feind so überraschend und die Angreifer kämpften mit einer solchen Tapferkeit und Mut, daß die Schlacht schnell vorüber war. Die Menschen, die damals nicht geflohen waren und unter den Besatzern fürchterlich gelitten hatten, strömten vor Freude jauchzend zusammen. Ihr König, ihr Retter, endlich war er gekommen! Tagelang feierte das Land seine Befreiung, und der junge König fühlte sich glücklich und zufrieden inmitten seines dankbaren Volkes.

Doch nach einigen Tagen begannen die Leute daran zu denken, ihre kaputten Häuser und verwüsteten Felder wieder herzurichten. Sie bestürmten den jungen König mit tausend Fragen und Sorgen, wie es denn nun weitergehen solle.

Der junge Herrscher konnte nur ratlos die Schultern zucken. Immer hatte er nur bis zur Eroberung gedacht und geplant. Was jetzt getan werden mußte, darüber hatte er sich nie Gedanken gemacht. Er hatte keine Ahnung, wie es weitergehen sollte.

Weil er aber trotz seiner Jugend ein kluger König war, berief er eines Abends eine Versammlung aller Bürger ein. »Ich habe euch zusammengerufen« sagte er, »weil ich von euch wissen möchte, wie ihr euch unser neues Land vorstellt.« Und nach einer kleinen Pause fügte er hinzu: »Sagt mir, wie ich euch und dem Land am Besten dienen kann. Ich weiß es einfach nicht.«

Doch schon bald mußte er feststellen, daß er bei seinen Untertanen keine Hilfe finden konnte. Ihre Vorstellungen waren viel zu unterschiedlich.

Einigen schwebte ein unberührtes Land voller Wälder und Wiesen vor; eine grüne Oase, in der Menschen und Tiere im Einklang mit der Natur lebten, so, wie es ganz früher einmal gewesen war. Andere brannten darauf, ein neues Zeitalter einzuläuten. Es sollte ein modernes Land werden, in dem neue, ungewöhnliche Dinge ausprobiert wurden. Manche suchten nach fortschrittlichen Möglichkeiten, wie man zusammen leben und arbeiten konnte; wieder andere waren nur daran interessiert, möglichst schnell möglichst viel Geld zu verdienen. Egal wie.

Für die Landleute waren andere Dinge wichtig als für die Städter. Die Reichen hegten andere Wünsche als die Armen, und die Erwartungen und Hoffnungen der Jungen unterschieden sich gewaltig von denen der Älteren.

75

Je länger der junge König zuhörte, desto ratloser und verwirrter sah er aus. Schließlich stand ein alter Mann auf und trat vor den König.

»Es gereicht dir zu Ehren, daß du mehr von unseren Träumen und Hoffnungen erfahren willst, und wir danken dir dafür. Doch du bist der König! Niemand kann für dich entscheiden, wie es weitergehen soll.«

»Aber wenn du willst«, fuhr er fort, »Kann ich dir helfen, die Zukunft etwas klarer zu sehen.«

Seine alten, weisen Augen musterten den König aufmerksam.

»Du kannst machen, daß ich in die Zukunft sehen kann?« die Stimme des Königs verriet, wie aufgeregt er war.

»Nicht ganz«, der Alte lächelte, »trotzdem wirst du viel über die Zukunft erfahren. Aber anders als du denkst. Willst du?«

Der junge König nickte und der alte Mann forderte ihn auf, ein großes Kreuz auf den Boden zu malen und sich in die Mitte zu stellen. Genau dorthin, wo die beiden Linien sich kreuzten.

Der König tat wie ihm geheißen wurde, während seine Untertanen ihn gespannt beobachteten. Kid merkte erst jetzt, wie still es geworden war.

»Schließe deine Augen und erinnere dich an all das, was du gerade gehört hast. Welche Bilder sind dabei vor deinem inneren Auge aufgetaucht? Und was hast du dabei gefühlt und gedacht?«

Der alte Mann machte eine längere Pause. Der junge König stand mit geschlossenen Augen auf der Mitte des Kreuzes.

»Stell dir vor, in deinem Königreich macht jeder das, was ihm gerade einfällt und für ihn wichtig ist.«

Die Stimme des Alten klang seltsam tief und eintönig. Kid hatte Mühe, die Augen offenzuhalten.

»Und während du dir jetzt vorstellst, wie dein Land dann aussehen wird, beginnst du einen Schritt auf der Linie vor deinen Füßen zu machen. Und während du einen Schritt auf der Linie machst, vergehen in der Wirklichkeit einige Monate. Und mit dem nächsten Schritt wieder ein paar Monate und bald bist du so weit in die Zukunft gelaufen, daß du sehen kannst, was aus dem Land geworden ist. Bleib' jetzt stehen und schau dich in aller Ruhe um.«

Wieder machte er eine längere Pause. Doch der junge König schien es nicht zu bemerken. Langsam drehte er seinen Kopf nach allen Seiten, so, als ob er sich tatsächlich in seinem zukünftigen Land umsehen würde.

»Und wenn du genug gesehen hast, kannst du auf der Linie wieder zurück in die Mitte des Kreuzes gehen«, fuhr der Alte nach einer Weile fort.

Ohne die Augen zu öffnen, drehte sich der König um und ging langsam zur Mitte zurück. Sein Gesicht zeigte nun in die entgegengesetzte Richtung.

»Und während du jetzt gleich in die andere Richtung gehst, stellst du dir vor, du regierst dein Reich mit äußerster Strenge und Härte. Dein Wort ist Gesetz. Was du glaubst, müssen alle glauben, was du bestimmst müssen alle tun. Du regierst als absoluter Herrscher über dein Land. Und mit jedem Schritt den du jetzt machst, gehst du weiter und tiefer in diese Zukunft hinein. Du erlebst wie sich das Land nun entwickelt. Was denken die Menschen von dir? Und wie fühlst du dich?«

Mit jedem Schritt schien der König größer und mächtiger zu werden. Doch schon bald spiegelten sich in seinem Gesicht ganz widersprüchliche Gefühle, während er dort stand und sich in seinem Reich umschaute.

Nach einer Weile sprach der Alte weiter: »Und wenn du genug gesehen und erfahren hast, kannst du wieder zurück in die Mitte gehen.«

Er wartete, bis der König wieder in der Kreuzmitte stand. »Und jetzt kannst du einen dritten Weg gehen. Erinnere dich an die beiden Möglichkeiten von vorhin. Was wäre eine Mischung aus beiden?«

Der alte Mann wartete, während er dem König aufmerksam anschaute. »Vielleicht ein Reich in dem alle sagen dürfen, was sie denken. In dem sie Entscheidungen mittreffen und sich frei fühlen können, und wo doch ein weiser König die Geschicke lenkt. Wer weiß … Und wenn du bereit bist, kannst du auch in diese Richtung die ersten Schritte tun und erleben, wie dein Land dann aussehen wird.«

Wieder ging der König langsam die Linie entlang und schaute sich anscheinend aufmerksam um. Einige Zuschauer hatten ebenfalls die Augen geschlossen und schienen ihren eigenen Weg abzuschreiten.

Kid beobachtete den König. Er sah sehr konzentriert aus und so, als wäre er weit weg. Jetzt umspielte ein Lächeln seinen Mund und einen Augenblick lang sah es aus, als würde er zu tanzen beginnen.

Nach einer Weile ließ der Mann ihn wieder zur Mitte gehen und forderte ihn auf, sich der vierten Richtung zuzuwenden.

»Und während du dir nun diese Linie anschaust, möchte ich, daß du dir eine neue Möglichkeit ausdenkst. Eine, die weder mit der ersten noch mit der zweiten oder dritten Linie etwas zu tun hat«

Das Gesicht des Königs verriet, wie verwirrt er sich fühlte. Unschlüssig trat er von einem Fuß auf den anderen und machte mit seinen Händen eine hilflose Geste.

Der alte Mann redete einfach weiter: »Und manchmal fällt einem nicht gleich etwas ein, das weder mit dem einen noch mit dem anderen etwas zu tun hat. Aber das macht nichts. Früher oder später, vielleicht jetzt, vielleicht nachher oder morgen, findet jeder noch viele neue Möglichkeiten …«

Zögernd machte der König einen Schritt. Dann noch einen und noch einen und noch einen. Wieder ließ ihm der alte Mann Zeit sich umzuschauen, bevor er ihn in die Mitte zurückgehen ließ.

»Und jetzt wo du wieder am Ausgangspunkt stehst, kannst du dich

ein paarmal um dich selbst drehen und alle Richtungen und Möglichkeiten noch einmal betrachten.

Welche hat sich am besten angefühlt ? ... Wo hast du ein blühendes
Land und zufriedene Menschen erlebt ? ... Und wo hast du ganz andere
Dinge gefunden ? ...

Und natürlich stellt sich jetzt die Frage, wofür du dich entscheiden
willst. Schlägst du eine Richtung ein und vergißt alle anderen? Oder
springst du vielleicht von Linie zu Linie, wie es dir gerade passend erscheint ?

Und natürlich weißt du auch, daß nur DU derjenige bist, der diese
Entscheidung trifft. Aus dir selbst heraus, an diesem Ort der
Mitte.

Und wofür auch im-mer du dich entscheidest,
und wohin auch im-mer du gehen magst,
wie ein Maler bringst du deine Gefühle und
Gedanken auf die Lein-wand der Welt. Und diese
Bilder verändern wiederum die Welt, die dann wieder dich
prägt.«

Der Alte verstummte. Der König schien noch immer weit weg
zu sein und stand einfach nur bewegungslos da. Auch die meisten Zuhörer blieben still sitzen und starrten gedankenverloren vor sich hin.

Es dauerte nicht lange und aus dem Reich des jungen Königs war ein
blühendes und reiches Land geworden. Kid verbrachte viel Zeit dort,
besonders gern in Gesellschaft des Königs und des alten Mannes.

Deutung

5. Der Lehrer (Der Hohepriester)

Urbild	Der Heilige, der Prophet; einer, der die Geheimnisse von Himmel und Erde erklärt
Eigenschaften der Karte	Sinnsuche, Suche nach geistigen Wahrheiten, Erkenntnis, Ansehen, tiefreichende Einsichten, Vertrauen und Freiheit durch Wissen, Offenbarung, Erleuchtung, Stabilität, Ängste überwinden, Initiation, Gemeinschaft
Gefahr	Blinde Gläubigkeit, Heuchelei, Arroganz, Anmaßung, Dogmatismus, Festhalten an alten Mustern
Botschaft	Der Ursprung allen Seins ist für unseren Verstand unbegreiflich.
Ziel	Sinnfindung, tiefere Bedeutung erkennen, Erleuchtung, sich neuen Eindrücken öffnen
Zur Erinnerung	Auch wenn ich die letzten Dinge nicht verstehe, ich fühle mich als Teil des Ganzen.

Zurück zu den Anfängen

Kid erwachte in einem tiefen Traum.

Er hastete einen langen Schulflur entlang und erinnerte sich nur noch, daß er ein wichtiges Buch finden mußte. Aber er wußte nicht mehr, welches Buch er suchen sollte und schon gar nicht, wo er es finden konnte.

»Es ist ein besonderes, ein sehr kostbares Buch«, hatte die Stimme gesagt, »und du mußt es finden! Es ist sehr, sehr wichtig. Hörst du: Es ist sehr wichtig!«

Nun rannte er durch die Schule und hatte keine Ahnung, wo er es suchen sollte. Er bog um eine Ecke und lief zielstrebig auf eine ganz bestimmte Tür zu, doch das dämmerte ihm erst viel später.

Er riß die Tür auf und stürmte hinein. Vor ihm reihten sich endlos lange Regale mit Tausenden von Büchern aneinander. Natürlich! Die Bibliothek! Wo sonst sollte man ein Buch finden!

Er hatte gar nicht gewußt, daß die Schule eine so große Bibliothek besaß. Zögernd ging er einen Gang entlang und schaute über all die vielen Buchrücken. O.K., jetzt hatte er jede Menge Bücher gefunden. Aber welches war nun dieses besondere, wichtige Buch, das er finden sollte?

Kid begann blindlings Bücher herauszuziehen und wieder zurückzustopfen. Keines der Bücher schien kostbar oder irgendwie besonders zu sein. Bei der hastigen Suche fiel ihm ein dicker Wälzer aus den Händen und polterte auf den Boden. Kid hielt erschrocken den Atem an und guckte sich vorsichtig um. Niemand war zu sehen, und die Bibliothek war wieder so still wie zuvor. Er bückte sich und wollte gerade die verstreuten Seiten zusammenlesen, als plötzlich ein paar Schuhe und Hosenbeine vor ihm auftauchten.

»Was ist hier los?« wurde Kid angeschnauzt.

»Oh Gott, ausgerechnet DER!« Kid stöhnte innerlich auf, und machte sich auf eine längere Standpauke gefaßt. Ausgerechnet der Lehrer, den er am Wenigsten leiden konnte, stand vor ihm.

»Geht man so mit den Schätzen der Menschheit um? Vor nichts habt ihr mehr Respekt und Achtung. Vor gar nichts mehr«, seine Stimme klang vor lauter Empörung unangenehm schrill, »Vorstellungskraft und Wissen vieler Generationen von Männern und Frauen könntest du hier finden, wenn du wolltest. Und du schmeißt es einfach auf den Boden.«

Er kniete sich neben Kid nieder und begann, einige der herumliegenden Seiten einzusammeln.

»Schau hier«, sagte er und hob eine Seite auf, »wir wissen fast nichts über diese Zeit. Aber aus dem Wenigen was wir zu wissen glauben, können wir unendlich viel erfahren.«

Seine Stimme klang jetzt ganz anders. Kid schielte zu ihm hinüber. Neben ihm kniete ein junger Mann, der vor seinen Augen schnell noch jünger wurde, bis er ungefähr so alt wie Kid war.

Er lächelte Kid an. »Weißt du, ich hab' immer viele Fragen gehabt, aber nur wenige Menschen getroffen, die sie beantworten konnten. Bis ich all die Männer und Frauen entdeckt hab', die sich lange vor mir ähnliche Fragen gestellt hatten wie ich.«

Dann grinste er verschmitzt. »Weißt du, woher wir kommen? Oder warum man Luft nicht sehen kann? Oder was Wahrheit ist? Spannende Fragen, findest du nicht auch?«

Kid fühlte sich eigenartig benommen und nickte nur. Er starrte auf die Buchseite in seiner Hand. Fremdartige Zeichen von sonderbarer Schönheit waren darauf abgebildet. Kid fühlte sich auf seltsame Weise von ihnen angezogen. Er spürte, wie ihn ein heftiger Sog erfaßte und in die Zeichen hineinzog.

Kopfüber stürzte er rückwärts in die Zeit, immer weiter und weiter zurück, bis in jene Zeit, als die Menschen noch als Jäger und Sammler unterwegs waren und das Feuer verehrten. Für eine Weile jagte er mit Steinzeitmenschen riesige Mammuts und kleinere Pelztiere oder sammelte mit ihnen Beeren und Wurzeln. Abends saßen sie am flackernden Feuer und lauschten den geheimnisvollen Geschichten der Ältesten.

Und während er ihnen zuhörte, ging er noch weiter zurück in der Zeit, immer weiter. Zurück in das Erdenalter, als es noch keine Menschen auf dem Planeten gab. In die Zeit der Saurier und Flugechsen, als Urwälder aus riesigen Farnen und majestätischen Bäumen die Erde beherrschten ... Und immer noch weiter zurück, zurück in die Zeit, als das Leben auf diesem Planeten in den Tiefen der Urmeere eben begann ... Und dann immer noch weiter zurück, bis in die Zeit, als diese Erde gerade erst im Entstehen war. Zusammen mit anderen Planeten, mit Monden und Sonnen, mit ganzen Galaxien im endlosen All ... Immer noch tiefer hinein in die unendliche Weite des Universums, weiter und weiter in die Zeit zurück ... Milliarden von Jahren, zehn Milliarden, zwanzig Milliarden Jahre zurück in der Zeit ... Und allmählich ist das Universum so jung, daß es noch gar keine festen Dinge gibt - nur eine unsichtbare Kraft und unvorstellbar heiße Energie ...

Kid wußte, er näherte sich unaufhaltsam dem Ursprung dieses Universums. Dem unvorstellbaren Moment als alles begann.

Plötzlich spürte er, wie ein Gegensog ihn ergriff und die Zeit wieder vorwärts lief. Wie auf einem Zeitstrahl reiste er jetzt durch Milliarden von Jahren in Richtung Zukunft.

Riesige Energiewolken dehnten sich im All aus und ganz allmählich entstanden daraus Spiralnebel mit unzähligen Sonnen in der Unendlichkeit des Raums. Durch Jahrmillionen reiste Kid. Er sah Planeten entstehen und ihre Bahnen um die Sonnen einnehmen …

Auf seiner Reise hatte er unvorstellbare Meere von Zeit durchschifft, als er einen wunderschönen Planeten entdeckte. Nicht sehr groß, aber wunderschön blau.

Kid fühlte wie er aus der Weite des Alls hinabsauste in das blaue Wasser des Planeten. Hinein in die ersten Lebewesen im Urmeer. Er fühlte, wie er als flimmernder Einzeller durch die Ursuppe schwamm und allmählich immer speziellere Organe auszubilden begann. Und wieder vergingen Jahrmillionen in denen das Leben zunächst nur im Wasser möglich war. Das Land - sofern vorhanden - war vorerst noch wüst und leer. Doch langsam, ganz allmählich veränderte sich die Atmosphäre, und es entstanden Lebewesen, die zum Teil im Wasser und zum Teil auf dem festen Land leben konnten.

Wieder entwickelte sich das Leben in Millionen von Jahren weiter, und die ersten Tiere eroberten das Land. Saurier und Flugechsen, Urpferdchen und Säbelzahntiger streiften durch unberührte Natur, lange, lange bevor es Menschen gab.

Doch irgendwann waren sie da. Als Jäger und Sammler folgten sie dem Rhythmus der Jahreszeiten und den Spuren der Tiere.

Aus den umherziehenden Stämmen entwickelten sich langsam Hirtenvölker und schließlich Bauern, die bei ihren Feldern blieben und seßhaft wurden. Sie verehrten Bäume und Quellen als Götter und schließlich bauten sie ihnen zu Ehren Tempel aus Stein und Städte darumherum.

Kid sauste nun langsamer in Richtung Zukunft. Vor seinen Augen begannen Königreiche aufzublühen und sich auszudehnen. Doch genauso, wie sie entstanden, vergingen sie auch wieder. Andere Länder, andere Götter wuchsen heran, wurden groß und mächtig und versanken dann im Vergessen.

Kid kam es vor, als fliege er durch ein Kaleidoskop des Lebens. Irgendein vielleicht winziger Teil von ihm war überall dabeigewesen. Ganz am Anfang als alles begann, durch alle Stufen der Entwicklung hindurch, bis zu dem Punkt, wo er jetzt gerade stand. Und in einer Weile sein wird ...

Auf dem Zeitstrahl in die Zukunft durchströmte Kid ein wundervolles Gefühl von Freiheit und ... Verstehen. Er floß mit den unterschiedlichen Völkern, Sitten und Gebräuchen durch die Jahrtausende dahin. Und je mehr er von den tausend und abertausend Möglichkeiten, die Welt zu erleben, verstand, desto mehr entdeckte er, wie eines mit dem anderen verflochten war. Alles hing mit allem zusammen. Kein einziges Ereignis oder Ding stand beziehungslos im Raum. Und jedes baute auf dem anderen auf.

Kid spürte, wie überwältigende Freude und Dankbarkeit in ihm aufstiegen, während die Bilder um ihn herum immer vertrauter wurden. Da waren die alten Ägypter mit ihren Pyramiden. Dort die Griechen und Römer neben Kelten und alten Indianerstämmen auf der anderen Seite der Welt.

Er entdeckte, wie neue Erfindungen das Leben schnell bequemer machten. Aber durch alle Zeiten hindurch sah er auch erbärmliche Armut und Schmerz neben Reichtum und Fülle existieren. Und durch alle Zeiten hindurch sah er immer wieder Neues entstehen und Altes vergehen.

Kid näherte sich rasch der Zeit, die ihm vertraut war. Schon fuhren die ersten Autos über holprige Straßen, und die Häuser begannen höher und höher zu werden und nachts zu leuchten. Und bald schien die Welt bedeckt von einem Netz aus befahrenen Straßen und summenden

Leitungen. Selbst daß in diesem über Jahrmillionen immer gleichen Himmel plötzlich eiserne Vögel flogen, nahmen die Menschen kaum noch zur Kenntnis …

Kid fand sich auf dem Boden der Bibliothek wieder. Leicht verdattert aber hellwach schüttelte er ein paarmal den Kopf. Er guckte zu dem Jungen hinüber, der noch immer neben ihm saß. Sie lächelten einander zu.

»Und was war vor dem großen Anfangsknall?« fragte Kid. Der Junge zuckte mit den Schultern und stand auf.

»Das Nichts?« fragte er, schmunzelte und verschwand.

Deutung

6. Die Freunde (Die Liebenden)

Urbild	Amor, der Scheideweg
Eigenschaften der Karte	Liebe in all ihren Erscheinungsformen, Einheit, Harmonie, Aufrichtigkeit, Hingabe und Vereinigung der Gegensätze, innere Prüfung, Fürsorge, freie Entscheidung, Willensfreiheit, Transformation, Selbstverantwortung, Lösung aus Abhängigkeiten
Gefahr	Haß, krankhafte Eifersucht, Zögern, lähmende Sehnsucht nach einer verflossenen Liebe, Scheidung, Untreue, Ratlosigkeit, zu große Nachgiebigkeit sich selbst gegenüber
Botschaft	Jede Entscheidung für etwas, ist zwangsläufig auch eine Entscheidung gegen etwas. Um das Eine zu bekommen, mußt du etwas anderes loslassen. Je mehr du dich selbst mit all deinen Stärken und Schwächen annimmst, desto liebenswerter wirst du für andere.
Ziel	Selbstverantwortung, freie Wahl treffen zwischen Annehmlichkeiten und Pflichtbewußtsein.
Zur Erinnerung	Jeden Morgen entscheide ich erneut, wie ich mich fühlen möchte.

Amor und die bunten Pfeile

Wie so oft auf längeren Reisen, döste Kid ein wenig vor sich hin.

»Hi!« rief es fröhlich neben ihr.

Kid schreckte aus ihrem Halbschlaf hoch und guckte sich verdutzt um. Neben ihr schwebte eine kleine, watteweiche Wolke. Und auf dieser Wolke, sie traute ihren Augen kaum, lag ein nackter, etwas dicklicher Junge und grinste sie an.

Irgendwie wirkte er etwas altmodisch. Er erinnerte Kid an alte Bilder mit nackten Jesuskindern oder Engeln darauf. In der Hand hielt er einen knallroten, kandierten Apfel. Gerade biß er genüßlich hinein.

Mit vollem Mund nuschelte er: »Ist manchmal ganz schön einsam hier oben. Findste nich' auch?«

Kid nickte. »Mmmhh«, murmelte sie noch immer etwas verschlafen und reichlich durcheinander.

»Mußte halt öfter mal landen und was mit den Leuten machen.« Er grinste Kid fröhlich an.

»Was soll ich denn mit fremden Menschen machen, mal gerade eben so«, sagte Kid etwas pampig, und dachte an ein paar Landungen, bei denen sie sich ziemlich unwohl gefühlt hatte.

»Versteh' ich nicht«, sagte der Junge, »ich hab überall meinen Spaß.«

Er biß wieder in den Apfel. »Willste auch mal beißen?« Er hielt Kid den aufgespießten Apfel hin. Kid nickte und biß ein großes Stück von dem zuckersüßen Apfel ab.

»Wie machst'n das, überall Spaß haben?« Kid war ehrlich interessiert. Der seltsame Knabe mit den blonden Locken über dem runden Gesicht gefiel ihr immer besser. Er hatte so etwas Übermütiges, Spitzbübisches, Freundliches. Man mußte ihn einfach gern haben.

»Ich schieß' sie an.« Er grinste übers ganze Gesicht.

»Du machst was?« Kid starrte den Jungen fassungslos an.

»Damit natürlich.« Der Spieß mit den Apfelresten wies lässig nach hinten.

Erst jetzt entdeckte Kid den Köcher mit den vielen bunten Pfeilen und den kleinen Bogen; beides lag halb versunken in der Wolkenwatte. Kid schüttelte ungläubig den Kopf, während ihre Augen zwischen dem harmlos kindlichen Gesicht und den vielen Pfeilen hin und her wanderten.

»Sie lieben es getroffen zu werden.« Der Junge brach in ein ansteckendes Lachen aus. »Dich hab ich auch schon'n paarmal angeschossen. Und jeder Pfeil war wie Geburtstag für dich«, setzte er hinzu und amüsierte sich über Kids verwirrtes Gesicht.

»Sehen könnt ihr mich da unten natürlich nicht, genauso wenig wie die Pfeile, aber spüren tut ihr sie. Und genau darum geht's ja im Wesentlichen.« Er feixte und blickte Kid dann fragend an. »Weißt du jetzt, wer ich bin?«

Kid zuckte ratlos die Schultern. »Irgendein Engel nehm' ich an.«

»Doch kein Engel!« Er richtete sich empört auf und flatterte mit seinen kleinen Flügeln. »Engel dürfen doch so gut wie nichts. Die soll'n immer gut sein und lieb und all so'n Quatsch. Das liegt mir nicht - und außerdem ist das langweilig.«

Er kicherte wieder und fischte hinter seinem Rücken nach dem Köcher mit den Pfeilen und seinem Bogen. Übertrieben theatralisch spannte er einen bunten, zierlichen Pfeil auf den Bogen und setzte sich in Pose.

»Und?« fragte er erwartungsvoll.

Kid wiegte zweifelnd den Kopf hin und her. »Ich hab dich schon auf Bildern gesehen - vor allem in Witzen«, sagte sie und wurde ein bißchen rot. »Aber mir fällt gerade nicht ein, wie du heißt«, fügte sie verlegen hinzu.

»Amor!« schrie der Junge auf der Wolke, »ich heiße Amor!« Der kleine Pfeil flog glitzernd in den weiten Himmel hinein. »Hoffentlich trifft er nicht aus Versehen jemanden.« Amor lachte Kid übermütig an.

»Und wenn er doch jemanden trifft?« fragte Kid.

»Dann können die unterschiedlichsten Sachen passieren. Wenn der Pfeil jemanden trifft, dann ist derjenige sofort fasziniert von dem, was er gerade ansieht oder tut.«

Amor brach in fröhliches Lachen aus. »Vor ein paar Tagen hab' ich aus Versehen ein kleines Schweinchen mitten ins Herz getroffen, als es gerade eine Katze beschnüffelt hat. Das hättste sehen sollen! Tagelang ist es nur noch hinter der Katze hergelaufen, und die wollte natürlich überhaupt nichts von ihm wissen. Aber dann hab' ich der Katze einen Pfeil ins Hinterteil geschossen ...«, Amor kugelte sich vor Lachen. »Willste mal sehen, was da jetzt los ist?«

Kid nickte. Amor zeigte auf eine bestimmte Stelle unten auf der Erde, und als Kid dorthin schaute, sah sie eine Blase aufsteigen und schnell näher kommen. Vor ihrem Teppich und Amors Wolke hielt sie an und Kid konnte jetzt erkennen, daß in der Blase ein Film ablief. Ein kleines rosa Ferkel und eine süße kleine Katze rieben sich zärtlich aneinander und grunzten und schnurrten sich selig an. Kid lachte, es sah einfach zu putzig aus, wie die beiden sich anhimmelten und hintereinander herliefen.

»Die Liebe!« Amor legte sich bequem hin und guckte verträumt in den Himmel. Kid dachte an die Menschen, die sie liebte.

»Willste mal sehen, wie oft meine Pfeile dich schon getroffen haben?« fragte Amor in ihre Gedanken hinein.

Kid nickte stumm. Amor zeigte auf die Erde weit unter ihnen. Straßen und Wege durchzogen eine Landschaft, die Kid ziemlich bekannt vorkam. Ganz hinten am Horizont stieg eine Blase auf und näherte sich ihnen. Als sie nahe genug herangekommen war, sah Kid ihre Eltern mit einem winzigen Baby in den Armen schmusen.

»Unsere erste Begegnung.« Amor zog einen blauen Pfeil aus dem Köcher und kratzte sich am Fuß. »Das ist sozusagen die Grundimpfung. Die kriegt jeder, wenn er da unten anfängt.«

Kid betrachtete, wie sie heranwuchs. Je größer sie wurde, desto öfter kam es vor, daß ihre Eltern ihr Dinge verboten, die sie unbedingt tun wollte. Oder sie sollte Sachen erledigen, auf die sie überhaupt keine Lust hatte. Sie waren ganz schön oft sauer aufeinander.

»Elternliebe!« sagte Amor und bohrte sich in der Nase. »Die meinen's immer gut, aber ob sie's immer gut machen ..?« Er ließ die Frage in der Luft hängen.

Eine neue Blase stieg auf und verdrängte die erste. Kid sah sich selbst als kleines Kind mit ihrem liebsten Schmusetier. Sie erinnerte sich noch ganz genau daran. Den ganzen Tag hatte sie es herumgeschleppt, und ohne ihren Liebling hatte sie nicht einschlafen können. Was war ei- gentlich daraus geworden? Ir- gendwann war es nicht mehr wich- tig gewesen.

Wieder stieg eine neue Blase auf. Ihre erste Freundin und sie beim Spielen. Sie waren richtig gute Freunde gewesen. Genau so hatte sie sich immer eine Schwester gewünscht. Jemanden mit dem man über alles reden konnte. Auch über die Dinge, die man sonst niemanden sa- gen würde. Und dann hatten sie fürchterlich Krach gekriegt. Kid sah sich mit ihrer Freundin an einer Kreuzung stehen. Sie stritten sich hef- tig und starrten sich dabei feindselig an. Mitten im Streit hatte Kid sich umgedreht und war weggerannt. Sie hatten sich nie wiedergesehen.

›Schade‹, dachte Kid jetzt, ›wir haben uns so gut verstanden. Viel- leicht hätte ich nachgeben und nicht einfach abhauen sollen. Oder wir hätten noch mal darüber reden können. Eigentlich war es ein ziemlich blöder Streit.‹ Sie seufzte, während sie wehmütig in die flimmernde Filmblase schaute. »Schade«, sagte sie dann laut, »daß ich nie wieder etwas von ihr gehört habe.«

Amor machte sich jetzt mit der Pfeilspitze die Fingernägel sauber. »Würdste gern sehen, wie es weitergegangen wär', wenn de dich damals anders entschieden hättest?« fragte er beiläufig.

Bevor Kid antworten konnte, blubberte eine kleine Blase aus der großen und Kid sah wie sie und ihre Freundin sich aussöhnten und weiterhin gute Freunde geblieben waren.

»Tja, vorbei ist vorbei, da helfen keine Pillen.« Amor lachte und stieß die Pfeilspitze in die Kugel. Sie zerplatzte wie eine Seifenblase.

Er zog einen leuchtend roten Pfeil aus seinem Köcher und während er ihn hochhielt, sagte er: »Mit dem da hab' ich dir einen Meisterschuß verpaßt. Ich hab' dich damit mitten ins Herz getroffen. War wirklich ein absoluter Meisterschuß. Aber ihn hab ich nur am Bein erwischt, glaub' ich, oder?« Er runzelte nachdenklich die Stirn.

Von der Erde unten stieg eine neue Kugel auf, viel näher als die ersten. Kids Gesicht begann zu glühen, als sie die Bilder darin erkennen konnte: Ihre große Liebe und sie beim ersten Treffen. Wie schwachsinnig sie sich damals benommen hatte!

Amor neben ihr kicherte schon wieder. »Ich find's jedesmal wieder köstlich, wenn ich gut getroffen hab', und der Zauber anfängt zu wirken. Diese schmachtenden Blicke, die klopfenden Herzen und feuchten Hände. Diese berauschenden Gefühle ...«

Amor redete sich in Begeisterung, während sie zuschauten, wie es mit ihrer Liebe weitergegangen war. Im Schnelldurchlauf rauschten die Tage und Wochen an Kid vorbei.

Immer wieder sah sie sich und ihren Freund auf Kreuzungen stehen.

Manchmal wollte sie in eine bestimmte Richtung gehen und ihr Freund in eine andere. Meistens gingen sie dann doch gemeinsam weiter. Aber ein paarmal schien es so als wollte keiner nachgeben. Unschlüssig standen sie dann eine Weile herum, gingen zögernd auseinander und trafen an anderer Stelle wieder zusammen oder liefen hintereinander her.

Doch an einer Weggabelung wollten sie sich nicht mehr einigen. Kid wollte unbedingt ans große Meer, aber ihren Freund zog es in die Berge. Keiner von beiden wollte dieses Mal nachgeben, und keiner von Beiden konnte sich vorstellen, daß es dort, wo der andere hingehen wollte, etwas Interessantes zu erleben gäbe. Schließlich trennten sie sich und jeder ging seiner Wege.

Die Bilder verblaßten und die Kugel schwebte davon. Kid schaute ihr nachdenklich nach. Amor hielt jetzt ein ganzes Bündel bunter Pfeile in der Hand und streckte sie ihr entgegen.

»Die Sorten haste alle schon kennengelernt. Such dir die nächsten selbst aus.« Kid griff nach einem, der ihr besonders schön erschien. Kaum hatten ihre Finger den Pfeil berührt, stieg eine neue Blase unter ihr auf und stieg rasch höher. Die Bilder zeigten Kid völlig versunken mit den Dingen beschäftigt, die sie am liebsten tat. Ganz entrückt sah sie aus, konzentriert, ganz bei sich selbst. Es war als würde sie dabei wachsen und Teil eines größeren Ganzen werden.

Kid schaute sich selbst eine Weile in der Seifenblase zu. »Ich wußte gar nicht, daß du auch dafür zuständig bist«, sagte sie.

»Wieso? Haben Hobbys und Leidenschaften nichts mit Liebe zu tun? Jeder von uns liebt doch die unterschiedlichsten Sachen. Der eine liebt Tiere, der andere Sport. Du kannst Musik lieben oder Spielsachen, Autos oder Menschen oder Gott - was du willst.« Amor strahlte übers ganze Gesicht. »In meiner Welt gibt's keine Grenzen. Außer natürlich die, für die du dich entscheidest.«

»Aber du hast doch gerade gesagt, daß ich gar nicht weiß, wann du mich triffst. Also kann ich mich doch nicht dafür entscheiden.« Kid war stolz auf ihre logische Beweisführung.

»Das stimmt.« Amor grinste spöttisch. »Den Anfang mach' ich, aber der Pfeilzauber wirkt ja nicht ewig - je nach dem, wohin ich getroffen habe. Ein Herzschuß hält natürlich viel länger, als wenn ich in den Fuß getroffen hab'. Klar. Aber viel, viel wichtiger ist das, was du dann selbst daraus machst.«

Amor streckte seine Flügel aus und stieß sich von der Wolke ab. Er flatterte um Kid herum und betrachtete sie aufmerksam. Wie im Spiel zog er einen schillernden Pfeil aus seinem Köcher und legte ihn auf den Bogen. Von der Erde, direkt unter Kid stieg eine große Blase auf und flog Kid entgegen. Als sie nahe genug herangekommen war, sah Kid sich selbst wie sie gerade dabei war ...

Im gleichen Moment spürte sie, wie der schillernde Pfeil sie traf.

»Ich treffe«, rief Amor ihr lachend zu, »und du entscheidest dann, was du daraus machen willst. Mach's gut bis zum nächsten Mal«

Und weg war er.

Deutung
7. Der Held (Der Wagen)

Urbild	Der Aufbruch des jungen Helden
Eigenschaften der Karte	Der Weg nach vorne, Sieg, Übermut, Triumph, Selbstüberwindung, Mut, sich Widrigkeiten stellen, Klarheit, Hindernisse überwinden, Harmonie der Kräfte finden, Abschluß eines Lernprozesses
Gefahr	Festhalten an Gewohntem, Hochmut, Rücksichtslosigkeit, Leichtsinn, Selbstüberschätzung, Größenwahn, Orientierungslosigkeit
Botschaft	Wer andere bezwingt ist stark, wer sich besiegt ist mächtig. Lao-Tse
Ziel	Seinen eigenen Platz in der Welt finden
Zur Erinnerung	Ich finde und hebe meinen eigenen Schatz - in mir.

Der Nabel der Welt

»Du spinnst ja!« Kid tippte sich empört an die Stirn. »Ich bin doch nicht verrückt und laß mich auf so'n Schwachsinn ein!«

Der junge Mann ihr gegenüber schaute sie verständnislos an. »Was soll denn daran schwachsinnig sein, den Nabel der Welt zu finden? Ich finde das ist eine genial abenteuerliche und spannende Sache.«

Mit glänzenden, weit in die Ferne gerichteten Augen fuhr er fort: »Kolumbus hätte nie Amerika entdeckt, wenn er nicht an die Erde als Kugel geglaubt hätte. Und die Ritter von König Artur wären heute nicht weltberühmt, wenn sie nicht den heiligen Gral gesucht hätten.«

»Und meine Aufgabe ist eben, den Nabel den Welt zu finden«, fügte er selbstgefällig hinzu. Er wandte sich zu Kid um. »Ich biete dir die einmalige Gelegenheit, etwas Besonderes zu erleben, aber wenn du es vorziehst, hier zu versauern ...«, er machte eine kleine, effektvolle Pause, »ist mir das auch egal.« Er zuckte verächtlich mit den Schultern und stand auf.

»Zieh' ich halt allein los. Ich hab' schließlich alles, was ich brauch'. Die Karte«, er klopfte auf den Beutel an seiner Brust, »und einen Wagen voller Proviant. Mehr brauch' ich nicht. Lieber fahr' ich allein, als mit einem Feigling.«

Kid stand auf und ging zu Robin hinüber. »Du hast eine Karte, auf der der Nabel der Welt eingezeichnet ist?« fragte sie neugierig, »wo hast du die denn gefunden? So etwas liegt doch nicht einfach 'rum!«

Robin lächelte geheimnisvoll und sagte etwas von oben herab: »Natürlich liegen die nicht einfach so 'rum! Aber ich suche ja auch schon 'ne ganze Weile. Und jetzt hab' ich sie eben gefunden. Also was ist? Kommst du mit?«

Kid zögerte noch immer. »Kann ich die Karte mal sehen?« fragte sie. Robin guckte mißtrauisch zu ihr herüber. »Erst, wenn du dich entschieden hast«, sagte er und grinste. »Und zwar bald! Ich muß den Wagen abholen, und dann will ich endlich los. Also? «

Kid sah zu Boden und überlegte noch einmal kurz, dann streckte sie Robin die Hand hin. »Ich bin dabei!« sagte sie, und plötzlich fühlte sich plötzlich voller Tatendrang und Abenteuerlust.

Robin schien nicht überrascht zu sein, er nickte nur und drängte zum Aufbruch.

Der Wagen, den sie bei einem alten Bauern abholten, war ein uralter Karren und der weiße und braune Esel, die ihn ziehen sollten, sahen nicht viel jünger aus. Eher noch klappriger und außerdem ziemlich störrisch. Kid fragte sich im Stillen, wie weit sie mit diesem Gespann wohl kommen würden. Aber Robin schien sich darüber keine Gedanken zu machen. Er spannte fröhlich pfeifend die zwei Esel an, und bald darauf zockelten sie gemütlich über die Landstraße.

Kid wollte jetzt endlich die Karte sehen. Robin holte ein vergilbtes, reichlich zerfleddertes Stück Papier aus seinem Brustbeutel und legte es vorsichtig auf seine Knie. Das alte Papier war über und über mit braunen Wasserflecken bedeckt. Nur an manchen Stellen konnte man noch schwache, ausgelaufene Linien erkennen.

»Aber da drauf ist ja gar nichts mehr zu erkennen!« rief Kid empört, »wie sollen wir mit so einem Fetzen den Nabel der Welt finden?« Sie zerrte entrüstet an den Zügeln. Die Esel blieben stehen.

»Reg' dich nicht auf.« Robin nahm die Zügel wieder fest in die Hand und klatschte sie aufmunternd auf die Eselsrücken.

»Bis zur Hütte der alten Frau wissen die Esel den Weg. Und ab dort hilft sowieso keine Karte mehr. Ab da fängt das wirkliche Abenteuer an.

Etwas, von dem es schon eine Karte gibt, kann man schließlich nicht mehr entdecken. So viel ist ja wohl klar!«

Wieder knallte er die Zügel auf die Eselsrücken und rief: »Hü!«

Nichts geschah. Die Esel zupften geruhsam Grashalme von der Böschung und schienen nicht gewillt, Robins Aufforderung zu folgen. Er schimpfte und knallte immer wilder mit seiner Peitsche auf die Rücken der Esel - vergeblich. Sie schienen ihn gar nicht zu bemerken.

Schließlich stieg Kid ab und versuchte, die Esel weiterzuziehen, und, als das nicht klappte, sie zu schieben und vorwärts zu treiben. Aber nichts half. Die Esel blieben störrisch und mit durchgedrückten Vorderbeinen stehen. Auf dem Wagen zerrte Robin an den Zügeln und brüllte und fluchte, doch auch das änderte nichts.

Erschöpft und mutlos lehnte sich Kid gegen den weißen Esel und kraulte ihn hinter den Ohren. »Was soll ich bloß machen?« flüsterte sie in das zottelige Fell hinein.

»Nimm Futter aus dem Wagen und lauf damit vor uns her«, hörte sie den Esel in ihr Ohr wispern. Kid starrte ihn verblüfft an, aber der Esel zupfte schon wieder Gras und schien sie nicht weiter zu beachten.

Kid holte eine Karotte und hielt sie den beiden Eseln abwechselnd vor die Nase. Endlich setzten sie sich wieder in Bewegung.

Die nächsten zwei Tage kamen sie gut voran. Abgesehen von einigen kleinen Zwischenfällen, wie einer gebrochenen Radspeiche, einem unfreiwilligen Bad in einem Fluß und einer schlaflosen Nacht, in der sie von wilden Tieren umschlichen wurden, verlief die Fahrt durch das weite Land ruhig und angenehm.

Doch am dritten Tag tauchte ein riesiger Berg aus lodernden Flammen vor ihnen auf. Der einzige Weg führte direkt durch das Flammenmeer hindurch.

Kid und Robin hielten den Wagen an und stiegen aus.

»Das ist dann wohl das Ende unserer Reise«, sagte Kid, »oder hast du eine Idee, wie wir da durchkommen können, ohne als Gegrilltes zu enden?«

Robin warf einen Blick auf die gewaltige Feuerwand vor ihnen und schüttelte den Kopf. Zum ersten Mal seit Kid ihn kannte, wirkte er niedergeschlagen und ratlos.

»Komm, laß' uns umkehren«, sagte sie und legte einen Arm um Robin, »Was nicht geht, geht eben nicht!«

Robin schüttelte den Kopf und setzte sich neben den Wagen auf den Boden. »Nein!« sagte er heftig »So schnell geb' ich nicht auf. Es muß einen Weg da durch geben. Irgend- wie. Ich weiß nur noch nicht wie.«

Kid spürte, wie angesichts der Flammen und Robins Sturheit Angst in ihr hochkroch und sie am liebsten davongerannt wäre. Wenn sie bloß gewußt hätte wohin.

Kid spürte wie je- mand sie am Ärmel zupfte. »Nehmt das Was- ser aus eurem Kar- ren, und gießt es über uns und euch beide. Dann könnt ihr es schaffen.« Der schwarze Esel sah die bei- den an und zerrte ungeduldig an seinem Geschirr. »Vorausge- setzt ihr macht schnell und nehmt all euren Mut zusammen.«

Robin glotzte den sprechenden Esel einen Moment lang sprachlos an. Dann sprang er auf, rannte zum Wagen und holte das Wasser heraus. Es war nicht mehr besonders viel.

»Aber ... aber ...«, protestierte Kid, »das ist doch Wahnsinn. Wir können doch nicht ...«

Robin schob sie einfach beiseite und sprengte das bißchen Wasser auf das Fell der Esel, auf Kid und sich selbst. Dann stieß er Kid in den Wagen, griff nach den Zügeln und schrie »Hü!«.

Im nächsten Moment schoß der Wagen auf die flammende Bergwand zu.

Kid kniff vor lauter Entsetzen die Augen zu und konnte sich gerade noch festklammern, bevor das prasselnde Höllenfeuer sie verschluckte.

»Seid ihr noch am Leben?«
Kid rappelte sich hoch und zwinkerte ein paarmal vorsichtig mit den Augen, bevor sie sich traute, sie ganz auf zu machen.
Vor ihnen standen die Esel mit angesengtem Fell und von oben bis unten mit schwarzen Ruß bedeckt, aber sonst schien ihnen nichts zu fehlen. Robin neben ihr sah genauso schwarz und zerzaust aus wie die Esel. Jetzt sprang er auf und hüpfte wie ein Verrückter herum.
»Wir haben es geschafft!« schrie er überschwenglich und umarmte erst Kid und dann die Esel. »Wir haben es geschafft! Ich hab's gewußt!«
Auch Kid tanzte jetzt um die Esel herum und zusammen schrien sie ihren Triumph lauthals in den herrlich blauen Himmel hinein.
Von nun an zogen sie als verschworene Gemeinschaft weiter. Obwohl sie auch in den nächsten Tagen noch viele Abenteuer und Mutproben zu bestehen hatten, setzten sie ihren Weg zügig fort. Zusammen waren sie einfach unbesiegbar.
Am siebten Tag erreichten sie die Hütte der alten Frau. Die Alte erwartete sie vor ihrer schäbigen Hütte am Ufer eines weiten Meeres und begrüßte sie mit einem grauslich zahnlosen Lächeln.
Kid schauderte. Besonders vertrauenswürdig sah sie nicht aus, eher wie eine alte Hexe.
Zur Begrüßung hielt sie ihnen ein Kästchen entgegen und krächzte: »Ah, zwei haben es wieder mal bis hierher geschafft. Wollen sich den Schlüssel holen und den Nabel der Welt erobern.« Sie kicherte und fuchtelte mit dem Kästchen vor ihren Augen herum.
Kid und Robin streckten die Hände aus um nach dem Kästchen zu greifen, aber die Alte zog es blitzschnell zurück. Sie grinste hämisch.

»Nun mal langsam, nicht so hastig. Bis hierher haben euch die Esel geführt, aber«, sie wies auf das weite Meer hinaus, »ab jetzt werden sie euch nichts mehr nützen.«

Sie hielt inne und ließ ihren wachen Blick von Kid zu Robin, zu den Eseln und wieder zurück wandern. Vorsichtig öffnete sie das Kästchen und nahm den großen, alten Schlüssel heraus als wäre er sehr zerbrechlich oder ungeheuer wertvoll. Sie hob ihn hoch und drehte und wendete ihn vor ihren Augen hin und her.

»Ihr wißt doch, große Heldentaten verlangen große Opfer. Wenn ihr den Schlüssel haben wollt, müßt ihr«, plötzlich hielt sie ein Messer in der anderen Hand, »die Esel töten und aus ihren Fellen ein Boot bauen, dann will ich euch den Schlüssel geben.«

Kid und Robin starrten sie entsetzt an und schüttelten empört die Köpfe. Nie würden sie ihre treuen Gefährten töten, niemals! Sie würden schon eine andere Möglichkeit finden.

Die Alte lachte höhnisch und wies über den Strand. Nirgends lag auch nur das kleinste Stück Treibholz. »Entweder ihr seid bereit, den Preis zu zahlen, und bekommt den Schlüssel, oder ihr bleibt hier. Wie ihr wollt, mir ist das egal.«

Sie legte den Schlüssel zurück ins Kästchen und schaute aufs Meer hinaus, ohne sich weiter um die kleine Gruppe vor ihr zu kümmern.

»Tötet uns!« flüsterten die Esel. »Tötet uns, wie sie es gesagt hat. Andernfalls werdet ihr den Schlüssel nie erhalten und den Nabel der Welt niemals finden.«

Kid und Robin schauten sich tief betroffen an.

»Und wenn schon«, rief Robin , »lieber sterbe ich selbst, als daß ich unsere Freundschaft verrate. Ohne euch wären wir nie bis hierher gekommen. Und außerdem,« er kraulte die Esel hinter den Ohren, »könnte ich sowas nie tun.« Er schüttelte sich vor Abscheu.

»Tötet uns«, beharrten die Esel weiter, »oder wir werden alle sterben. Aber wenn ihr unserem Rat folgt, dann werden wir glücklich und gesund wieder zueinanderfinden.«

Kid und Robin sträubten sich noch immer. Lieber wollten sie zurückgehen.

»Es gibt keinen Weg zurück, nur nach vorn« sagte der eine Esel und der andere fügte bittend hinzu: »Tut, was sie sagt, und tötet uns. Wenn ihr es nicht tut, werden wir weit Schlimmeres als den Tod erleiden, und alles war vergeblich.«

Kid und Robin schüttelten in stummen Entsetzen die Köpfe.

»Haben wir euch jemals irregeführt oder an unserer Ehrlichkeit zweifeln lassen?« Die Esel sahen Kid und Robin an. »Macht, was die Alte Euch sagt, und alles wird gut. Wenn ihr euch aber weigert, werden wir nie wieder etwas mit euch zu tun haben wollen.«

Unvermutet stand die Alte neben Kid und drückte ihr das Messer in die Hand. Kids Hand zitterte so sehr, daß sie es kaum halten konnte. Robin wollte es ihr gerade aus der Hand nehmen, als seine Finger sich fest um Kids bebende Hand schlossen und im nächsten Moment erst dem einen, dann dem anderen Esel das Messer ins Herz stieß.

Außer sich vor Entsetzen warfen sie sich neben die sterbenden Tiere in den Sand und weinten, weinten bis keine Tränen mehr übrig waren.

Während der ganzen Zeit saß die Alte neben ihnen und sang leise Klagelieder, die der Wind über das Meer davontrug.

Als sie sich wieder einigermaßen gefaßt hatten, saßen sie lange in stummer Trauer vor den beiden Eseln. Dann machten sie sich unter schrecklichen Vorwürfen und immer wieder von Schmerz und Tränen unterbrochen, an die grausige Arbeit des Abhäutens.

Schließlich war auch das vollbracht.

Die Alte hatte ihnen die ganze Zeit geholfen, indem sie ihnen wertvolle Hinweise gab. Sie wirkte jetzt freundlich und hilfsbereit und gar nicht mehr wie eine böse alte Hexe. Mit ihrer Hilfe schafften sie es schließlich aus den Tierhäuten und den halb verkohlten Wagenresten ein Boot zu bauen, auf dem sie sich auf das große, scheinbar unendliche Meer hinaus wagen konnten.

Die alte Frau nahm das Kästchen und überreichte es feierlich Kid.

»Hüte es gut«, sagte sie. »Wenn du den Schlüssel verlierst, wird nie wieder jemand den Nabel der Welt finden können. Hüte und schütze ihn unter Einsatz deines Lebens. Hörst du, er ist unersetzlich! Auf keinen Fall darf er verlorengehen.«

Kid wollte ihn schnell an Robin weitergeben, aber die Alte schüttelte den Kopf. »Du bist die Hüterin des Schlüssels. Du wirst ihn tragen.« Sie steckte das Kästchen in Kids Rucksack und schnürte ihn zu. Sie lächelte freundlich

»Robin ist der Steuermann«, sagte sie bestimmt und drängte Kid und Robin ins Boot. Dann schob sie es ins Wasser. »Viel Glück!« rief sie und winkte ihnen nach, bis das Boot im ewigen Auf und Ab der Wellen außer Sichtweite war.

Weder Kid noch Robin hatten auch nur die geringste Ahnung, wo in diesem endlos wogenden Meer der Nabel der Welt zu finden sein sollte. Also ließen sie sich einfach weiter ins offene Meer hinaus treiben.

Ohne Vorwarnung zogen unversehens schwarze Sturmwolken auf, und ein wütender Orkan peitschte die eben noch sanften Wellen zu haushohen Fluten auf. Ihr kleines Fellboot tanzte wie ein Korken auf den Wellenbergen auf und nieder, während Kid und Robin sich verzweifelt an ihm festzuklammern versuchten.

Robin schrie Kid etwas zu, aber inmitten der tosenden Wasserfluten sah sie nur seinen verzerrten Mund, ohne zu verstehen, was er wollte. Robin versuchte, Kid mit seinen Händen Zeichen zu geben - da wurde er über Bord gespült.

Eine Schrecksekunde lang starrte Kid fassungslos in die gurgelnde See, dorthin, wo Robin gerade verschwunden war. Dann krabbelte sie zur Bordwand hinüber und suchte in den aufgewühlten Wasserstrudeln fieberhaft nach einem Lebenszeichen von ihm.

Endlich sah sie in wieder auftauchen, gar nicht weit vom Boot entfernt. Sie beugte sich weit über den Bootsrand nach vorne und versuchte seine Hand zu erreichen. Im gleichen Moment spürte sie, wie das Schlüsselkästchen in ihrem Rucksack nach oben rutschte und gleichzeitig fiel ihr ein, daß sie den Rucksack nach dem Frühstück nicht wieder zugemacht hatte. Wenn sie sich nur noch ein wenig zu Robins Hand hinabbeugte, würde der Schlüssel herausrutschen und für alle Zeiten in den Tiefen des Ozeans verschwinden.

Sie zögerte einen winzigen Augenblick. Dann beugte sie sich vor und griff nach der Hand im tobenden Wasser. Sie spürte wie das Kästchen über ihre Schulter rutschte und gleich darauf für immer im Meer versank.

Später lagen sie völlig erschöpft und eng an den andern geschmiegt im Boot. Der Sturm hatte genauso schnell wieder nachgelassen, wie er heraufgezogen war. Jetzt spannte sich wieder ein strahlend blauer Himmel über ihnen. Sie sprachen nicht viel miteinander, jeder hing seinen eigenen Gedanken nach.

Kids Gedanken kreisten um den Verlust des Schlüssels. Sie machte sich schreckliche Vorwürfe, weil sie den Rucksack nicht richtig zugemacht hatte. Als Hüterin des wertvollen Schatzes hatte sie kläglich versagt. Ohne diesen Schlüssel würde nie wieder ein Mensch den Nabel der Welt finden, hatte die Alte gewarnt; und nun war er durch ihre Schuld für immer verloren. Sie starrte über die endlose Wasserfläche und wünschte, sie wäre nie zu diesem Abenteuer aufgebrochen. Andererseits, sie warf einen zärtlichen Blick auf Robin, sein Leben war unendlich wichtiger als alle Schätze der Welt.

Sie hatte den Gedanken kaum zu Ende gedacht, als sie plötzlich wieder an einem Strand standen. Vor ihren Augen löste sich das Fellboot auf und verwandelte sich in einen Adler und eine Taube, die sich in die Luft schwangen. Sie drehten ein paar Runden hoch über ihnen am Himmel, so als müßten sie sich davon überzeugen, daß ihre Flügel sie noch trugen. Dann setzten sich die Vö- gel auf die Schultern des Mannes, der vor Kid und Robin stand.

»Nun«, fragte er die Tau- be und den Adler, »wie lautet euer Urteil?«

»Bestanden!« ver- kündete der Adler und nickte ein paarmal mit dem Kopf. »Eindeutig bestanden.«

»Du kannst ihnen das Geheimnis anvertrauen«, gurrte die Taube, »sie wissen es bereits, ohne es zu wissen«

Kid und Robin schauten sich verwirrt an. Was wußten sie, ohne es zu wissen? Von welchem Geheimnis sprachen die Vögel, und was sollten sie bestanden haben? Das Ziel ihrer Reise hatten sie doch gar nicht gefunden, und dann hatte Kid auch noch den kostbaren Schlüssel verloren.

Der alte Mann lächelte. Er hielt jetzt einen siebenstrahligen Stern in der Hand und schritt langsam und feierlich auf Kid und Robin zu.

Gerade in dem Moment, als er vor ihnen stand und sie mit dem Stern berühren wollte, wachte Kid auf. Sie rieb sich die Augen und wunderte sich über den merkwürdigen Satz, der in ihrem Kopf kreiste. Sie hatte keine Ahnung, warum sie immer wieder dachte:

Der Nabel der Welt - das bist immer du selbst!

Deutung

8. Die Meisterin (Die Kraft)

Urbild	Der Kampf mit dem Drachen
Eigenschaften der Karte	Mut, Selbstbeherrschung, Tatkraft, Freude, Hingabe, innere Stärke, Arbeit an sich selbst, Meisterschaft, befreiende Kraft, Intelligenz und Intuition siegt über rohe Kraft und Naturgewalten
Gefahr	Selbstüberschätzung, Sieg niederer Kräfte, Aggressivität, Ungeduld, Mutlosigkeit angesichts schwieriger Lebensumstände, Zorn, Wut, Machthunger
Botschaft	Befreie und zähme deine animalische Natur durch liebevolles Annehmen.
Ziel	Meisterung der dunklen Kräfte in uns.
Zur Erinnerung	Meine dunklen Schatten zeigen, wieviel Licht in mir ist.

Feuerspeiende Drachen, zahme Löwen

Der Teppich flog über eine wundervolle Landschaft und sauste geradewegs in ein großes, altes Haus hinein. Kid wußte sofort, daß dieses Haus ihr gehörte und nur auf sie gewartet hatte.

Der Teppich landete, und einen Moment später hätte ihn niemand mehr von einem ganz gewöhnlichen Teppich unterscheiden können. Er sah aus, wie ein Teppich eben aussieht, wenn er auf dem Boden liegt. Und auch Kid vergaß bald, daß er etwas Besonderes war. Er gehörte einfach zur Einrichtung des Hauses, genauso wie die Tische, Stühle, Betten und Bilder, die in den Zimmern standen und es gemütlich und schön machten.

Kid lebte schon eine ganze Weile im Haus, als ihr auffiel, daß dort geheimnisvolle Dinge vorsichgingen. Manchmal lief sie einen Flur entlang, wie schon so oft zuvor, und plötzlich war da, wo gestern noch eine glatte Wand gewesen war, eine Tür. Und hinter der Tür entdeckte sie ein wundervolles Zimmer, von dem sie bisher nichts gewußt hatte, und in dem sie alles vorfand, was sie gerade interessierte und schön fand. Einige Tage ging sie dort ein und aus, und dann konnte es geschehen, daß sie diese Tür und das Zimmer dahinter am nächsten Tag nicht mehr wiederfinden konnte - als ob es diesen Raum nie gegeben hätte, außer in ihrer Phantasie. Oder die Tür war verschlossen und im ganzen Haus kein passender Schlüssel zu finden.

Hin und wieder geschah es auch, daß sich das Zimmer, in dem sie gerade war, auf einmal veränderte. Manchmal schienen die Zimmer riesengroß zu werden, so daß Kid den Eindruck hatte, in einem Schloß zu leben. Ein andermal schrumpfte das Haus zu einer kleinen Hütte zusammen, mit einem einzigen, winzigen Zimmer.

Eines Tages entdeckte sie eine große, schwere Holztür. Obwohl sie so schwer aussah, öffnete sich die Tür wie von selbst, als Kid sie berührte. Dahinter führte eine breite Treppe in den Keller hinunter. Kid zögerte einen Moment. Ein kalter Luftzug schlug ihr aus dem dämmrigen Treppengang entgegen und jagte ihr eine Gänsehaut über den Rücken. Doch dann siegte ihre Neugierde.

Langsam ging sie die Stufen hinunter. Dieser Teil des Hauses schien viel älter zu sein als die Stockwerke darüber. Die Wände waren jetzt aus dicken Steinquadern gemauert und die Treppe bestand aus uralten Backsteinen, von denen manche herausgebrochen waren. Die Treppe endete in einem schön gewölbten, großen Raum, in dem uralte Möbel standen. Spinnweben hingen wie wehende Schleier im Raum und eine dicke Staubschicht lag über allem.

Kid sah sich staunend um und berührte vorsichtig das eine oder andere. Irgendwie kamen ihr der Raum und die Sachen darin sehr vertraut vor, obwohl sie genau wußte, daß sie hier noch nie gewesen war.

Halb verborgen hinter Spinnweben und allerlei Gerümpel entdeckte Kid eine Tür. Vorsichtig öffnete sie sie und spähte durch die Öffnung. Dahinter lag eine Speisekammer. Und obwohl auch hier alles uralt und staubig aussah, lagen in den Körben und Schüsseln frische, lecker aussehende Köstlichkeiten.

Kid lief das Wasser im Mund zusammen; erst jetzt merkte sie, wie hungrig sie war. Sie griff zu. Später, als sie satt und zufrieden wieder gehen wollte, fiel ihr ein, daß sie diese Tür vielleicht auch nie wieder finden würde, und so packte sie so viel von den Köstlichkeiten in ihre Taschen, wie hineingingen.

Sie schlenderte zurück in den großen Raum und sah sich unschlüssig um. Ihr Blick schweifte zur Treppe nach oben und wieder durch den Raum. Dabei entdeckte sie einen dicken, eisernen Ring in einer der Steinplatten im Boden, der ihr bisher nicht aufgefallen war. Ob sie mal nachgucken sollte, was sich darunter verbarg? Eine Weile stand sie zögernd da, dann ging sie entschlossen zur Falltür und zog an dem dicken Eisenring.

Unter der Steinplatte tauchte eine steile, schmale Treppe auf, die in tintenschwarze Tiefe führte. Eine Fackel an der Wand warf flackernde Schatten auf die ersten Stufen, dahinter verlor sich die Treppe in der Dunkelheit.

Wieder zögerte Kid, doch auch diesmal siegte ihre Neugierde. Sie nahm all ihren Mut zusammen und stieg die ersten Stufen hinab. Es war ihr schon etwas unheimlich zumute und ein Teil von ihr drängte sie, wieder zurückzugehen. Doch ein anderer, mutigerer Teil von ihr griff sich die Fackel und zog einfach weiter.

Die Treppe führte in eine niedrige Felsenhöhle. Sie schien noch viel, viel älter zu sein, als der Raum darüber. Moos, Flechten und eine dicke Staubschicht bedeckte den Boden, und in einer Ecke lagen zerbrochene Gefäße neben halb zerfallenen Knochen und Schädeln herum. Kid schüttelte sich vor Grausen, und sie stolperte hastig weiter.

Plötzlich war die eben noch stille Höhle von einem schaurigen Wimmern und Stöhnen erfüllt. Kids Herzschlag setzte einen Atemzug aus, dann pochte es wild und laut gegen ihre Brust, während sie starr vor Schreck die Luft anhielt und sich ängstlich umsah.

Im Lichtkreis der Fackel war nichts zu erkennen, und ringsum herrschte tiefste Dunkelheit. Aber irgendwo in diesem Dunkel hörte sie es Ächzen und Klagen und Heulen.

Kid wäre am liebsten zurück zur Treppe gerannt, aber inzwischen war sie so weit vorgedrungen, daß sie keine Ahnung mehr hatte, ob der Ausgang hinter, vor oder irgendwo neben ihr lag. Mit angehaltenem Atem lauschte sie in die Finsternis hinein.

Jetzt, als sie genauer hinhorchte, klang es gar nicht mehr so schrecklich. Eher hörte es sich an, als würde jemand weinen und jammern. Sie atmete ein paarmal tief durch und spürte, wie ihr Herz allmählich zu rasen aufhörte. Langsam und vorsichtig ging sie in die Richtung, aus der das Geheule kam.

Als die Felsenwand eine scharfe Biegung machte, blieb sie stehen. Das Heulen schien jetzt ganz nahe zu sein. Kid spürte, wie ihr Mund vor Aufregung und Angst ganz trocken wurde, aber gleichzeitig wollte sie jetzt endlich wissen, wer oder was da so erbärmlich klagte. Vielleicht war es jemand, der ihre Hilfe brauchte.

Kid streckte den Arm mit der Fackel aus und lugte vorsichtig um die Ecke. Keinen Moment zu früh sprang sie zurück, während da, wo eben noch ihre Hand und Kopf gewesen waren, ein grellroter Feuerblitz vorbeisauste und an die gegenüberliegende Felswand prallte. Gleich darauf hallte ein gräßlicher Schrei durch die dunkle Höhle.

Kid zitterte am ganzen Körper. Kraftlos rutschte sie an der rauhen Felswand hinunter und blieb regungslos sitzen. Vor ihren Augen sah sie noch immer das fürchterliche Ungeheuer wie es sich gegen die morschen Gitterstäbe geworfen hatte. Sie wäre gern weggerannt, aber mit ihren zittrigen Beinen gelang es ihr nicht einmal aufzustehen.

Hinter dem Felsen herrschte jetzt Totenstille.

Kid versuchte, ihren keuchenden Atem zu beruhigen und zu lauschen, welche Geräusche hinter der Biegung hervordrangen. Ob die alten Gitter stabil genug waren, das tobende Ungeheuer in seinem Gefängnis zu halten? Sie war sich da nicht so sicher.

Ein leiser, seltsamer Laut riß sie aus ihren Gedanken. Mit angehaltenem Atem horchte sie um die Ecke. Es dauerte eine Weile, bis sie wußte, was sie da hörte. Das Ungeheuer schnupperte und schnüffelte in der Luft herum und stieß dazu leise Brummlaute aus. Es klang gar nicht mehr gefährlich, sondern eher so, als ob es etwas Gutes riechen würde. Kid spähte um den Felsen und traute ihren Augen kaum. Hinter den dicken Gittern saß ein großer Drache auf den Hinterbeinen, die Vorderpfoten über dem dicken Bauch gefaltet, und guckte mit verklärten Augen an die Decke. Seine großen Nasenlöcher bebten aufgeregt, während er die Luft tief einsog und beim Ausatmen genüßlich brummte und schmatzte. Jetzt begann er, sich sanft hin und her zu wiegen und mit dünner, hoher Stimme zu singen:

>»Hmmm, Kuchenduft und Wohlgeruch
>füllen meine finstre Gruft.
>Ach, was gäbe ich dafür,
>läg' was hier vor meiner Tür.«

Kid preßte die Hand auf ihren Mund, um nicht laut loszulachen. Der große, plumpe Drache sah einfach zu drollig aus, gar nicht mehr furchterregend oder gefährlich.

>»Käm' ein feines Mägdelein
>oder auch ein Knäbelein,
>dann wär' ich nicht mehr so allein,
>das wär' fein, das wär' fein.«

Der Drache hörte auf zu singen und schnupperte wieder. Schließlich schüttelte er traurig den Kopf und verkroch sich in die hinterste Ecke. Gleich darauf hörte Kid es wieder wimmern und leise jammern.

Der Drache tat ihr leid. ›Wenn ich ihm ein bißchen von meinem Kuchen abgebe, ist er vielleicht nicht mehr so traurig‹, dachte sie und holte ein Stück Kuchen aus ihrer Tasche.

»Hey, du«, rief sie und winkte mit dem Kuchen, »willst du ein Stück haben?«

Das Wimmern verstummte und einen Moment herrschte völlige Stille. Dann hörte Kid, wie der Drache aufsprang und ans Gitter rannte. Sie hob die Fackel höher, damit er den Kuchen und sie sehen konnte. Er glotzte sie mit weit aufgerissenen Augen an. Er schien über sie genauso erschrocken zu sein, wie sie vorher vor ihm.

Doch noch viel größer als sein Schrecken war offensichtlich seine Lust auf Kuchen. Er leckte sich gierig das Maul und streckte bittend die Pfote durch die Gitterstäbe, wäh- rend seine Nase wieder aufgeregt zu schnüffeln begann.

Kid ging langsam auf ihn   zu, die Hand mit dem Kuchen weit nach vorne ge-   streckt. Dem Ungeheuer tropfte das Wasser die   Lefzen herunter und es trippelte ungeduldig   von einem Fuß auf den anderen. Fast sah es so   aus, als ob es lächeln würde.

Kaum war der Kuchen in   Reichweite, riß der Drache ihn aus Kids Hand und stopfte ihn   hastig in seinen Rachen.

»Mehr«, schmatzte er, »Hast du noch mehr?«

Kid holte nach und nach all die Köstlichkeiten aus ihrer Tasche und verfütterte sie an den Drachen. Aber für einen hungrigen Drachen war es natürlich nicht besonders viel. Als auch noch der letzte Krümel zwischen seinen Fängen verschwunden war, zuckte Kid mit den Schulter.

»Mehr hab' ich nicht dabei«, sagte sie bedauernd und zeigte dem Drachen ihre leeren Taschen.

Der Drache ließ den Kopf hängen und guckte sie unglücklich an. Dann fing er wieder an, herzzerreißend zu jammern und vor sich hin zu schluchzen.

Kid kraulte ihn mitleidig hinter den kleinen Ohren.

»Oben gibt's noch mehr davon«, tröstete sie ihn, »du kannst noch ganz viel davon haben.« Der Drache hörte auf zu heulen und sah sie ungläubig an.

»Wieso bist du überhaupt hier unten eingeschlossen?« fragte Kid und sah sich in der dunklen, feuchten Höhle um.

Der Drache guckte sie ratlos an. »Weiß nicht«, sagte er, »ich kann mich nicht erinnern. Ich glaub', ich war schon immer hier. Früher ist manchmal jemand gekommen und hat mich gefüttert. Aber das ist schon lange her.«

Eine Träne rollte über seine Wange und er sah wieder sehr traurig aus. »Keiner mag mich«, schluchzte er und sackte in sich zusammen, »niemand will mich haben ...« Vor lauter Schluchzen konnte er nicht mehr weiterreden.

»Ich mag dich«, versuchte Kid ihn zu trösten, »ich finde dich richtig nett ... wenn du nicht gerade Feuer speist«, fügte sie mit einem Blick auf die verrußte Felswand hinzu. Der Drache schien sie in seinem Kummer gar nicht zu hören. Kids Herz krampfte sich vor Mitleid zusammen.

»Weißt du was«, sagte sie lauter, »ich nehm' dich mit nach oben.«

Der Drache hörte auf zu Heulen und starrte sie ungläubig an.

»Die Frage ist nur, wie wir dich hier rauskriegen.«

Kid rüttelte an den massiven Gitterstäben. Fast im gleichen Moment zerbröselte das Gitter unter ihren Händen und der Drache war frei.

»Komm schnell«, rief sie dem verdutzten Drachen zu. Auf einmal hatte sie es sehr eilig die düstere, feuchte Höhle zu verlassen. Sie drehte sich um und wollte losgehen, als der Drache hinter ihr zu hüsteln anfing.

»Ähm, da wär' noch was ...«, druckste er herum.

Kid drehte sich ungeduldig um. »Was ist denn jetzt noch?«

»Ähm, naja ... es ist so ... ich hab noch was Wichtiges ... ähm, was Wichtiges zu sagen vergessen.«

»Und das wäre?« sie trat ungeduldig von einem Fuß auf den anderen.

»Du darfst dich nicht umdrehen. Auf gar keinen Fall darfst du dich umdrehen - egal was hinter dir passiert. Versprich es mir!« Er machte eine bedeutungsvolle Pause. »Das ist ganz, ganz wichtig, hörst du?«

Kid schaute den Drachen mißtrauisch an. Vielleicht war er ja doch nicht so harmlos, wie er tat. Immerhin hatte er vorhin Feuer gespuckt, und wegen irgend etwas mußte er ja hier im Dunkeln eingesperrt worden sein. Aber dann zuckte sie mit den Schultern »Von mir aus, wenn dir das so wichtig ist, drehe ich mich halt nicht um. Jetzt komm schon, ich will hier raus!«

Sie hob die Fackel etwas höher und marschierte in die Richtung los, in der sie die Treppe nach oben vermutete. Hinter sich hörte sie die tapsenden Schritte des Drachen.

Sie war schon eine ganze Weile durch die Höhle gelaufen, ohne die Treppe zu finden, als sie merkte, daß sie keine Schritte mehr hörte.

Kid wollte sich gerade nach ihm umsehen, als in der stillen Höhle das Chaos ausbrach. Grelle Blitze zuckten durch die Finsternis, der Boden unter ihren Füßen bebte und wackelte, während von den Wänden Steine herunterpolterten. Aber das war nicht das Schlimmste. Das waren die unheimlichen Stimmen, die hinter ihr loskreischten, johlten und brüllten. Es mußten Hunderte sein. Sie spürte, wie merkwürdig geisterhafte Finger an ihr herumzupften und sich in ihren Rücken bohrten.

Kid fühlte, wie ihr der Angstschweiß ausbrach. Gerade wollte sie sich umdrehen und die Fackel gegen die gräßlichen Finger schleudern, da fiel ihr die Warnung des Drachen wieder ein. Sie erstarrte zur Salzsäule, während ihr die schrecklichsten Bilder durch den Kopf schossen.

Plötzlich herrschte Totenstille. Eine unheimliche Stille, in der sich zahllose Augen in ihren Rücken zu bohren schienen.

»Geh weiter«, hörte sie eine leise Stimme in ihrem Kopf flüstern, «du mußt weitergehen, dann kann dir nichts passieren.« Kid fühlte sich außerstande die Füße zu heben.

»Komm, du brauchst einfach nur den nächsten Schritt zu machen.« Die Stimme klang sanft und einschmeichelnd und gleichzeitig sehr eindringlich.

»Den nächsten Schritt machen ... den nächsten Schritt machen ...«, echote es in Kids Kopf.

Sie spürte, wie sich ein Bein langsam, wie in Zeitlupe, hob und den ersten Schritt machte. Der Bann war gebrochen.

Nach wenigen Schritten tauchte die Treppe im Schein der Fackel auf, und Kid stürmte hinauf. Nach der dunklen Felsengrotte wirkte der dämmrige Gewölbekeller hell und freundlich. Kid ließ sich aufatmend auf den Boden plumpsen.

»Geschafft«, dachte sie und schloß erschöpft die Augen.

Eine rauhe Zunge leckte über ihr Gesicht. Entsetzt riß sie die Augen wieder auf und guckte direkt in ein Paar gelbgrüne Augen inmitten einer struppigen Mähne. Vor ihr stand ein mächtiger Löwe, der jetzt sanft zu schnurren anfing und sich zu ihren Füßen niederlegte. Kid starrte ihn sprachlos an.

»Danke«, glaubte sie aus dem Schnurren zu hören, »danke, daß du mich befreit hast. Von nun an, werde ich dir ein treuer Diener sein.« Der Löwe leckte ihre Hände und blickte ergeben zu ihr auf.

Kid mußte unwillkürlich lachen. Der riesige Löwe benahm sich wie ein kleines Kätzchen. Sie streckte die Hand aus und kraulte seine zerzauste Mähne. Der Löwe verdrehte vor Wohlbehagen die Augen und brummte genüßlich vor sich hin.

Nach einer Weile klopfte Kid ihm aufmunternd auf den mächtigen Brustkasten. »Komm«, sagte sie und sprang auf, »wir gehen nach oben in die Sonne. Du warst lange genug im Dunkeln eingesperrt. - und so siehst du auch aus«, fügte sie hinzu und zupfte an seiner zotteligen Mähne. »Du brauchst dringend eine Bürste.«

Kid marschierte auf die Treppe zu und stieg hinauf, der Löwe lief gehorsam hinter ihr her.

Schon bald waren Kid und der Löwe die besten Freunde geworden. Wann immer sie zusammen spazierengingen, liefen die Leute zusammen und bewunderten den großen, schönen Löwen. Aber noch mehr bewunderten sie Kid, der es gelungen war, ihren wilden Löwen zu zähmen.

Manchmal allerdings, wir wollen es nicht verschweigen, verwandelte sich der Löwe unvermittelt wieder in einen feuerspeienden Drachen. Kid mußte ihn noch so manches Mal befreien, aber immer ging es ein bißchen leichter.

Deutung

9. Der Alte (Der Einsiedler)

Urbild	Der weise alte Mann

Eigenschaften
der Karte

Selbsterkenntnis, Weisheit, in sich selbst ruhen, Meditation, Rückzug, Gelassenheit, Bescheidenheit, Konzentration auf das Wesentliche, Zeit der Besinnung, Neubewertung von Lebenszielen und -inhalten, Verständnis und Vorsicht leiten den Willen, Abkehr von Äußerlichkeiten

Gefahr

An bedeutungslosen Aktivitäten festhalten, Isolation, Furcht vor Erneuerung, Sturheit, Verbitterung, Zurückweisen von Hilfsangeboten, Menschenfeindlichkeit

Botschaft

Besinne dich auf deine eigene, innere Weisheit. Sie ist dein bester Führer.
Akzeptiere, daß du letztendlich allein bist.

Ziel

Den Weg der eigenen Vollendung beschreiten, sich selbst genug sein, sich seiner geistigen Möglichkeiten bewußt werden, Zufriedenheit

Zur Erinnerung

In mir ist Ruhe und Kraft. Ich vertraue meiner inneren Weisheit.

Ein Schuster, der
wie der liebe Gott aussieht

Kid wühlte ihre alten Schuhe durch. Irgendwo mußten doch noch ein paar Schuhe zu finden sein, die sie zum Flicken bringen konnte.

Sie zog ein Paar alte abgelatschte Sandalen aus dem Haufen und begutachtete sie kritisch. Ja, die waren kaputt genug, um sie zum Schuster zu bringen. Sie stopfte die Sandalen in einen Beutel und machte sich auf den Weg.

Draußen strahlte eine warme Herbstsonne vom wolkenlosen Himmel. Die halbe Stadt schien auf den Beinen zu sein, um die letzten schönen Tage zu genießen. In den Straßencafés saßen gutgelaunte Menschen und löffelten Eis oder aßen Kuchen. Im Vorbeigehen hörte Kid wie sie fröhlich lachten und unbeschwert miteinander plauderten. Mit gesenktem Kopf lief sie schnell an ihnen vorbei. Warum hatten die nur alle so schrecklich gute Laune?

Sie kickte verstimmt gegen eine leere Blechdose, die neben einem Abfalleimer lag. Scheppernd rollte die Dose zwischen den Fußgängern über den Bürgersteig. Einige Leute sahen sie böse an und schüttelten den Kopf über sie. Kid hätte ihnen am liebsten die Zunge herausgestreckt.

In letzter Zeit kamen ihr alle Leute blöd und langweilig vor. Selbst jetzt, inmitten der vielen, fröhlichen Menschen fühlte sie sich allein und seltsam abgesondert. Fast war es so, als ob eine Glasscheibe sie von dem Rest der Menschen trennte. Sogar von ihren Eltern und Freunden fühlte sie sich unverstanden. Deren Versuche, sie aufzuheitern oder zu irgendwelchen Beschäftigungen anzuregen, machten alles nur noch schlimmer. Sie hatte einfach zu nichts Lust, außer in Ruhe gelassen zu werden. Das Blöde war nur, daß sie sich dann noch einsamer und trauriger fühlte.

Der einzige Mensch, bei dem sie sich im Augenblick wohlfühlte, war der alte Schuster. Sie hatte ihn vor einigen Tagen kennengelernt, als sie ein Paar Schuhe zum Reparieren hingebracht hatte.

Kid erinnerte sich noch genau, wie sie schlecht gelaunt die Stufen zu seiner Werkstatt hinuntergestiegen war. Der alte Mann hatte von seiner Arbeit aufgesehen und sie angelächelt, und dabei war etwas in ihr geschehen, das sie sich nicht erklären konnte.

An den Schuhen war nur eine Kleinigkeit zu flicken gewesen, und der Schuster hatte gesagt, wenn sie wolle, könne sie darauf warten. Also hatte sich Kid hingesetzt, um zu warten. Der Alte hatte schweigend weitergearbeitet.

Kid hatte sich neugierig in der altmodischen, dunklen Werkstatt umgeguckt. Kaum zu glauben, daß es sowas noch gab. Es kam ihr vor, als ob sie über die paar Stufen in eine andere Zeit versetzt worden war. Draußen die laute, hektische Stadt und hier eine Stille und Ruhe, wie sie sie noch nie erlebt hatte. Und das merkwürdige war, daß diese Ruhe von dem alten Mann auszugehen schien, der im Lichtkreis seiner Lampe saß und konzentriert arbeitete.

Kid fühlte sich in einen eigenartigen Zustand versetzt. Wie im Traum zogen Bilder und Gedanken der letzten Tage an ihr vorbei. An den Worten Lüge und Wahrheit blieb sie hängen. Es war, als ob sie all die zwiespältigen Gefühle und verwirrten Gedanken noch einmal erleben würde.

Eigentlich war es Zuhause und in der Schule streng verboten zu lügen, aber je älter sie wurde, desto mehr Lügen entdeckte sie in der Welt der Erwachsenen. Und das, was sie völlig verrückt machte, war, daß jeder glaubte seine Sicht der Dinge sei die einzig richtige und der andere würde entweder lügen, oder es eben nicht besser wissen.

Aber was nun wirklich wahr war, wurde für sie immer undurchsichtiger. Irgendwie logen sie alle! Sie spürte wie die Wut wieder in ihr hochkroch.

Aus weiter Ferne drang die Stimme des Schusters zu ihr, der wohl etwas fragte. Obwohl sie ihn nicht verstanden hatte, nickte sie mechanisch mit dem Kopf und schaute zu ihm hinüber.

Sein runzliges Gesicht und sein weißer Haarkranz leuchten ihm Licht der Lampe über ihm. Fast sah es so aus, als ob ein Heiligenschein über ihm schwebte. Er lächelte sie an, und jetzt verstand sie auch, was er sagte.

»Gestern saß mein Freund Karl dort, wo du jetzt sitzt, und hat mir eine Geschichte erzählt. Sie gefällt mir. Vielleicht gefällt sie dir ja auch. Also, mein Freund Karl erzählte folgende Geschichte:

Vor langer, langer Zeit, die jetzt gerade vorbei ist und bald schon wiederkehren wird, entstand aus dem unbegreiflichen, unfaßbaren Nichts das Alles-Was-Ist.

Eine alte Legende erzählt, daß im Anfang die Götter waren, und sie eines Tages beschlossen, das Universum zu erschaffen. Aus der endlosen Leere schufen sie Galaxien von Sternen und füllten das Dunkel mit Sonnen und Planeten und Monden.

Und auf einem dieser Planeten formten sie Wolken und Meere, Berge und Täler und bald auch Pflanzen und Tiere. Am letzten Tag erschufen sie die Menschen, ihrem Ebenbild gleich.

Und ganz zum Schluß brachten sie die Wahrheit hervor.

Doch keinem von ihnen fiel ein passender Ort ein, wo sie den kostbarsten aller Schätze so verbergen konnten, daß man ihn nicht so leicht finden konnte. Wahrheit sollte für alle Zeiten ein wirklich wertvolles und kostbares Gut bleiben.

»Laßt sie uns auf den fernsten aller Sterne bringen«, sagte einer, »dort wird niemand zufällig über sie stolpern.«

»Besser wir versenken sie in die tiefsten Abgründen der großen Meere«, warf ein anderer ein, »dort wird sie gut verborgen sein.«

»Warum verstecken wir sie nicht in den feurigen Schlünden kochender Berge, oder in den einsamen Weiten der Wüsten!« rief ein anderer dazwischen.

Schließlich ergriff der Älteste und Weiseste unter ihnen das Wort: »Hört«, sagte er, »wir werden die Wahrheit dort verbergen, wo sie am wenigsten vermutet wird. Wir legen sie in das Herz jedes einzelnen Menschen. Sie werden in den unendlichen Weiten des Universums nach ihr suchen, in den tiefsten Tiefen der Meere nach ihr tauchen, und in der Welt des Habens und Scheins werden sie sie regelrecht jagen. Doch eines Tages, vielleicht nach langer Suche, werden sie gewahr werden, daß sie das Wesentliche und wirklich Wertvolle schon die ganze Zeit in ihrem Herzen tragen.«

Kid und der alte Schuster waren eine Weile schweigend sitzen geblieben, jeder in seine Gedanken versunken. Dann war der alte Mann aufgestanden und hatte ihr die fertigen Schuhe gereicht.

»Also dann, bis zum nächsten Mal«, hatte er gesagt, wobei sie seine alten Augen freundlich musterten.

Bevor Kid etwas sagen konnte, hatte er sich abgewandt und ging zu seiner Arbeit zurück.

Kid war die Stufen hinaufgestolpert, zurück in die laute, geschäftige Stadt. An einer Ecke setzte sie sich hin und zog die reparierten Schuhe an. Im Weitergehen hatte Kid gemerkt, daß sie die Menschen jetzt ganz anders erlebte. Es war, als ob der Schuster seine Geschichte in die Schuhe hinein genäht hätte. Sie hatte ständig daran denken müssen, daß in jedem von all den Menschen, denen sie begegnete, seine eigene Wahrheit ruhen sollte.

»So viel Wahrheiten gibt's gar nicht!«, dachte sie damals, »oder doch?«

Jetzt war sie also wieder auf dem Weg zum alten Schuster. In ihr hatten sich viele Fragen aufgestaut, sie mußte ihn unbedingt besuchen. Als sie die wenigen Stufen zu seinem Laden hinunterstieg, spürte sie ihr Herz aufgeregt klopfen.

Beim Läuten der Glocke blickte der Schuster auf und nickte ihr lächelnd zu. Offensichtlich war er gerade dabei, die Werkstatt aufzuräumen. Auf dem alten, schrundigen Arbeitstisch lagen keine Werkzeuge mehr, Leimtöpfe und Leisten standen ordentlich in den Regalen. Kid erschrak. Wollte er den Laden schließen?

Der alte Mann schien ihre Gedanken zu lesen. Er schüttelte den Kopf und sagte: »Nur für eine Weile. Es ist Zeit, wieder einmal in die Berge zu gehen.«

»Du fährst in Urlaub?«

»Ich gehe in die Berge. Oben in den Bergen gibt es eine Höhle, die ich hin und wieder aufsuche, um wieder zu mir zu finden.«

»Um wieder zu dir zu finden?« fragte Kid erstaunt nach. »Aber du bist doch hier, warum willst du dich dann finden?« Sie schüttelte verständnislos ihren Kopf.

Der alte Mann kam zu ihr herüber und schaute ihr fest in die Augen. Dann veränderte sich sein Blick, er schien in unendliche Weiten zu schweifen. Einige Augenblicke später kehrten seine Augen zu Kid zurück.

»Von dort oben betrachtet, sieht die Welt ganz anders aus. Dinge, die hier groß und wichtig sind, wirken von dort oben klein und weit weniger bedeutend. Wie unendlich hoch wirken Hochhäuser, wenn du direkt vor ihnen stehst. Aber von dort oben sind sie nur ein winziger Teil in einer großen Landschaft.

Andererseits werden in den einsamen Bergen andere Dinge wichtig, die hier unten fast keine Rolle spielen. Oder schwer zu finden sind.« Er schwieg und blickte nachdenklich vor sich hin.

»Bleibst du länger weg?« Kid konnte ihre Enttäuschung nicht verhehlen. »Schade, daß ich nicht mit kann.«

Der alte Schuster lächelte »Vielleicht das nächste Mal«, sagte er und wandte sich wieder seiner Arbeit zu.

In der nächsten Stunde unterhielten sie sich über alles mögliche, unterbrochen von langen Pausen völliger Stille, in denen jeder von ihnen seinen eigenen Gedanken nachhing. Als Kid später die Tür hinter sich schloß und wieder hinaus in die Stadt ging, fühlte sie sich richtig wohl und glücklich, die dunklen Gedanken und Gefühle waren wie weggeblasen.

Einige Tage später zog es sie unwiderstehlich zur Werkstatt des Schusters. Erleichtert atmete sie auf: Der Alte saß wieder an seinem Tisch im Schein der Lampe und arbeitete. Kid hielt unwillkürlich den Atem an. Mit seinem leuchtenden, weißen Haarkranz und dem hellen Lichtkreis darüber, sah der alte Schuster aus, wie sie sich als kleines Mädchen Gott vorgestellt hatte. Nur hatte ihr Gott keine Schuhe geflickt und auch keine Brille getragen.

Sie mußte laut lachen. Der Alte schob die Brille auf die Stirn und schaute fragend zu ihr herüber. Kid hatte in ihrem ganzen Leben noch nie so strahlend klare Augen gesehen. Sie spürte, wie ein warmes, angenehmes Gefühl von Freude und Neugier in ihr aufzusteigen begann. Der Schuster schien genauso erfreut zu sein, sie wiederzusehen, wie sie ihn.

In den folgenden Wochen saßen sie Stunde um Stunde zusammen, mal schweigend, mal plaudernd. Kid stellte viele Fragen, aber der alte Mann beantwortete sie fast nie direkt, sondern erzählte ihr Geschichten. Viele davon verstand Kid sofort, einige verwirrten sie, wieder andere warfen tausend neue Fragen auf. Nie sagte er ihr, wie sie etwas machen oder denken sollte, wie ihre Eltern und Lehrer es taten. Eher war es so, als ob er Kid helfen wollte, ihren ganz eigenen Weg zu finden.

Eines Tages fragte er sie, ob sie mit in die Berge kommen wolle. Für ihn sei es wieder einmal Zeit, Abstand zu gewinnen und die frische Bergluft zu genießen.

Kid rannte nach hause, und zu ihrer Überraschung stimmten ihre Eltern sofort zu. Schnell stopfte sie ein paar Sachen in ihren Rucksack und rannte zurück zur Werkstatt. Der Alte schloß gerade die Tür hinter sich ab.

Schweigend ließen sie die Stadt hinter sich und wanderten auf die Berge zu. Es war ein wundervoller Sommertag. Eine leichte Brise wehte und um sie herum zwitscherten Vögel und summten Insekten in den Bäumen und Gräsern. Hin und wieder blieben sie stehen, und wenn Kid dann zurückschaute, war sie jedesmal erstaunt, wie weit sie schon gelaufen waren.

Bald lag die Stadt wie ein Häuflein Bauklötze weit weg unten im Tal, dafür waren die Berggipfel vor ihnen in greifbare Nähe gerückt. Die untergehende Sonne tauchte die Felsen und weißen Schneehänge in blutrotes Licht, was zusammen mit den grauroten Wolken am Himmel ein dramatisches Schauspiel bot

Der alte Schuster wies auf einen ebenen Felsvorsprung, der weit ins Nichts hinausragte. Tief unter ihnen breitete sich die vom roten Abendlicht verzauberte Landschaft aus. Sie setzten sich und sahen still zu, wie die Sonne versank.

Als der letzte Farbschimmer am Horizont verschwand, stand der Alte auf. Nach wenigen Schritten schien er in der Felswand, aus der Vorsprung ragte, verschwunden zu sein. Kid rieb sich verblüfft die Augen. Gleich darauf leuchtete ein gelbes Licht aus einer Felsspalte und der alte Mann, erschien mit einer brennenden Laterne.

»Willkommen in der Höhle. Hier werden wir einige Zeit verbringen.«

Er packte seinen Rucksack aus, und im Schein der Laterne machten sie sich heißhungrig über ihr karges aber köstliches Mahl her. Später konnte sich Kid nicht erinnern, daß es ihr jemals zuvor so gut geschmeckt hatte. Und noch weniger konnte sie sich erinnern, jemals vorher so tief und fest geschlafen zu haben wie in jener Nacht.

Die nächsten Tage verbrachte sie damit, die fremde Umgebung zu erkunden. Weit, weit unter ihr lag die Stadt, winzig wie ein Ameisenhaufen. Hier oben gab es fast nichts, außer Steinen und großartigen Ausblicken. Und Stille. Manchmal geradezu unheimliche Stille.

Nachdem sie ein paar Tage damit beschäftigt gewesen war, ihre Umgebung zu entdecken, begann Kid, sich zu langweilen. Der alte Mann saß meist schweigend in der Höhle oder auf dem Platz davor und schaute nachdenklich in die Ferne. Wie immer war er freundlich, aber offensichtlich war er nicht zu längeren Gesprächen aufgelegt.

Eines Abends, Kid kaute mißmutig auf ihrem Brot herum, sagte er plötzlich:»Ist dir schon aufgefallen, daß du in der Stille hier oben das Wesentliche am Besten hören kannst? Und auch die Bilder hinter den Bildern viel klarer werden?«

Kid starrte ihn verwirrt an.

»Setzt dich einfach hin und lausche in die Stille hinein. Du wirst hören, wie laut sie ist. Und wenn du in die endlose Weite hinaus schaust oder die Augen schließt, wirst du merken, wie nah viele Dinge dir sind, obwohl sie schon längst vergangen sind.«

Er machte eine längere Pause, dann fuhr er fort: »Schau hinunter auf das Land und stell dir vor, die Jahre würden wie in einem Film vor dir ablaufen. Von deiner Geburt bis jetzt könntest du dein Leben wie einen Videofilm angucken. Du kannst vor- und zurückspulen, anhalten, ausschalten, einschalten - ganz wie es dir gefällt. All die Menschen und Dinge, die dir wichtig sind, spielen in diesem Film eine Rolle und gleiten jetzt vor deinem inneren Auge vorbei. Über vieles hast du dich gefreut und würdest es gerne wieder erleben. Andere Ereignisse haben dich enttäuscht oder wütend gemacht, und du könntest gut auf sie verzichten. Und während du dir selbst zusiehst, wie du dich verhältst und was du tust, kannst du spüren, wie du dich dabei fühlst, merken, was du denkst und hören, wie es klingt ...

Was denkst du von dir, während du dir selbst zuschaust?

Und was würdest du jetzt anders machen?

Was würdest du auf jeden Fall wieder genauso machen?

Und natürlich kann man sich auch überlegen, wozu das alles gut war, so wie es eben war.

Deine ganz eigene Welt beginnt hinter deiner Stirn. Hier kannst du sie ganz leicht entdecken.«

Er schwieg und schaute versonnen vor sich hin.

Kid starrte benommen in den dunklen Sternenhimmel hinauf. Die Worte des alten Mannes hatten eine Flut innerer Bilder in Bewegung gesetzt und Kid mit sich fortgetragen. Sie ging früh schlafen, aber im Schein der Laterne lag sie noch lange wach und starrte die schrundigen Felswände an.

Es war, als seien die Felsen zu einer Leinwand geworden, auf der ihr Leben in deutlich erkennbaren bunten Bildern ablief. Jetzt, wo sie ihr

Leben als Zuschauer betrachtete, wurde ihr vieles klarer, und sie begann zu verstehen, wie einzelne Erfahrungen und Erlebnisse zusammenhingen. Irgendwann schlief sie schließlich ein.

Nach dem Frühstück am nächsten Morgen wies der Alte über das weite Land zu ihren Füßen. »Gestern hast du dir dein bisheriges Leben angeschaut,« sagte er, »wie wäre es, wenn du ab heute damit beginnen würdest, dir deinen Film so zu gestalten, wie du ihn später einmal gerne betrachten möchtest?«

»Was? Wie?« Kid runzelte fragend die Stirn. Jetzt verstand sie gar nichts mehr.

»Die Frage liegt doch auf der Hand: Was soll man wollen? Wenn man sich das nicht fragt, könnte der Film entweder recht chaotisch werden oder sogar einen selbst langweilen. Oder sich ganz anders entwickeln, als man ursprünglich geplant hatte.«

Er schwieg eine Weile; dann fuhr er mit leiser, beschwörender Stimme fort: »Schau einfach auf die Welt da unten, und frage dich, was du von heute an erleben willst.

Wie soll dein Leben weitergehen? Wie soll dein Film später einmal aussehen? Stell dir vor, du bist eine alte Frau geworden und schaust dir von hier oben dein ganzes Leben an.

Du siehst dich noch einmal heranwachsen. Aus dem Baby wird ein kleines Mädchen, dann eine Jugendliche, eine junge Frau, die ihren Platz in der Welt sucht. Und weiter und weiter schreitet die Zeit voran, und aus der jungen Frau ist schließlich eine alte Frau geworden, die vieles erlebt hat und auf ihr Leben zurückblickt

Wie soll dein Leben aussehen? Was soll im Drehbuch deines Lebens drinstehen, damit du deinen Lebensfilm immer wieder gern anschaust?«

Wieder schwieg er eine Weile. Kid war so in Gedanken versunken, daß sie es gar nicht merkte.

»Und in der Stille hier oben wirst du sicher eine Antwort finden.« Er blieb noch eine kleine Weile sitzen, dann stand er auf und ließ Kid allein.

Kid starrte über das weite Land unter ihr, während ein Satz des alten Mannes wie ein Echo in ihr nachhallte: Was soll ich wollen? ... Was soll ich wollen? ... ›Komischer Satz‹, dachte sie, ›was hat sollen mit wollen zu tun? Entweder ich soll etwas, oder ich will etwas, beides zugleich ist doch völliger Quatsch!‹

Sie sprang auf und begann, unruhig hin und her zu laufen, vielleicht lenkte sie das ein bißchen ab. Aber auch das half nichts, ganz im Gegenteil, ihre Gedanken verhedderten sich immer mehr.

›Eigentlich weiß ich nicht mal, was ich will‹, dachte sie. Natürlich fielen ihr ein paar Wünsche ein, aber sie spürte selbst, daß diese Wünsche, auch wenn sie in Erfüllung gehen würden, nicht ausreichten, um sie wirklich zufrieden zu machen.

»Was soll ich wollen ? ...«, der Satz kreiste immerzu in ihrem Kopf herum, ohne daß sie wirklich wußte, was der alte Schuster damit gemeint hatte.

Als sie ihn abends danach fragte, schmunzelte er nur und sagte: «Lebst du allein auf diesem Planeten?«

Kid schüttelte den Kopf. »Nein, natürlich nicht.«

Der alte Mann nickte ein paarmal gedankenverloren mit dem Kopf. »Dann weißt du schon einen Teil der Antwort«, sagte er schließlich und klopfte Kid anerkennend auf die Schulter. Als Kid ihn verdutzt anguckte, brach er in schallendes Gelächter aus. Noch immer lachend ging er davon.

Die nächsten Tage saß Kid meist am Rand der Klippe und schaute nachdenklich über die weite Landschaft, oder sie blickte verträumt den vorüberziehenden Wolken nach.

Aber eigentlich nahm sie die Welt da draußen gar nicht so richtig wahr. In Gedanken war sie viel zu sehr damit beschäftigt, ihr bisheriges Leben zu betrachten und herauszufinden, was sie wirklich wollte. Und obwohl sie nicht gleich eine Antwort fand, fühlte sie sich so ruhig und wohl, wie schon lange nicht mehr.

Als sie einige Tage später zurück in die Stadt wanderten, wußte Kid, daß sie etwas Entscheidendes gelernt hatte, auch wenn sie noch nicht hätte sagen können, was genau es war.

Deutung

10. Die Fee (Rad des Schicksals)

Urbild	Fortuna, Glück und Unglück, Rad des Schicksals
Eigenschaften der Karte	Unerwartetes Glück oder Unglück, ewiges Auf und Ab des Lebens, Veränderung, Neuanfang, Erfolg, das freie Spiel der Kräfte, Fortschritt neue Erfahrungen, Lebenskraft, günstige Gelegenheiten, Entwicklung,
Gefahr	Selbstaufgabe, Schicksalsergebenheit, Not, zu große Sorglosigkeit, Widrigkeiten, Ich-Verhaftung, Ende eines Glückszyklus, unsichere Lebenslage
Botschaft	Du kannst die Ereignisse nicht immer ändern, wohl aber die Art mit ihnen umzugehen.
Ziel	Unser Schicksal selbstbewußt annehmen, und im Innersten wissen, daß die Dinge nicht zufällig geschehen.
Zur Erinnerung	Ich drehe mich mit dem Rad des Lebens. Mal bin ich oben, mal unten. Und immer komme ich weiter voran.

Heute unten, morgen oben

Mit einem Freudenschrei fiel Kid ihrer Mutter um den Hals.

»Danke«, jubelte sie, »vielen, vielen Dank! Das ist das allerschönste Geschenk der Welt.« Sie strahlte ihre Mutter überglücklich an.

»Und was ist mit mir? Schließlich verdankst du die Hälfte deines Glücks mir.« Der Vater stand schmunzelnd daneben und blickte abwartend auf seine Tochter.

Kid stürzte sich in seine Arme und küßte ihn überschwenglich. »Vielen, vielen Dank, Papa.« Sie neigte ihren Kopf leicht zur Seite und sah ihn an. »Bitte Papa, können wir gleich hinfahren?«

Der Vater nickte. »Klar, ich will doch sehen, wie meine Tochter zum ersten Mal auf einem Pferd sitzt und wie ein Honigkuchenpferd strahlt. Zunächst solltest du aber auch die anderen Päckchen aufmachen. Ich glaube, die werden dich noch glücklicher machen.« »Wenn das überhaupt noch möglich ist«, setzte er hinzu.

Kid rannte zu ihrem Geburtstagstisch zurück und riß die bunt verpackten Geschenke auf. Eine Reithose und ein Reiterhelm kamen zum Vorschein.

»Oh Mann, das ist wie Weihnachten, Ostern und Geburtstag zusammen!« Sie tanzte durch die Wohnung in ihr Zimmer und zog hastig die neue Reithose an. Gleich darauf stand sie wieder vor ihren Eltern und drängte zum Aufbruch.

Der Reiterhof lag nicht weit entfernt inmitten grüner Wiesen. Kids Herz klopfte vor lauter Freude und Aufregung noch ein bißchen schneller, als sie sich dem Pferdehof näherten und sie die vielen Pferde auf den Weiden grasen sah. Einige Fohlen jagten mit ihren langen, stacksigen Beinen über die Koppel; es sah aus als würden sie Fangen spielen.

Kid konnte es kaum abwarten, aussteigen zu können. Endlich bogen sie auf den Hof ein.

Vor den Ställen waren einige Kinder damit beschäftigt, Pferde zu striegeln und zu satteln. Andere putzten Sättel und Zaumzeug oder kehrten den Hof.

Ein Mann kam zu ihnen herüber und begrüßte sie.

»Du bist also Kid! Ich freu' mich, daß du bei uns reiten lernen willst. Am Besten stelle ich dir erstmal deine Reitlehrerin und die anderen Kinder vor. Sie werden dir zeigen, was zum Reiten noch alles dazugehört.«

Kid mochte die Reitlehrerin und die meisten anderen Kinder sofort, und als sie dann ihr Reitpferd zugewiesen bekam, wußte sie, was mit »Liebe auf den ersten Blick« gemeint war. Karlchen, so hieß das Pferd, betrachtete sie mit seinen sanften, braunen Augen und stupste sie dann sanft mit seinen samtweichen Nüstern, als ob er Hallo sagen wolle. Kid konnte richtig spüren, wie ihr Herz zu ihm hinüberflog.

Als sie dann auf seinem Rücken saß und die ersten Runden zog, kam es ihr vor, als ob all ihre Träume und Wünsche auf einmal Wirklichkeit geworden wären. Sie platzte fast vor Stolz und Glück und Wonne. Viel zu schnell war die Stunde vorbei, und sie mußte mit ihren Eltern wieder zurückfahren.

Kid schien es, als würde die Zeit zwischen den Reitstunden sich wie Kaugummi ziehen, aber die Stunden auf dem Reiterhof vergingen leider wie im Flug. Doch obwohl ihr die Stunden so kurz vorkamen, lernte sie erstaunlich schnell reiten. Die Reitlehrerin lobte immer wieder ihr Talent und Kid fühlte sich geschmeichelt. Andererseits hatte sie gar nicht das Gefühl großartig etwas dafür zu tun, es war einfach wundervoll auf Karlchen zu sitzen und mit ihm zusammen zu sein.

Bald verbrachte sie jede freie Minute auf dem Pferdehof. Sie half die Pferde striegeln, putzte Zaumzeug und fettete Sättel ein, oder mistete die Ställe aus. Unter den anderen Kindern fand sie schnell neue Freundinnen, die genauso verrückt nach Pferden waren wie sie selbst. Nachts träumte sie oft von Karlchen, und jeden Morgen, wenn sie die Augen aufschlug, freute sie sich schon auf den Nachmittag.

Das Leben war einfach wunderschön.

Es dauerte nicht lange und sie durfte mit ins Gelände hinausreiten. Auf dem Rücken von Karlchen durch Wiesen und Wälder zu preschen, schien ihr nun das Aufregendste zu sein, was es geben konnte. Sie liebte es, mit flatternden Haaren übers Land zu galoppieren, sich den Wind um die Nase wehen zu lassen und Karlchens rhythmische Bewegungen zu spüren. Manchmal durchströmte sie das Gefühl, gleich würden sie und Karlchen abheben und zusammen in den Himmel hineinfliegen.

Doch dann, eines Tages, flog sie nicht in den Himmel hinein, sondern mitten in einem wilden Galopp, trat Karlchen in ein Kaninchenloch, stürzte, und Kid flog in hohem Bogen ins Gras. Das war das letzte, woran sie sich erinnern konnte.

Als sie die Augen wieder aufschlug, lag sie in einem fremdem Zimmer im Bett, und ihre Eltern lächelten sie besorgt an. Sie wollte sich gerade aufsetzen und fragen was los sei, als sie vor Schmerzen zusammenzuckte. Erst jetzt sah sie, daß ihr Bein unförmig und dick vergipst an einem Gestänge über dem Bett hing. Sie konnte sich weder aufsetzen noch umdrehen. Ihre Eltern erzählten ihr, daß das Bein mehrfach gebrochen war, und sie eine Weile im Krankenhaus bleiben mußte.

»Und was ist mit Karlchen?« fragte Kid ängstlich. Sie wußte, daß Pferdebeine sehr empfindlich sind und ein gebrochenes Bein bedeuten konnte, daß man sie einschläfern mußte. Ihre Eltern zuckten die Schultern. Sie waren direkt ins Krankenhaus gefahren, als man sie angerufen hatte. Nach Karlchen zu fragen, war ihnen gar nicht eingefallen.

Kid fing an zu weinen. Von einem Moment zum anderen sah ihr Leben ganz anders aus. Gerade war sie noch überglücklich durch die Landschaft geritten, und nun lag sie wie ein Käfer auf dem Rücken, alles tat weh und am allerschlimmsten war, daß sie nicht wußte, was Karlchen passiert war.

Ihre Eltern versuchten sie aufzumuntern und zu trösten, aber an Kids düsteren Gedanken prallten ihre Versuche wirkungslos ab. Sie hörte gar nicht zu. Als die Eltern gegangen waren und sie allein zurückblieb, brach ihr ganzes Unglück erst richtig über ihr zusammen. Verzweifelt starrte sie an die Decke oder auf ihr schmerzendes Bein und schluchzte leise vor sich hin.

Am nächsten Morgen, nachdem sie lustlos ihr Frühstück hinuntergewürgt hatte und wieder mit den aufsteigenden Tränen kämpfte, öffnete sich die Tür und eine junge Frau im Rollstuhl schob sich herein. Sie hielt vor Kids Bett.

»Guten Morgen«, sagte sie, »du bist also meine neue Schülerin.« Kid guckte sie verstört an und wischte sich eine Träne von der Wange.

»Ich heiße Felicitas, aber alle hier nennen mich Fee. Ich sorge dafür, daß es euch nicht langweilig wird und ihr den Anschluß in der Schule nicht verliert.« Sie lächelte Kid an. »Aber das hat Zeit. Jetzt interessiert mich viel mehr, wie du hierher gekommen bist. Und wie es dir geht«, fügte sie mit einem Blick in Kids tränenfeuchte Augen hinzu.

Stockend begann Kid das Wenige zu erzählen, woran sie sich erinnern konnte. Die junge Frau hörte schweigend zu. Auch als Kid von ihrer Angst um Karlchen und von ihren Schmerzen zu reden begann, nickte sie nur hin und wieder, machte aber keine Anstalten, etwas zu sagen.

Als Kid zu Ende erzählt hatte, blieb sie noch eine Weile still sitzen, dann sah sie Kid an und sagte leise: »Das Leben scheint uns manchmal übel mitzuspielen, ohne daß wir verstehen weshalb. Eben noch waren wir glücklich und sorglos, da passiert etwas, und die Welt sieht plötzlich schrecklich düster aus. Mir ging es nach meinem Unfall genauso. Eine Zeitlang wollte ich am liebsten sterben.« Sie verstummte und schaute aus dem Fenster.

»Doch später«, ihre Stimme klang jetzt heiter und sie sah Kid wieder an, »erkannte ich, daß dieses Unglück auch seine guten Seiten hat. Dadurch habe ich nämlich meinen Traumberuf gefunden. Heute bin ich glücklich, hier Lehrerin zu sein und für jedes Kind viel Zeit zu haben.

Weißt du, unser Leben ist wie ein großes Puzzle. Jeder Tag, jedes Ereignis ist nur ein kleiner Ausschnitt vom ganzen Bild. Und doch halten wir oft ein kleines Teil für das ganze Bild. Und je nach dem, wie das Puzzleteil aussieht, oder ob wir gleich seinen Platz finden, ist es ein Glück oder Unglück, gerade dieses Teil erwischt zu haben. Und dabei wissen wir nicht einmal, wie das fertige Bild später aussehen wird. Verstehst du, was ich meine?«

Kid zuckte unschlüssig mit den Schultern.

»Ich weiß nicht«, sagte sie zögernd, »irgendwie schon, aber ...«, sie zeigte auf ihr eingegipstes Bein, »das ist doch ein Unglück.«

Fee nickte nachdenklich. »Ja, jetzt kommt es dir wie ein großes Unglück vor. Aber hast du dich schon einmal gefragt, wann das Unglück angefangen hat?«

»Na gestern, als ich gestürzt bin.« Kid kam die Frage reichlich überflüssig vor.

»Bist du da ganz sicher? Hat das Unglück nicht schon damals angefangen, als du reiten gelernt hast? Wenn du das nicht gemacht hättest, wärst du auch nie von einem Pferd gestürzt.«

Kid dachte daran, wie glücklich sie in ihrer ersten Reitstunde gewesen war, und schüttelte den Kopf.

»Oder vielleicht noch früher, schon damals, als dein Wunsch reiten zu lernen geboren wurde?

Weißt du, das, was wir Glück oder Unglück nennen, sind nur die zwei Seiten einer Medaille. Auch wenn wir meistens nur eine Seite anschauen, die andere gehört dazu.« Sie schwieg wieder eine Weile, während Kid versuchte ihre Gedanken zu ordnen.

»Also dann bis morgen.« Sie lächelte Kid zu und lenkte den Rollstuhl aus dem Zimmer.

Nachmittags brachten ihre Eltern die gute Nachricht mit, daß Karlchen sich nur das Bein verstaucht hatte und bald wieder gesund sein würde. Kid fiel ein Stein vom Herzen.

Die Zeit im Krankenhaus ging schneller vorbei, als sie anfangs befürchtet hatte. Jeden Nachmittag kamen Freundinnen oder Leute vom Reiterhof zu Besuch, und mit der jungen Lehrerin arbeitete sie morgens den Schulstoff durch.

Mit Fee zu reden und zu lernen machte richtig Spaß. Als sie endlich das Krankenhaus verlassen durfte, war aus ihr eine so gute Schülerin geworden, daß ihre Eltern und Lehrer nur so staunten.

Kid konnte es kaum abwarten, Karlchen wieder zu sehen. Sobald es ging, mußte ihr Vater sie auf den Hof hinausfahren. Als Karlchen sie sah, kam er wiehernd an den Zaun galoppiert, er schien sich über das Wiedersehen genauso zu freuen wie sie selbst.

Kid streichelte ihn überglücklich. Sie legte ihre Arme um Karlchens Hals und schmiegte ihren Kopf an sein seidenweiches Fell. »Hallo«, flüsterte sie, «ich freu' mich so.«

Karlchens weiche Nüstern berührten zärtlich ihr Gesicht, und dabei schnaubte er, als wolle er ihr sagen, daß er darüber genauso froh sei wie Kid.

»Na, da sind ja zwei richtig glücklich!« Der Besitzer des Pferdehofes kam auf sie zu und lachte. »Hab' ich mir doch gedacht, daß ihr zwei sehnsüchtig aufeinander gewartet habt.«

Er klopfte Kid auf die Schulter und begrüßte sie herzlich.

»Was hältst du davon, wenn Karlchen ab heute dein Pflegepferd ist?«

Kid starrte ihn sprachlos an. Vor lauter Überraschung und Glück hatte es ihr die Sprache verschlagen.

»Ja, dann wollen wir mal loslegen. Wo Putzzeug und Sättel liegen, weißt du ja hoffentlich noch, und was du über Füttern und Pflege eines Pferdes noch wissen mußt, wirst du bald gelernt haben. Bis du wieder richtig laufen kannst, wird dir noch jemand helfen, aber ich bin sicher, daß du es bald ganz allein machen kannst.« Er zwinkerte Kid zu. »Wie sieht's aus, hast du Lust, mal wieder auf einem Pferderücken zu sitzen?«

Kid fand ihre Sprache wieder: «Oh ja, bitte! Jetzt gleich?« Sie sah den Mann und ihren Vater bittend an.

»Jetzt gleich!« sagte der Hofbesitzer lachend und sattelte das Pferd.

Als Kid endlich wieder auf Karlchen saß, hätte sie vor lauter Glück die ganze Welt umarmen können. Heute war ganz bestimmt ihr Glückstag. Sie hatte jetzt ein eigenes Pflegepferd! Klasse! Einfach super! Das war der schönste Tag in ihrem Leben.

Was ihre Freundinnen wohl dazu sagen würden? Bestimmt würden sie vor Neid fast platzen.

Und so war es dann auch. Zwar platzten ihre Freundinnen nicht, aber sie beneideten sie schon. Kid verbrachte wieder jede freie Minute auf dem Hof. Doch im Unterschied zu vorher fühlte sie sich jetzt nicht mehr als Gast, sondern als ein wichtiger Bestandteil des Hofes.

Ihr neues Glück füllte sie so sehr aus, daß ihr die Veränderungen zu Hause zunächst gar nicht auffielen.

Aber irgendwann merkte sie doch, daß zwischen ihren Eltern eine merkwürdige Spannung herrschte. Sie sprachen kaum noch miteinander und wenn doch, stritten sie sich. Ihre Mutter hatte oft rotgeweinte Augen, während ihr Vater kaum noch heimkam.

Eines Abends sagten sie ihr, daß sie sich scheiden lassen wollten und Kid mit ihrer Mutter in eine andere Stadt ziehen sollte.

Für Kid brach die Welt zusammen. Sie rannte in ihr Zimmer, schmiß die Tür hinter sich zu und schloß sich ein. Sie heulte und schluchzte bis sie sich völlig leer fühlte. Aber auch davon ging ihre Verzweiflung nicht weg. Scheidung! Umzug! Außer ihrer Mutter würde sie alles verlieren, was ihr im Leben wichtig war.

Sie hörte ihre Mutter an die Tür klopfen und nach ihr rufen, dann ihren Vater, aber sie wollte keinen von beiden sehen. Wie konnten sie ihr das nur antun! Sie fing wieder an zu weinen.

Als hätte sie es geahnt, rief ein paar Tage später die junge Lehrerin aus dem Krankenhaus an. Auf ihre Frage, wie es Kid ginge, brach Kid in Tränen aus und erzählte stockend von dem Unglück, das über sie hereingebrochen war.

Wieder hörte Fee schweigend zu. Als Kid zu Ende geredet hatte, sagte sie: »Erinnerst du dich an unser erstes Gespräch im Krankenhaus? Wieder betrachtest du ein Puzzleteil und glaubst, darin das ganze Bild zu erkennen. Doch niemand von uns weiß, wie das ganze Bild einmal aussehen wird. Was gerade wie ein großes Unglück aussieht, mag sich später als Glück erweisen, und noch später stellt es sich vielleicht wieder als Unglück heraus.

Bestimmt hast du schon einmal erlebt, daß ein scheinbares Unglück sich später als Glück entpuppt hat. Und das, was uns im Moment glücklich und zufrieden macht, trägt vielleicht schon den Keim späteren Unglücks in sich. Niemand von uns weiß, wie sich die Dinge entwickeln werden. Auch wenn du jetzt sehr unglücklich bist, vertraue darauf, daß sich daraus etwas Gutes entwickeln wird.«

Kid schluckte ihre Tränen hinunter. So richtig verstehen konnte sie Fees Worte nicht, trotzdem fühlte sie sich irgendwie getröstet.

Die nächsten Wochen waren schrecklich. Zuhause herrschte eine beklemmende Stimmung, und wenn sie bei Karlchen war, mußte sie immer daran denken, daß sie ihn bald verlieren würde. Schließlich war sie trotz ihrer Verzweiflung fast froh, als sie endlich umzogen.

Doch in der fremden Stadt und der neuen Schule gefiel es ihr überhaupt nicht. Die meiste Zeit saß sie in ihrem Zimmer und trauerte der Vergangenheit nach. Sie wollte keine neuen Freundinnen, und, was es in der Stadt zu entdecken gab, interessierte sie nicht.

Ihre Mutter versuchte alles mögliche, um sie aufzuheitern und wieder fröhlich zu sehen, aber Kid wollte nur in Ruhe gelassen werden. Die ganze Welt schien ihr grau und öde. Sie fühlte sich sehr einsam.

Schließlich konnte ihre Mutter es nicht länger mitansehen. Sie meldete ihre Tochter in einem Reiterhof am Rande der Stadt an und fuhr mit der widerstrebenden Kid hinaus.

Kid schlich mit hängendem Kopf durch den schönen, malerischen Pferdehof. Die vielen Pferde und die fröhlichen Kinder erinnerten sie schmerzhaft an das, was sie für immer verloren hatte. Besser, sie sah gar nicht hin. Ein Pferd wie Karlchen würde sie sowieso nie wieder finden.

Mitten in ihren trüben Gedanken stupste sie jemand von hinten an. Im nächsten Augenblick spürte sie weiche Nüstern und warmen Atem an ihrem Ohr kitzeln. Gegen ihren Willen mußte sie lachen und wie ein Echo wieherte es hinter ihr los. Kid drehte sich um. Vor ihr stand ein wunderschönes Pferd und ein Stück dahinter ihre Mutter und ein Mann. Alle lachten. Der Bann war gebrochen.

»Na sowas!« sagte der Mann neben ihrer Mutter - es war der Besitzer des Hofes - und staunte, »Pino ist unsere Primaballerina und mit neuen Bekanntschaften ziemlich zickig. Dich scheint er auf Anhieb ins Herz geschlossen zu haben. Das scheint ein gutes Omen zu sein.« Er lächelte Kid zu.

»Dann man los. Deine Mutter hat mir erzählt, daß du dich mit Pferden gut auskennst und auch schon prima reiten kannst. Du kannst Pino satteln und mir deine Reitkünste gleich vorführen.« Er zeigte Kid noch, wo sie alles finden konnte, dann ging er mit ihrer Mutter ins Haus.

In den nächsten Wochen und Monaten begann Kid, langsam wieder Freude zu empfinden. Die Welt wurde allmählich wieder an farbig und interessant.

Es stellte sich heraus, daß der Besitzer des Reithofes ein bekannter Trainer für Rennpferde war, der schnell Kids Talent erkannte. Kid und er verstanden sich bestens. Sie lachten viel miteinander, und nie ging ihnen der Gesprächsstoff aus.

Unter Kids Händen wurde der störrische Pino lammfromm, und so durfte sie nach und nach seine Ausbildung übernehmen. Als Pino sein erstes Rennen gewann, fiel sie ihm überglücklich um den Hals. Sie konnte sich nicht erinnern, jemals zuvor so stolz und glücklich gewesen zu sein.

Auch ihre Mutter schien stolz auf ihre Tochter zu sein. Sie kam jetzt immer öfter auf den Hof rausgefahren und interessierte sich plötzlich für Pferde. Stundenlang unterhielt sie sich mit dem Trainer. Kid hörte sie so unbefangen und glücklich lachen, wie schon seit Ewigkeiten nicht mehr, und auf der Heimfahrt danach hatten beide jedesmal strahlende Augen.

Es dauerte ziemlich lange, bis Kid endlich merkte, daß ihre Mutter und der Reithof-Besitzer sich ineinander verliebt hatten. Und als sie Kid eines Tages fragten, was sie davon halten würde, wenn sie und ihre Mutter auf den Hof ziehen würden, konnte sie ihr Glück zuerst nicht fassen. Aber dann fiel sie ihnen jubelnd um den Hals.

Bestimmt war das der allerallerglücklichste Tag in ihrem Leben!

Kid schrieb der jungen Lehrerin einen Brief mit ihrer neuen Adresse.

»Ist es nicht immer wieder wundervoll spannend, wie jedes neue Puzzleteil das ganze Bild verändert?« schrieb sie zurück. Und untendrunter stand:

»Viel Spaß beim Puzzeln! Deine Fee.«

Deutung

11. Die Waage (Die Gerechtigkeit)

Urbild	Der Richter, die Waage
Eigenschaften der Karte	Ausgleich von Gegensätzen, Balance, Unbestechlichkeit, Entscheidung, innere Harmonie finden, Fairneß, bewahren von Recht und Ordnung, abwägen des Für und Wider, Weisheit, Klarheit des Verstandes, guter Ausgang einer Angelegenheit
Gefahr	Vorurteile, Selbstgerechtigkeit, Unehrlichkeit sich selbst und anderen gegenüber, einseitige Beurteilung einer Lage.
Botschaft	Du bist für dich selbst verantwortlich. Wäge sorgfältig ab, wofür du dich entscheidest - du wirst die Folgen tragen.
Ziel	Gleichgewicht, Recht und Ordnung für sich selbst und die Gemeinschaft finden. Ausgleich von Geben und Nehmen.
Zur Erinnerung	Ich bin ausgeglichen und in meiner Mitte, wenn ich mit Herz und Verstand abwäge und entscheide.

Im Bann der Säulen

Wieder einmal düste Kid durch unentdeckte Reiche am Rande ihrer Welt. Eines Tages streifte sie im Vorüberfliegen versehentlich einen Zeitstrahl, der dort zusammengerollt lag und jetzt aus tiefem Schlaf aufschreckte. Blitzschnell entrollte er sich und schob sich unter den Teppich. Im nächsten Augenblick schoß Kid in die Tiefe der Zeit hinein.

Rasend schnell sausten Abertausende von Bildern an ihr vorbei. Es war, als würde sie mit dem Kopf voraus in ein farbsprühendes Kaleidoskop stürzen. Manchmal glaubte sie, inmitten der bunten, sich ständig auflösenden und neu ordnenden Farben und Formen, Bilder zu erkennen, die sie an irgend etwas erinnerten. Aber sie wurden sofort wieder von der neu anbranden Farbenflut hinweg geschwemmt.

Genauso abrupt, wie Kids Reise begonnen hatte, endete sie auch wieder. Plötzlich rutschte sie vom Zeitstrahl herunter. Einen Moment lang schien die Zeit stillzustehen, dann konnte sie gerade noch wahrnehmen, wie der Teppich zu einer Art grob gewebter Kutte wurde, bevor sie sich inmitten einer großen, erwartungsvoll schweigenden Menschenmenge wiederfand. Es war fast Nacht, doch der große runde Mond am Himmel hüllte die Landschaft in ein helles, bläuliches Licht.

Kid spürte, wie ein Ellbogen in ihre Seite gestoßen wurde.

»Ganz schön aufregend, nicht wahr?« flüsterte eine Stimme an ihrem Ohr. Kid wandte den Kopf und sah in das sommersprossige Gesicht eines rothaarigen Mädchens. Es trug fast die gleiche einfache Kutte wie sie selbst. Kid war immer noch damit beschäftigt, herauszufinden, was jetzt wieder geschehen war, und nickte nur zerstreut. Gerade als sie fragen wollte, wo sie war und worauf die Menschen so gespannt warteten, dröhnte ein dumpfer Trommelschlag durch die stille Nacht. Danach herrschte wieder Ruhe. Ein zweiter Trommelschlag erklang und dann ein dritter.

Das rothaarige Mädchen neben Kid knuffte sie erneut in die Rippen. »Komm«, flüsterte sie, »weiter vorne sehen wir mehr.« Sie zog Kid einfach hinter sich her, während sie geschickt zwischen den vielen Menschen hindurchschlüpfte.

Die Trommelschläge hallten jetzt regelmäßig durch die Nacht. Kid kam es vor, als würde sie den gleichmäßigen Herzschlag eines riesengroßen Wesens hören.

Inzwischen hatten sie sich weiter vorgedrängt. Sie standen jetzt am Rande eines breiten Weges, der die Menge in zwei Hälften teilte. Stumm standen die dicht gedrängten Menschen am Wegrand und schauten erwartungsvoll und gespannt den leeren Weg entlang in die Richtung, aus der Trommel erklang.

Ganz am Ende des Weges schienen zwei Fackeln zu brennen, die langsam näher und näher kamen. Wieder fragte sich Kid, wo sie wohl gelandet war, und was hier vor sich ging. Sie drehte sich zu dem Mädchen um … und riß erstaunt die Augen auf.

Nicht weit von ihr ragten große Steinsäulen in den hellen Nachthimmel hinein. Kid lief ein Schauer über den Rücken. Auf seltsame Weise wirkten die vielen Säulen im Mondlicht drohend und übermächtig, gleichzeitig fühlte sie sich jedoch von ihnen angezogen und beschützt.

Kid versuchte sich zu erinnern, woher sie diese hohen, im Kreis stehenden Säulen mit den querliegenden Steinriegeln obendrauf kannte, aber es wollte ihr nicht einfallen.

Jemand zupfte sie am Ärmel. Widerwillig wandte sie ihre Aufmerksamkeit von dem monumentalen Steinkreis ab. Das rothaarige Mädchen deutete stumm in die andere Richtung. Erst jetzt fiel Kid auf, daß die eintönigen Trommelschläge sehr viel näher gekommen waren.

Als sie den Weg hinunterblickte, sah sie zwei Fackelträger einem langen Zug Menschen voranschreiten. Langsam und feierlich bewegten sich die Menschen im Takt der Trommel auf den Steinkreis zu. Der ganze Troß war jetzt so nahe herangekommen, daß Kid Einzelheiten erkennen konnte. Hinter den Fackelträgern trugen zwei Männer eine große Trommel, auf der eine Frau den Takt schlug. Dahinter schritten ein uralter Mann und ein junges Mädchen nebeneinander her. In den Händen des Alten glitzerte ein großes Schwert im Mondlicht, während das Mädchen eine golden schimmernde Kugel in der Schale ihrer Hände trug. Aus der Art, wie die beiden Schwert und Kugel trugen, schloß Kid, daß sie außerordentlich kostbar und wertvoll sein mußten. Im Abstand von einigen Metern folgten ihnen in Zweierreihen so viele Menschen, daß sich das Ende des Zugs im Dunkeln verlor.

Kid fiel auf, daß alle die gleiche Kutte wie sie selbst trugen. Schweigend stand sie mit den anderen am Wegrand und ließ die Kolonne passieren. Sobald die Letzten an ihnen vorbeigezogen war, traten die Zuschauer auf den Weg und schlossen sich der Prozession an. Und genauso schweigend und feierlich wie die anderen, reihte Kid sich in den Zug ein und folgte ihnen in den geheimnisvollen Steinkreis hinein.

Als sie zwischen den Säulen des äußeren Kreises hindurchging, schien es ihr, als würde sie eine andere Welt betreten. Sie hätte nicht genau sagen können weshalb, denn über sich sah sie noch immer den gleichen Mond am Himmel leuchten und zwischen den Säulen blickte sie auf die gleiche Landschaft hinaus, wie zuvor. Und doch, etwas war anders. Wirklicher als wirklich, wenn das möglich ist.

Ihr direkt gegenüber ragten zwei noch größere und gewaltigere Säulen, über die ein dritter Stein gelegt war, weit in den Himmel hinein. Es sah aus, als würde Kid durch ein riesiges Tor hindurchgucken. Weiter vorne, auf einer steinernen Bank, saßen der alte Mann mit dem Schwert und das junge Mädchen mit der goldenen Kugel. Ein weiter, runder Platz vor ihnen war freigelassen worden, während sich alle anderen darumherum ins Gras gesetzt hatten.

Das rothaarige Mädchen zog Kid hinter sich her und setzte sich mit ihr, ganz in der Nähe des gewaltigen Tores, in die erste Reihe.

Plötzlich verstummte die Trommel. Eine fast unheimliche Ruhe breitete sich aus. Kid betrachtete verstohlen die Menschen um sie herum. Viele saßen mit geschlossen Augen da, andere starrten vor sich hin oder durch den Torbogen hindurch.

Nach einer Weile zerriß ein neuer Trommelschlag die Stille. Der alte Mann stand jetzt mit hoch erhobenem Schwert vor der Bank. Neben ihm hob das Mädchen die Kugel hoch. Beide wirkten klein und zerbrechlich vor dem Hintergrund der mächtigen Steine, und doch schienen sie gleichzeitig größer und erhabener zu sein, als es ihrer Körpergröße entsprach.

Mit klarer, lauter Stimme, die den ganzen Kreis auszufüllen schien, fing der Alte auf eine seltsam fremdartige Weise zu singen an. Gespannt hörte Kid ihm zu.

Der Alte begann davon zu erzählen, wie Sonne und Mond geboren wurden und ihren Platz am Himmel einnahmen. Doch schon bald gerieten Sonne und Mond darüber in Streit, wer von ihnen zu welcher Zeit seinen Platz am Himmel einnehmen sollte. Für die Welt mit ihren Pflanzen, Tieren und Menschen brach eine schreckliche Zeit an.

Nie konnte man sicher sein, ob der Mond oder die Sonne am Himmel erscheinen würden, oder beide gleichzeitig. Manchmal waren sie sogar so zerstritten, daß weder Mond noch Sonne sich zeigten. Dann herrschte tiefste Finsternis und unten auf der Erde zitterten Mensch und Tier vor Angst und die Pflanzen hörten auf zu wachsen.

Hilflos guckten die Sterne und Planeten zu, wie die Beiden ein immer größeres Durcheinander hervorriefen, bis schließlich niemand mehr wußte, worauf er sich verlassen sollte.

Als die beiden wieder einmal mit wüstem Wetter und tobenden Sturmfluten ihren Streit austrugen und die ganze Welt zum Beben brachten, nahm ein kleiner Stern all seinen Mut zusammen und stürzte sich mitten in das Chaos hinein. Doch Sonne und Mond bemerkten nicht einmal, daß er da war, und warfen weiter Blitz, Donner und wilde Wogen nach einander.

Der kleine Stern torkelte hilflos durch das Sturmgewitter und schrie sich die Kehle heiser. Aber umsonst. Keiner der beiden achtete auf ihn. Als er schon ganz verzweifelt war, nahm er all seine Kraft zusammen und schrie - er wußte selbst nicht warum - so laut er konnte: »Kikerikiii!« Und noch einmal: »Kikerikiii!«

Sonne und Mond hielten verblüfft inne und gafften den kleinen Stern an. Der starrte genauso verblüfft zurück.

»Was soll das, du Wicht?« donnerte die Sonne. Der kleine Stern lächelte entschuldigend. »Ich ... ich wollte dir nur sagen, daß du recht hast«, stotterte er. Die Sonne nickte ihm wohlwollend zu und plusterte sich auf, während sie gehässig zu dem Mond hinübersah.

»Moment mal ...«, grollte der Mond. Doch bevor er weitersprechen konnte, sagte der kleine Stern: »Und du hast natürlich auch recht!« Er lächelte den Mond gewinnend an.

»Aber das geht doch gar nicht! Es können doch nicht beide recht haben!« wandte die Erde empört ein.

»Da hast du recht«, antwortete der kleine Stern und drehte einen Salto. Sonne und Mond waren derart verwirrt, daß es ihnen die Sprache verschlug. Wortlos stierten sie den kleinen Stern an.

»Wenn ich Kikeriki rufe, stehst du auf und scheinst«, sagte er zur Sonne. »Und wenn ich und die anderen Sterne zu leuchten beginnen, dann ist deine Zeit gekommen«, sagte er zum Mond.

Die beiden nickten wie brave Kinder.

»Außerdem«, der kleine Stern wurde immer mutiger, »wirst du, Sonne, ein halbes Jahr dem Mond folgen.« Er machte eine kleine Pause. »Und dann wirst du, Mond, ein halbes Jahr der Sonne folgen. Und am Tag des Wechsels werdet ihr euch zusammensetzen und all die Dinge klären, die inzwischen Ärger gestiftet oder Unmut erzeugt haben. Ist das recht?«

Wieder nickten die zwei.

»Und weil du die Größere bist, wirst du damit beginnen, dem Mond zu folgen«, sagte der kleine Stern zur Sonne. »Und falls ihr euch übereinander ärgert, ruft mich. Zusammen kriegen wir das schon hin.« Er schlug noch einen Salto und sauste wieder zurück an seinen Platz am Sternenhimmel.

Von da an herrschte Recht und Ordnung am Himmel und auf Erden. Und wenn Sonne und Mond sich zusammenfinden und die Nacht genauso lang ist wie der Tag, finden auch die Menschen zueinander und suchen Recht und Ausgeglichenheit für sich und andere.

So schloß der Gesang.

Nachdem der letzte Ton verklungen war, stieß der alte Mann das Schwert vor sich in die Erde. Genau dort, wo eine Art Waage stand, die Kid bisher gar nicht wahrgenommen hatte.

»Und nun tretet hervor, die ihr Gerechtigkeit in der Welt sucht. Oder das Gleichgewicht zwischen Körper und Seele. Himmel und Erde werden eure Richter sein.«

Der Alte ging zurück zur Bank und setzte sich wieder neben das Mädchen.

Niemand rührte sich. Als die Spannung fast unerträglich wurde, stand ein Mann auf und trat in das freie Feld. Vor den leeren Waagschalen blieb er stehen.

»Ich klage meinen Bruder an, mir das Land unseres verstorbenen Bruders stehlen zu wollen, obwohl es mein Erbe ist. Vor seinem Tod hat mein Bruder es mir anvertraut, so gewiß wie ich hier stehe.«

Ein zweiter Mann stürmte auf den Platz und stellte sich ebenfalls vor die Waage. »Lüge, alles Lüge!«, polterte er los. »Mir hat er das Land versprochen. Ich fordere nur, was mir zusteht. Nicht mehr, aber auch nicht weniger. Mir gehört das Land und all die Menschen und Tiere darauf. So wahr ich hier stehe.«

Mit geballten Fäusten standen sich die Zwei gegenüber und starrten sich wütend an.

Der Alte hob die Hand und gebot den Brüdern Ruhe, dann begann er ihnen Fragen zu stellen. Schließlich stand er auf, zog das Schwert aus dem Boden und hielt es mit der Spitze nach oben vor seine Brust. Er schloß die Augen und stand eine Weile in sich gekehrt da. Als er die Augen wieder öffnete und zu sprechen begann, klang seine Stimme sanft, und doch konnte jeder hören, daß er keinen Widerspruch duldete.

»Jeder von euch beiden wird ein Jahr lang Herr über das Land eures toten Bruders sein. Das Los wird über die Reihenfolge entscheiden. Nach Ablauf der zwei Jahre werden wir wieder hier zusammenkommen und die Bewohner des Landes darüber entscheiden lassen, wen von euch beiden sie als Oberhaupt und Beschützer wollen.«

Er hob das Schwert über seinen Kopf.

»Im Namen von Sonne und Mond, von Himmel und Erde, ich habe geurteilt.«

Er stieß das Schwert wieder in den Boden und setzte sich.

Die zwei Männer gingen mit gesenkten Köpfen zurück auf ihren Platz.

Eine junge Frau trat in den Kreis vor die Waage.

»Ich möchte die Bindung mit meinem Mann lösen«, sagte sie bestimmt, »wir verstehen uns nicht mehr.«

Der Alte nickte nachdenklich vor sich hin. »Sprich, meine Tochter«, sagte er dann, »trage uns deine Gründe vor. Und für jeden deiner Gründe nimm einen Stein vom Boden und lege ihn in die eine Waagschale.«

Die junge Frau überlegte einen Moment, dann bückte sie sich und hob einen Stein auf. Vorsichtig leg- te sie ihn in die Waagschale.

»Er nimmt keine Rücksicht auf mich«, berichtete sie, »immer soll ich nachgeben.« Sie hob einen zweiten Stein auf. »Und er hört mir überhaupt nicht zu, wenn ich mit ihm darüber reden will.« Sie legte den Stein zu dem anderen.

»Er ist nicht mehr so zärtlich und liebevoll wie am Anfang«, fuhr sie fort und packte den nächsten Stein auf die Waage, »au-ßerdem verbringt er mehr Zeit mit seinen Freunden als mit mir und den Kindern.« Wieder bettete sie einen Stein auf die Waagschale, die jetzt fast den Boden berührte.

»Und er quält mich auf ganz unterschiedliche Art,« sie konnte ihre Tränen nicht länger zurückhalten, »er ist einfach ein Ekel.«

Der alte Mann wartete, bis sie sich wieder beruhigt hatte.

»Dem Gewicht der Waagschale nach hast du gute Gründe, deinen Mann zu verlassen.«, sagte er schließlich. »Doch bevor wir eine Entscheidung treffen, habe ich noch ein paar Fragen an dich. Und immer, wenn die Antwort ein »Nein« ist, lege einen Stein in die andere Waagschale. Bist du bereit?«

Die Frau nickte stumm.

»Nimmst du immer Rücksicht auf deinen Mann? Und wägst du jedesmal sorgfältig ab, wann es besser ist nachzugeben, als auf deiner Meinung zu beharren?«

Die junge Frau lächelte verlegen und hob einen Stein auf. Zögernd legte sie ihn auf die leere Waagschale.

»Kannst du von dir behaupten, ihm gerade dann zuzuhören, wenn er dir etwas erzählen will, weil ihn etwas beschäftigt?«

Die Frau stand eine Weile tief in Gedanken versunken da. Endlich bückte sie sich und hob einen kleinen Stein auf.

»Bist du noch so zärtlich und aufmerksam wie am Anfang eurer Liebe?« fuhr der Alte unerbittlich fort.

Sie schüttelte den Kopf und hob einen Stein auf. Nachdenklich wog sie ihn in ihrer Hand, bevor sie ihn zu den anderen legte.

»Was machst du in der Zeit, in der er bei dir ist? Glaubst du, daß er sich bei dir wohlfühlen kann?«

Die Frau stand wie erstarrt da und schaute auf den Boden vor ihren Füßen.

Der Alte ließ ihr Zeit. Endlich fragte er leise: »Nun?«

Sie schüttelte langsam den Kopf und beugte sich hinunter um einen Stein aufzuheben. Sorgfältig wog sie mehrere verschieden große Steine in ihrer Hand, bevor sie einen ziemlich großen auswählte und zu den anderen legte. Die Waagschalen waren jetzt fast wieder auf gleicher Höhe.

»Und nun die letzte Frage: Kannst du von dir sagen, daß du ihn nicht mit bestimmten Dingen quälst?«

Wieder stand sie eine Weile nachdenklich da, dann griff sie in die Waagschale, die sie zuerst gefüllt hatte, nahm einen Stein heraus und legte ihn in die andere Schale. Die Waage pendelte sich fast in der Mitte ein.

Der Alte lächelte sie an. »Die Entscheidung liegt bei dir«, sagte er,

160

»Du bist frei zu tun, was du willst. Du mußt nur bereit sein, die Folgen zu tragen. Wäge sorgfältig ab, dann wird alles gut werden.«

Die junge Frau nickte und verbeugte sich vor dem Alten, bevor sie an ihren Platz zurückging.

Als nächster schlurfte ein Mann auf den Platz und bezichtigte sich selbst, alles im Leben falsch gemacht zu haben.

Der alte Mann stellte ihm nur eine Frage: »Wofür ist es für dich gut zu glauben, daß du alles im Leben falsch gemacht hast?«

Der Mann starrte den Alten verwirrt an und dachte lange nach. Schließlich überzog ein Lächeln sein Gesicht. Wortlos verbeugte er sich tief vor dem Alten und ging davon.

Die ganze Nacht hindurch traten Menschen in den Kreis. Viele klagten jemanden an, andere suchten Klarheit für sich selbst, manche holten sich Rat, um wichtige Entscheidungen treffen zu können.

Manchmal hatte Kid das Gefühl, die Leute würden nicht ihre eigenen, sondern Kids Probleme vortragen. Gebannt verfolgte sie, was die Leute erzählten und was der alte Mann dazu sagte. Je mehr sie hörte und sah, desto klarer konnte sie ihr eigenes Verhalten beurteilen. Als niemand mehr vortrat, wußte sie, daß sie viel gelernt hatte und einiges neu bewerten würde.

Den anderen schien es ähnlich zu gehen. Viele saßen tief in Gedanken versunken da, die meisten unterhielten sich leise miteinander.

Später, als ein schwaches Licht den neuen Tag ankündigte, breitete sich wieder erwartungsvolle Stille aus. Die Trommel setzte erneut ein und alle blickten auf den alten Mann und das junge Mädchen, die jetzt vor der leeren Waage standen und Schwert und Kugel hochhielten.

Der Alte begann wieder mit dem seltsamen Sprechgesang, doch diesmal fiel das Mädchen mit ein. Gemeinsam sangen sie ein Dankgebet an Sonne und Mond und priesen ihre Gaben an die Menschen.

Als sie geendet hatten, legte der alte Mann das Schwert in die eine Waagschale und das Mädchen die Kugel in die andere. Einen Moment lang schwankten die Waagschalen hin und her, doch dann pendelten sie sich ein und blieben im absoluten Gleichgewicht stehen. Ein erleichtertes Aufatmen ging durch die Menge. Kid merkte, daß auch sie unwillkürlich den Atem angehalten hatte und jetzt erleichtert aufatmete.

Der Alte zog nun ein Tuch aus seiner Kutte und verband dem Mädchen die Augen. Einige Zeit stand sie still und in sich gekehrt da, dann schritt sie langsam auf die Zuschauer zu. Einige Male blieb sie vor jemanden stehen und schien in sich hineinzuhören, doch dann ging sie weiter. Schließlich stand sie vor Kid. Wieder schien sie mit leicht geneigtem Kopf auf etwas zu lauschen, das nur sie hören konnte.

Plötzlich verklärte ein Lächeln ihr Gesicht, und sie nickte ein paarmal mit dem Kopf, bevor sie die Binde von ihren Augen nahm. Sie griff nach Kids Händen, zog sie hoch und führte sie in das freie Feld vor der Waage. Kid stand unsicher vor dem Alten. Sie hatte keine Ahnung, was das bedeuten sollte und was von ihr erwartet wurde.

Der alte Mann lächelte sie an und verneigte sich anschließend tief vor ihr. Dann nahm er das Schwert von der Waage und übergab es Kid, die Kugel legte er in ihre andere Hand. Wieder verbeugte er sich vor ihr. Kid spürte wie ein Gefühl von Ausgeglichenheit und Stärke sie durchströmte. Sie kam sich plötzlich viel größer und mächtiger vor, als sie sich jemals zuvor gefühlt hatte.

Wortlos führte der Alte sie vor das riesengroße Tor. Erst jetzt bemerkte Kid den Vorhang, der zwischen die beiden Säulen gespannt worden war. Gerade fragte sie sich, was dahinter wohl verborgen sein mochte, als ein lautes »Kikerikiii« die Stille zerriß.

Im gleichen Moment zog der alte Mann den Vorhang beiseite.

Genau in der Mitte zwischen den Säulen blitzte der erste Sonnenstrahl auf und ließ Kids Gestalt aufleuchten. Wie aus weiter Ferne hörte sie, wie die Menschen in Jubelschreie ausbrachen und ein fröhliches Stimmengewirr das feierliche Schweigen ablöste.

Doch Kid blieb bewegungslos stehen und schaute der Sonne zu, wie sie langsam über den Horizont stieg. Erst als die Sonne so hoch geklettert war, daß sie wie eine strahlende Krone über dem Tor schwebte, erwachte sie wie aus einem Traum. Ihre Augen begegneten denen des alten Mannes. Er nickte ihr lächelnd zu.

Deutung

12. Der Träumer (Der Gehängte)

Urbild	Das Gefängnis
Eigenschaften der Karte	Vergehen und Neuwerden, erzwungene Ruhe, Festsitzen, Umkehr, Hingabe, Loslassen, Opfer bringen, geistige Offenheit, neue Sicht der Welt gewinnen, inneren Frieden finden, Erleuchtung
Gefahr	Steckenbleiben in alten Gewohnheiten, überheblichkeit, Widerstand gegen Neues, Erschöpfung, Krankheit, Angst, Selbstaufgabe
Botschaft	Es gibt viele Blickwinkel und Standpunkte, die Welt zu erleben.
Ziel	Sich dem Leben hingeben und nach tieferer/ höherer Bedeutung suchen.
Zur Erinnerung	Ich bin der Schöpfer meiner Welt.

Im Land der Formwandler

Viele Leute hatten Kid vor dem Land hinter dem Horizont gewarnt. Andere wiederum erzählten voller Begeisterung fantastische Geschichten aus jenem Reich weit jenseits ihrer Grenzen.

Kid verstand bald, daß die Leute dort überraschende Erfahrungen machten, aber die widersprüchlichen Geschichten verwirrten ihn. Er konnte sich einfach nichts darunter vorstellen. Jeder erzählte etwas anderes über dieses merkwürdige Land hinter den Grenzen.

Neugierig geworden, beschloß er eines Tages, sich auf die Suche nach diesem abenteuerlichen Land zu machen, von dem er so unterschiedliche Dinge gehört hatte.

Er breitete seinen Teppich aus und setzte sich darauf. Weil er nicht genau wußte, wo er dieses seltsame Land finden sollte, machte er einfach die Augen zu und dachte an all die verrückten Geschichten, die er darüber gehört hatte.

Und wirklich, nach einer Weile spürte er, wie der Teppich abhob, langsam höher und höher stieg und plötzlich wie der Blitz davonschoß.

Als Kid die Augen wieder öffnete, flog er durch einen wolkenlosen, strahlend blauen Himmel. Er schaute sich um. Nirgendwo war Land zu sehen, aber seltsamerweise auch kein Meer. Überall, rund um ihn herum, sah er nur diesen endlos blauen Himmel.

Er fragte sich gerade, wie hoch er wohl fliegen mußte, um überhaupt keine Erde mehr sehen zu können, da schwammen Fische auf ihn zu.

Kid riß erschrocken die Augen auf und hielt automatisch die Luft an. Wie war der Teppich bloß unter Wasser getaucht, ohne daß er es gemerkt hatte?

Die Fische glotzten ihn neugierig an, während sie mit wedelnden Schwanzflossen vor ihm stehenblieben. Kid ging langsam die Luft aus. Er konnte gar nicht verhindern, daß seine Lungen nach Luft schnappten - und sich mit Sauerstoff füllten. Jetzt wußte Kid überhaupt nicht mehr, was eigentlich los war, ob er sich nun gerade unter Wasser oder in der Luft befand.

Die Fische kicherten. Vor Kids Augen begannen sie, unscharf zu werden und immer verschwommener, bis sie sich mehr und mehr auflösten. Um gleich darauf wieder schärfer und klarer zu werden - nur diesmal als Hasen!

Kid klappte die Kinnlade herunter und seine Augen wurden, wenn möglich, in einer Mischung aus fasziniertem Staunen und purem Entsetzen noch runder.

Ein Hase kauerte am Rand des Teppichs und versuchte ängstlich, sich daran festzuklammern. Er schwankte bedenklich hin und her und versuchte anscheinend verzweifelt Halt zu finden. Offensichtlich hatte er panische Angst, vom Teppich abzurutschen und in die Tiefe zu stürzen.

Kid wollte gerade die Hand ausstrecken und den vor Angst zitternden Hasen zu sich in die Mitte des Teppichs ziehen, als die anderen Hasen ihn ablenkten. Sie kullerten vor Lachen durch die wäßrige Luft oder das luftige Wasser, und keiner von ihnen schien auch nur die geringste Angst zu haben, abstürzen zu können. Ganz im Gegenteil. Sie sprangen, hüpften, flogen und rollten kichernd und ausgelassen durch das Blau, als wären sie völlig schwerelos.

Kid fühlte sich auf den Arm genommen. Empört wandte er sich wieder dem Hasen vor sich zu, aber da war kein Hase mehr. Da, wo eben noch der Hase gesessen hatte, kniete jetzt er selbst mit einem Gesichtsausdruck und einer Haltung, in denen sich fassungsloses Staunen, Ärger, Verwirrung und das Tohuwabohu in seinem Kopf widerspiegelten. Wie vom Donner gerührt starrte er sich selbst an. Sein Ebenbild starrte genauso zurück.

Kid hatte keine Ahnung wie lange sie sich schon so angestiert hatten, als der erste klare Gedanke in ihm aufstieg: ›Ich muß träumen. Im Traum ist das ganz normal. Da passieren solche Sachen.‹ Er spürte, wie er erleichtert aufatmete und sich zu entspannen begann.

»Bist du dir ganz sicher, daß du nur träumst?« hörte er eine Stimme fragen. Kid drehte überrascht den Kopf in die Richtung, aus der die Stimme zu kommen schien. Niemand war zu sehen. Oder hatte er die Stimme in seinem Kopf gehört?

Während Kid noch über die Frage nachdachte, löste sich sein Ebenbild in Rauch auf und verwandelte sich in ein großes Fragezeichen. Gleich darauf nahm es die Gestalt eines bärtigen alten Mannes an, der ihm wohlwollend zulächelte.

Kid schluckte. Der alte Mann sah genauso aus, wie Gott aussehen könnte - wenn man ihn jemals zu sehen bekäme.

Der Alte nickte, hob die Hände als ob er Kid segnen wollte - und löste sich in nichts auf.

Kid war wieder allein in diesem merkwürdigen Blau, von dem er nicht wußte, ob er darin schwamm, flog, schwebte oder festsaß. Und, ob er träumte oder wach war, konnte er schon gar nicht mehr beurteilen.

Plötzlich teilte ein greller Blitz das Blau in zwei Hälften, während gleichzeitig ein grollender Donnerschlag den Teppich erbeben ließ. Kid kniff entsetzt die Augen zu.

Alles, was er sich in diesem Moment wünschte, war, endlich wieder festen Boden unter den Füßen zu haben. Und die Dinge sollten wieder das sein, was sie tatsächlich waren. Der Himmel ein Himmel, das Meer ein richtiges Meer, ein Hase ein wirklicher Hase und Gott ein verläßlicher alter Mann, der sich nicht sehen ließ. Kid schüttelte ein paarmal den Kopf, als könnte er damit dem Spuk ein Ende bereiten.

Als er nach einer Weile zögernd wieder die Augen öffnete, saß er unter dem Blätterdach eines uralten großen Baumes am Rande einer bunten Blumenwiese. Unmittelbar vor ihm schwappten die Wellen eines wundervoll tiefblauen Meeres ans Ufer.

Erleichtert atmete er ein paarmal tief ein- und wieder aus. Das war wieder, die Welt in der er sich auskannte. Hoch über ihm zogen weiße Wolken durch einen azurfarbenen Himmel, die Erde fühlte sich fest und sicher an und vor ihm, im kristallklaren Wasser, tummelten sich Fische.

›Wahrscheinlich haben Blitz und Donner mich aufgeweckt‹, dachte er gerade, als eine helle, piepsige Stimme dazwischenplapperte: »Oder auch nicht! Wer weiß das schon so genau!«

Kid stöhnte auf und versuchte herauszufinden, wem die Stimme gehören mochte. Er konnte niemanden entdecken.

»Hier bin ich«, rief die Stimme, »an der weißen Blume.«

Kid schaute sich um. Es gab jede Menge weiße Blumen.

»Doch nicht an denen. Hier!« Die piepsige Stimme klang ziemlich un- geduldig.

Aber so sehr Kid sich auch bemühte, die vielen weißen Blumen sahen alle gleich aus. Nirgendwo konnte er etwas entdecken, zu dem die Stim- me gehören konnte.

»Na dann«, seufzte es, »mach' ich mich halt größer.«

Aus einer weißen Blume neben Kids Hand flatterte ein winzig kleines Wesen hervor und wurde rasch größer und immer größer. Vor Kids staunenden Augen tanzte eine kleine Elfe mit zarten, durchsichtigen Flügeln auf und ab. Während Kid sie verzaubert anstarrte, nahm sie weiter an Größe zu. Gerade eben war sie noch handgroß gewesen, einen Moment später wirbelte sie schon als armlanges Wesen um ihn herum. Gleich darauf war sie zu Kids Größe herangewachsen und noch zwei, drei Augenblicke später zu einer baumgroßen Riesin, deren durchsichtige Flügel bei jeder Bewegung einen heftigen Sturm auslösten. Und sie wuchs immer noch weiter in den Himmel hinein.

Kid der eben noch ihre zarte Schönheit bewundert hatte, zog ängstlich den Kopf ein und versuchte sich zwischen seinen Armen zu verkriechen.

»Oh, Entschuldigung! Ich vergeß' immer, daß ihr Menschen glaubt, euch nicht verwandeln zu können. Eigentlich Schade« fügte sie betrübt hinzu, »wir könnten so viel Spaß miteinander haben!«

Die Fee war wieder auf Handgröße zusammengeschrumpft und schwirrte kichernd vor Kids Gesicht herum. Mit ihren glänzenden Flügeln und den langen, wehenden Haaren sah sie wunderschön aus.

Kid nickte irritiert. »Aber wir können uns doch wirklich nicht verändern. Keiner von uns kann zum Hasen werden und gleich drauf zu einem Fragezeichen aus Rauch. Oder wie du von winzig klein zu einer Riesin anwachsen. Das geht doch gar nicht«, erwiderte Kid.

»Das stimmt. Äußerlich könnt ihr euch nicht so völlig verändern wie wir Formwandler es mit Leichtigkeit
tun. Aber innerlich, in euren Gedanken und Gefühlen tut ihr es genauso häufig und schnell wie wir. Es fällt euch nur nicht so auf.« Kid guckte die Fee zweifelnd an.

»Wie hast du dich zum Beispiel gefühlt, als du auf deinem Teppich gesessen hast und neugierig auf unser Land warst?« fragte sie. Kid überlegte kurz. »Ich hab mich wie ein Entdecker gefühlt. Wie Kolumbus.« Kid saß jetzt ganz gerade da. Sein Gesicht, seine ganze Haltung drückten gespannte Neugierde und Abenteuerlust aus. Kid fühlte sich stark und tapfer, jeder Herausforderung gewachsen. Er lächelte.

»Und wie war es, als plötzlich die Fische auftauchten und du nicht mehr wußtest, ob du unter Wasser oder in der Luft bist?« fragte die Elfe.

Schlagartig veränderte sich Kids Gesichtsausdruck und sein Körper sackte in sich zusammen. Es dauerte eine Weile bis er antwortete.

»Ich hab' fürchterliche Angst gekriegt«, murmelte er endlich.

»Genau«, die Elfe nickte verständnisvoll, »schlagartig hast du dich in einen Angsthasen verwandelt, weil du nicht mehr wußtest, was los ist. Und noch ein bißchen später, als du gemerkt hast, daß du ganz normal atmen kannst, obwohl um dich herum Fische schwimmen, bist du zu einem staunenden Kind geworden.« Die Elfe kicherte vergnügt. »Ganz schön viele Veränderungen für jemanden, der glaubt, sich nicht verändern zu können, nicht wahr?«

Kid nickte benommen, er fühlte sich auf einmal sehr schläfrig.

»Aber bevor du dich als mutigen Entdecker oder als Angsthase erleben kannst und dann auch so aussiehst, muß vorher noch etwas in dir geschehen. Ein Teil in dir muß daran glauben, daß das, was du gerade erlebst, richtig oder falsch, gut oder schlecht für dich ist. Fragt sich nur, woher weiß dieser Teil in dir das so genau? Woher weißt du, ob das, was gerade geschieht, normal ist oder verrückt? »

Kid schossen die unterschiedlichsten Gedanken durch den Kopf, viel zu schnell und durcheinander, als daß er hätte antworten können. Er fühlte, wie sich die Welt um ihn herum zu drehen begann. Schneller und immer schneller drehte er sich mit der wirbelnden Welt im Kreis. Bis oben oder unten, vorne oder hinten völlig bedeutungslos geworden waren. Ganz plötzlich stand die Welt wieder still.

Es dauerte eine Weile, bis er merkte, daß das Blau über ihm nicht der Himmel war und seine Haare nicht im Wind flatterten, sondern im Rhythmus der Wellen hin und her wogten. Irgendwie hing er jetzt mit dem Kopf nach unten.

Erschrocken versuchte er, wieder auf die Füße zu kommen. Doch so sehr er auch mit den Armen ruderte und sich wand und verrenkte, sein rechtes Bein hing fest und hinderte ihn daran, sich aufzurichten. Verzweifelt bemühte er sich, seinen Fuß zu erreichen und ihn zu befreien.

Aber so sehr er sich auch anstrengte, er konnte den Strick, mit dem er an eine Baumwurzel gefesselt war, nicht erreichen.

Kid hielt einen Moment inne und fragte sich, ob der Baumstumpf der klägliche Rest des uralten Baumes war, dessen Zweige vorhin noch den Himmel berührt hatten. Und wenn ja, warum er abgeschlagen worden war und er jetzt an ihm hing. Er fand keine Antwort auf seine Fragen.

Wieder begann Kid gegen seine mißliche Lage anzukämpfen. Er spürte, wie das Blut in seinen Kopf strömte, dort pulsierte und laut und immer lauter dröhnte und er immer wütender wurde. Hilflos zappelte er am Seil, während sein Zorn immer größer und wilder wurde. Schließlich begann er zu fluchen und zu schreien, doch niemand schien sich darum zu kümmern.

Irgendwann waren seine Kräfte erschöpft und seine Wut hinausgeschrien. Still und bewegungslos hing er mit geschlossenen Augen über dem Meer und wartete - er wußte selbst nicht, auf was.

»Ganz schön bescheuert, kopfüber an einem Seil zu hängen und sich völlig hilflos zu fühlen, nicht wahr? Du hängst einfach fest. Nichts geht mehr. Wie schon so oft.«

Kid zwinkerte ermattet mit den Augen.

Die Luft um ihn herum glitzerte und funkelte jetzt wie Diamantenstaub. Und inmitten des Glitzerns flatterte die Elfe und grinste ihn an.

»Versuchen wir es doch mal mit einer neuen Beurteilung der Situation.« Sie trudelte schwerelos durch die Luft und drehte kopfunter einige Pirouetten.

»Nehmen wir doch einmal an, daß dein Festhängen nicht die schlimmste, sondern die beste aller Möglichkeiten ist, die Welt zu betrachten. Du bist in der glücklichen Lage, nicht mehr weiter zu wissen. Das ist doch die beste Voraussetzung, um etwas Neues zu entdecken und Überraschungen zu erleben. Einfach ideal.«

Kichernd sauste sie vor Kids Augen im Kreis herum, bevor sie sich auf seine rechte Hand setzte. Kid sah einen kleinen weißen Diamanten in seiner Hand aufblitzen und in allen Regenbogenfarben funkeln. Gebannt blieben seine Augen an dem Diamanten hängen.

»Wozu könnte es gut sein, kopfüber festzuhängen?«, hörte er die Elfe fragen.

Kid verstand die Frage nicht, obwohl die Wörter klar und deutlich bei ihm ankamen.

»Was wird dadurch möglich, daß du hier kopfüber hängst und dich nicht mehr frei bewegen kannst?« hakte die Elfe nach einer Weile nach.

Kid schwieg noch immer. Was sollte dadurch schon möglich sein? Nichts als Ärger und Zorn. Aber eigentlich stimmte das schon nicht mehr. Die Wut war verraucht und auch der Kampf mit dem Seil lag weit hinter ihm. Er fühlte sich schlapp und müde aber zugleich entspannt. Er schaute auf das Wasser über sich. Die Sonne spiegelte sich in den Wellen und Fische flogen vorüber. Dafür schienen die Vögel durch den Himmel zu schwimmen. Er mußte lachen.

»Die Welt sieht ganz anders aus«, sagte er endlich. Die Elfe nickte. Kid baumelte eine Zeitlang nachdenklich schweigend am Seil. Wieder lachte er fröhlich.

»Stell dir vor«, sagte er, »wir würden allen Dingen und allem, was wir tun, einen anderen Namen geben.« Er kicherte.

»Das Meer würden wir zum Beispiel Schrank nennen und zu dir würde ich Tomate sagen anstatt Elfe. Und ich würde jetzt nicht glauben, daß ich festhänge, sondern zu fliegen. Und dieses komische Land würde vielleicht Weg heißen.«

Die Elfe und Kid prusteten los vor lachen.

Kid spürte, wie die Elfe einen zweiten Stein in seine andere Hand legte.

»Und was wird durch dein Festhängen verhindert?« Die Stimme der Elfe klang ernst und eindringlich.

Diesmal wußte Kid die Antwort sofort: »Das zu tun, was ich immer mache! Ich kann nicht einfach weggehen und was anderes machen.«

Die Elfe nickte. Als nächstes berührte sie seine Stirn. Kid fühlte, wie ein dritter Stein an seiner Haut kleben blieb und leuchtete.

»Und was haben das, was du immer machst, wenn du festhängst und das, was du jetzt an Neuem erfahren hast, gemeinsam?« flüsterte die Elfe dicht neben seinem Ohr. Kid dachte eine Weile nach.

»Mich!« sagte er dann. »Mich, haben sie gemeinsam. Egal, ob ich auf dem Kopf stehe oder andersherum hänge, ob ich gefesselt bin oder frei, ich bleibe ich.«

Er schwieg und guckte mit glasigen Augen ins Nirgendwo.

Ein vierter Diamant klebte jetzt an seinem angebundenen Fuß. Kid spürte, wie die Diamanten in seinen Händen, der Stirn und am Fuß ein leuchtendes Viereck bildeten. Auch das Viereck stand Kopf, nämlich auf einer Spitze.

»Sag mal«, die Elfe machte eine kleine Pause, »was hat denn weder mit dem einen noch mit dem anderen etwas zu tun? Also weder mit Es-so-wie-immer-machen noch mit neuen Ideen?«

Kid runzelte die Stirn. Unwillkürlich schaute er erst auf seine eine, dann auf die andere Hand.

»Was liegt jenseits einer neuen Sicht der Dinge einerseits und der vertrauten, gewohnten Welt andererseits? Was hat weder mit dem einen noch mit dem anderen zu tun?«

Die Worte kreisten durch Kids Kopf wie wilde Hummeln. ... Neue Sicht ... oder vertraute Welt ... jenseits davon ... weder das eine ... noch das andere ...

Er hing bewegungslos und tief in Gedanken versunken an seinem Seil. Schließlich kam die Antwort wie von selbst.

»Der Welt und dem Universum ist es völlig egal, was ich glaubte und welchen Namen ich den Dingen gebe«, sagte er mit krächzender Stimme. »Das ist für uns Menschen wichtig, aber nicht dem großen Ganzen.«

Er fühlte, wie er in die Mitte des leuchtenden Quadrats stürzte. In freiem Flug. Die Fesseln hatten sich gelöst, wodurch auch immer.

Eine Weile trieb er schwerelos und außerhalb von Zeit und Raum zwischen den vier Diamanten. Dann schwebte er zu den einzelnen Steinen. Auf der einen Hand erlebte er noch mal was es bedeutete, die Dinge mit anderen Augen zu se-hen. In der anderen Hand lag die Möglichkeit genau so weiter-zumachen, wie er es immer tat. Der Ort an seiner Stirn er-innerte ihn daran, daß er entscheiden konnte, ob er sich auf diesen oder jenen Punkt setzten wollte. Und der Platz an seinem Fuß ließ ihn er-kennen, daß er es war, der den Dingen einen Namen gab. Und festlegte was sie für ihn bedeuteten.

Ob Menschen etwas richtig oder falsch fanden, ob sie es so oder ganz anders beurteilten, Himmel und Erde war es gleich. Das eine war so wahr wie das andere.

Kid wechselte ein paarmal hin und her. Je nach dem, welchen Standpunkt er gerade einnahm, oder gerade dazwischen unterwegs war, veränderte sich etwas in ihm und an der Welt.

Kid konnte es kaum fassen.

Die Elfe stupste ihn in die Seite.

»Du bist auf dem besten Weg, ein guter Formwandler zu werdenrief sie fröhlich und verwandelte sich in einen winzig kleinen, sehr hellen Lichtpunkt, der gleichzeitig überall zu sein schien.

Deutung
13. Der Abschied (Der Tod)

Urbild	Der Tod, Der Sensenmann
Eigenschaften der Karte	Abschiednehmen von Gewohnheiten, Gefühlen und Lebensphasen, Prozeß des ewigen Stirb und Werde, Selbstbesinnung, Platz schaffen für Neues, Loslassen, das Unbegreifliche annehmen, Umwandlung von Altem in Neues
Gefahr	Verlust, Selbstmitleid, Krankheit, Auflösung, Steckenbleiben in alten Gewohnheiten, Schicksalsschläge
Botschaft	Erkenne die Realität des Todes an, und fühle dich deinem Leben, deiner Entwicklung verpflichtet. Jeder Abschied macht neue Begegnungen möglich.
Ziel	Das Loslassen üben.
Zur Erinnerung	In jedem Ende liegt ein neuer Anfang.

Ein nächtlicher Besuch

Es gab Zeiten, da schlief Kid nicht gerne ein. Er wußte selbst nicht warum, aber es kam ihm dann so vor, als ob einschlafen so ähnlich wie sterben sei. Vielleicht hatte es auch damit zu tun, daß er die Erlebnisse und Abenteuer des Tages nicht einfach loslassen wollte. Aber natürlich schlief er trotzdem irgendwann ein.

Wenn er am nächsten Morgen aufwachte, fühlte er sich jedesmal wie neugeboren, und ein neuer aufregender Tag brach für ihn an. Aber an die Zeit dazwischen konnte er sich nicht erinnern. Meistens jedenfalls. Manchmal brachte er aber auch merkwürdige Bilder und seltsame Erinnerungen mit zurück, von denen er meistens nicht wußte, was sie bedeuten sollten.

Heute fiel es ihm besonders schwer einzuschlafen.

Vorhin hatte er einen kleinen Vogel auf der Fensterbank gefunden. Er mußte gegen die Scheibe geflogen sein. Kid hatte ihn vorsichtig aufgehoben und gestreichelt. Das Vögelchen hatte sich noch ein paarmal bewegt und leise gepiepst, doch dann hatte es keinen Ton mehr von sich gegeben und sich nicht mehr gerührt. Kid hatte gedacht, es sei eingeschlafen, aber seine Mutter hatte ihm dann gesagt, daß der Vogel gestorben sei.

Jetzt lag Kid im Bett und dachte an den bewegungslosen kleinen Körper in seiner Hand, der ausgesehen hatte, als ob er friedlich schlafen würde.

Ob schlafen wirklich so etwas wie tot sein war? Was passierte eigentlich, wenn man tot war? Hörte dann plötzlich alles auf, oder war es eher so, als wenn man einschlief und in einer anderen Welt wieder aufwachte? Und als was wieder aufwachte?

Niemand schien es genau zu wissen. Offensichtlich glaubte jeder etwas anderes. Und, das war das Schlimmste, niemand wollte mit ihm darüber reden. Meistens wechselten sie schnell das Thema.

Kid versuchte sich vorzustellen, er wäre tot wie der kleine Vogel. Was geschah dann?

Kid war so damit beschäftigt sich vorzustellen wie es wohl wäre tot zu sein, daß er gar nicht merkte, wie er einschlief.

Ein kleiner, weißer Lichtpunkt tanzte vor ihm auf und nieder. Rundum breitete sich dichter Nebel aus. Auf geheimnisvolle Art schien der Nebel aus sich heraus zu leuchten.

Kid kam es vor, als würde er federleicht durch eine sehr dichte Wolke schweben, eine endlose Wolke voller Licht. Außer dem tanzenden Lichtpunkt schien die Wolke leer zu sein. Kid fühlte sich seltsam körperlos und leicht. Frei war vielleicht das richtigere Wort.

Er schaute an sich herunter und hielt abrupt inne.

Er hatte gar keinen Körper!

Das tanzende Licht blieb vor ihm stehen und nahm die Konturen einer schlanken Frau an, die ihn prüfend anblickte.

Augenblicklich hatte auch Kid seinen Körper wieder angenommen.

»Nanu, was verschafft mir die Ehre, dich hier begrüßen zu dürfen?«

Noch immer sah die Frau Kid ernst und prüfend an.

Kid zuckte hilflos mit den Achseln. Woher sollte er das wissen?

»Ich hab mir vorgestellt tot zu sein«, stotterte er nach einer Weile, »und dann war ich hier.«

Die Frau nickte. Vor Kids Augen tauchten zwei Sessel aus dem Nichts auf. Sie setzten sich.

»Weißt du wo du bist?« fragte die Frau Kid.

Er schüttelte den Kopf.

»Du bist zu Besuch bei deiner Seele.« Sie lächelte und sah plötzlich sehr jung aus.

Kid starrte sie verwirrt an und verzog unsicher das Gesicht. Was war eine Seele?

Vor seinen Augen verschwammen die Konturen der Frau mitsamt Sessel und verwandelten sich erst in einen Kreis, dann in eine Wolke, eine Taube, einen Regenbogen, in eine Art freundliches weißes Gespenst, in einen winzig kleinen, tanzenden Lichtpunkt und dann in die Gestalt eines Jungen in seinem Alter.

Kid starrte ihn mit offenem Mund an.

»Nur eine kleine Kostprobe eurer Vorstellungskraft von uns«, sagte der junge Mann, »das alles sind wir Seelen und noch viel mehr. Laß dich überraschen!«

Genau in dem Moment, als er sich setzen wollte, stand der Sessel wieder da, und er ließ sich hineinfallen. »Also, was möchtest du von mir wissen?«

Kid hing mit offenem Mund und weit aufgerissenen Augen in seinem Sessel, unfähig irgendeine Antwort zu geben.

»Wie wär's mit einer Reise durch die Zeiten?« fragte seine Seele und wartete Kids Antwort gar nicht erst ab. Plötzlich hielt sie eine Fernbedienung in der Hand.

Vor Kids Augen brach an einigen Stellen der Nebel auf. In den aufgerissenen Löchern liefen wie auf Kinowänden mehrere verschiedene Filme gleichzeitig ab.

Auf einer der Leinwände sah Kid sich selbst, wie er in seinem Zimmer im Bett lag und schlief. Völlig regungslos.

Auf einer anderen Leinwand saß eine alte, vor Kälte und Hunger zitternde Frau in einer erbärmlichen Hütte. Sie hielt ein winziges Baby in ihren Armen und schürte ein spärliches Feuer im Herd.

In einem anderen Film planschten junge Indianermädchen fröhlich in einem Fluß.

Im nächsten Film nahm ein junger Mann Abschied von seiner Familie, und alle klagten und jammerten, nur der junge Mann nicht.

Wieder ein anderer spielte in ferner Zukunft. Kid sah kleine Raumschiffe durch die Luft sausen. Eine Frau saß mit geschlossenen Augen auf dem Boden und summte eine fremdartige Melodie.

Der Film mit ihm im Bett zoomte näher heran.

»Das bist du jetzt, so wie du dich selbst kennst«, sagte seine Seele und deutete auf den schlafenden Kid, »aber das bist du alles gleichzeitig auch noch.« Er zoomte jeden einzelnen Filme groß heran und wieder weg, um dann den nächsten groß und farbig vor Kid ablaufen zu lassen.

»Wie meinst du das? Wie kann ich die alle auch noch sein?« Kid starrte den jungen Mann, der jetzt ein alter geworden war, fassungslos an.

»So wie ich es sage. Das sind alles Leben von dir. Natürlich zu verschiedenen Zeiten. In verschiedenen Jahrhunderten.« Er grinste. »Wenn man eure Vorstellung von Zeit hat. Für mich finden sie alle gleichzeitig statt.«

Er seufzte. »Und in jedem deiner verschiedenen Leben soll ich dich unauffällig führen. Keine leichte Aufgabe, kann ich dir sagen.«

Kid nickte zustimmend, obwohl er überhaupt nichts mehr verstand.

»Aber... aber, wie ist das denn möglich?« stammelte er. »Ich kann doch nicht gleichzeitig eine alte Frau ...«, der Film mit der ärmlichen Hütte zoomte heran, »und ein Indianermädchen sein.« Die badenden Mädchen überblendeten die alte Frau in der Hütte. »Und auch noch ich selbst im Bett ...« Sein Zimmer mit ihm im Bett stand jetzt hell und klar vor ihm.

Seine Seele lachte und zoomte alle Filme zurück in die Löcher im Nebel.

»Wo bin ich überhaupt?« Kid sah sich unsicher um.

»Manche nennen es das Zwischenreich, andere sagen einfach ›Im Himmel‹ dazu und manche nennen es Tod.«

»Heißt das, ich bin tot?« Kid schluckte entsetzt.

Seine Seele schüttelte lächelnd den Kopf. »Nein«, sagte sie, »du bist ja nur zu Besuch hier. Aber früher oder später wirst du natürlich eine Weile hier leben. Bevor du dich wieder für ein neues Leben entschließt und zur Erde zurückkehrst.«

Der Film mit der alten frierenden Frau wurde wieder größer.

»Für sie ist es bald soweit. Nach einem harten und entbehrungsreichen Leben, sehnt sie sich nach dem Tod. Für sie wird er eine Erlösung sein.« Die alte Frau summte dem Kind in ihren Armen ein Lied vor und wiegte es zärtlich hin und her.

»Sie geht mit dem Gefühl, neuem Leben Platz zu machen. Einem neuen Leben, das frisch und unverbraucht ist. Und sie selbst wird dorthin zurückzukehren, woher sie einst gekommen ist.«

Der Film wurde wieder kleiner.

»In diesem Leben«, er deutete auf das Indianermädchen, »hast du noch viel vor dir. Noch ahnst du nicht, daß in ein paar Jahren weiße Männer und Frauen dein Land überfluten werden und du und dein Volk Abschied von eurem bisherigen Leben nehmen müßt.«

»Und in diesem Leben«, er zeigte auf den jungen Mann der gerade freudestrahlend aus der Tür ging, »hast du früh verstanden, das nichts von Dauer ist. Wenn im Herbst die Blüte nicht stirbt und im Boden zerfällt, kann im neuen Jahr keine neue Knospe erblühen. Nach diesem Motto lebst du dort. Es fällt dir leicht, immer wieder Abschied zu nehmen um Neues, Unbekanntes zu erleben. Abschied von deiner Kindheit. Abschied von Träumen, Hoffnungen und Ängsten, die dir nicht mehr nützlich sind. Du kannst loslassen und vertraust darauf, daß es weitergeht.«

Kids Seele schwieg, während Kid den jungen Mann im Film beobachtete, der ein Teil von ihm sein sollte.

Er sah ihn heranwachsen und älter werden. Kid mochte den Mann, der zu Fuß, mit Pferd und Kutsche oder auf Schiffen durch fremde Länder reiste. Er führte ein spannendes, aufregendes Leben.

Er schaute hinüber auf die andere Leinwand, wo er selbst noch immer in seinem Bett lag und tief schlief.

War dieses Leben, an das er sich so gut erinnern konnte, auch so aufregend? Manchmal ja, aber es gab auch Zeiten, da war es langweilig und er fühlte sich wie abgestorben. Wie tot. Jedenfalls toter als er sich jetzt im Reich der Toten fühlte.

Er kicherte. »Ich hatte keine Ahnung, daß es hier so schön ist.«

Die Nebel um ihn herum strahlten in den herrlichsten Farben. Ganz in der Nähe standen einige Menschen und guckten ihn neugierig an. Irgendwie kamen sie ihm sehr vertraut vor. Sie lächelten freundlich und grüßten wortlos herüber, aber keiner von ihnen kam auch nur einen Schritt näher. Als ob ein unsichtbarer Graben sie zurückhalten würde, dachte Kid.

»Freunde, Familienmitglieder und gute Bekannte aus all deinen vielen Leben.« Die Seele war Kids Blick gefolgt.

»Jedenfalls alle die, die gerade hier sind. Hier hat man viel Zeit, über das Vergangene nachzudenken und sich zu überlegen, was man im neuen Leben anders machen will. Genau wie ich, sind sie stille Ratgeber in deinen Träumen, Sehnsüchten und Ängsten. Immer dann, wenn du etwas sehr lieb und vertraut Gewordenes aufgeben mußt, zeigen sie dir den neuen Anfang.«

Die Seele schwirrte jetzt als durchsichtige, farbenprächtige Energiewirbel durch den Raum.

»Und eines Tages wirst du mich ablösen und deine eigene Seele geworden sein.«

»Und was wird dann aus dir?« fragte Kid

»Ich werde sterben und vielleicht woanders wiedergeboren werden«, sagte die Seele. »Aber wo und wie das sein wird? Ich weiß es wirklich nicht.« Sie zuckte mit den Schultern.

»Alles im Universum wandelt sich ständig und entwickelt sich weiter. Niemand weiß, woher wir kommen und wohin wir gehen. Das Geheimnis aller Geheimnisse. Warum sollte gerade mein Leben und Tod eine Ausnahme machen?«

Ein Wecker klingelte. Kid und seine Seele schreckten aus ihrer besinnlichen Stimmung.

Der Kid im Bett räkelte sich und drückte den scheppernden Wecker aus.

»Oh, ich glaube es ist höchste Zeit für dich, wieder in deinen Körper zurückzukehren«, rief die Seele und gab Kid einen Stups.

Kid spürte wie er unaufhaltsam in den Körper des aufwachenden Kids hineingezogen wurde.

Wenige Augenblicke später schlug er die Augen auf und konnte sich an nichts mehr erinnern.

Später am Tag stand er lange vor einer verblühten Blume. Sie erinnerte ihn an etwas, von dem er zuerst nicht genau wußte, was es war. Aber allmählich füllten sich seine Erinnerungslücken auf. Er lächelte und ging weiter.

Deutung

14. Der Schutzengel (Die Mäßigkeit)

Urbild	Harmonie
Eigenschaften der Karte	Vereinigung der Gegensätze, innere und äußere Harmonie, Vertrauen, sich so annehmen, wie man ist; das Leben als stetiger Fluß, Gleichmut, Heiterkeit des Geistes, Geduld
Gefahr	Vernachlässigung des Alltäglichen, Unbeständigkeit, Übertreibungen, Vergeudung schöpferischer Energie, Ratlosigkeit, Leichtsinn, Vorurteile, zwischen Extremen schwanken
Botschaft	Es geht um Mäßigkeit, nicht Mittelmäßigkeit, sondern um das Maß aller Dinge.
Ziel	Frieden mit sich selbst schließen; das rechte Maß finden; das innere Gleichgewicht finden
Zur Erinnerung	Zwischen den Gegensätzen finde ich den richtigen Weg.

Die Untermieter

Kid lag auf dem Sofa und träumte mit offenen Augen vor sich hin. Im Radio spielten sie gerade sein Lieblingslied, und er kuschelte sich noch etwas bequemer in die Kissen hinein.

Heute würde er einfach nur faul sein. Vielleicht ein bißchen lesen oder einen guten Film angucken. Vielleicht ein langes Bad nehmen oder einfach nur träumen und den gemütlichen Tag genießen. Er seufzte zufrieden und malte sich weiter all die wundervollen Sachen aus, die er heute machen würde. Dabei lächelte er in stillvergnügt vor sich hin.

»Und was ist mit deinem vollen Schreibtisch?«

Kid zuckte unter dem scharfen Klang der Stimme wie unter einem Peitschenhieb zusammen. Vor seinem inneren Auge tauchte der überquellende Schreibtisch auf.

»Außerdem hast du versprochen, die Wohnung aufzuräumen. Wenigstens dein Zeug könntest du endlich mal in Ordnung bringen.«

Kid sah einen Berg Wäsche vor seinen Augen vorüberziehen. Sein Zimmer und die Küche riefen wie in einem Comic um Hilfe, und der Müll begann bereits, durch die Küche zu marschieren.

»Dauernd seh' ich dich faul 'rumliegen mit diesem leicht verblödeten Lächeln im Gesicht. Oder du gehst einfach nur deinen Vergnügungen nach, obwohl du wirklich Wichtigeres zu tun hättest«, fügte die Stimme in anklagendem Ton hinzu. »Wenn ich nicht wäre, würdest du überhaupt nichts geregelt kriegen!«

Kid runzelte die Stirn und setzte sich mißmutig auf. Immer mußte sich diese ätzende Stimme einmischen. Jedesmal, wenn er es sich gutgehen lassen oder einfach faul herumhängen wollte, ging dieses Gezeter los. Der Tag war gelaufen!

Er wußte aus Erfahrung, wie es weitergehen würde.

Wenn er liegenblieb, würde die ununterbrochene Quengelei ihm die Laune garantiert verderben. Bis nichts mehr davon übrig war.

Und wenn er aufstand und sich tatsächlich an den Schreibtisch quälte? Es wäre doch vergeblich. Schlicht und einfach vergeblich. Er würde sich nämlich gar nicht konzentrieren können, sondern ständig sehnsüchtige Blicke aufs Sofa werfen. Oder am Tisch fast einschlafen.

Die Wäsche würde er vielleicht waschen, aber nicht aufhängen und der Dreck in der Küche würde ihn so anekeln, daß er ganz schnell wieder zum Sofa zurückmarschieren würde.

Aber kaum würde er dort liegen und versuchen, an nichts mehr zu denken - ja, da würden sie alle wieder auftauchen: die Stimme, die Wäscheberge, der beladene Schreibtisch und der ganze Krempel drumherum.

Er stampfte wütend auf und schlug sich gegen den Kopf.

»Autsch!« schrie er und faßte sich an den Schädel. Er hatte fester zugehauen als eigentlich beabsichtigt.

»Bevor ihr euch gegenseitig den Kopf einschlagt, solltet ihr euch vielleicht mal kennenlernen. Zu wissen gegen wen man antritt, kann sich als recht nützlich erweisen.«

Vor Kids Augen schwebte eine lichte Gestalt, so durchscheinend hell, daß er sie nur undeutlich erkennen konnte. Das Wesen lachte und breitete seine Flügel aus.

»Zwei unsichtbare Helden im täglichen Kampf ums Überleben.« Das Lichtwesen lachte wieder. »Hast du manchmal den Eindruck, als ob zwei Teile in dir miteinander kämpfen würden?« fragte es Kid.

Kid dachte an die Sofa-Szene und nickte.

»Oh ja«, sagte Kid, »so fühle ich mich oft. Wenn ich einfach mal herumhängen will, fängt die doofe Stimme bestimmt wieder an, von all dem Kram zu quatschen, der noch unbedingt erledigt werden muß. Und wenn ich wirklich am Schreibtisch sitze oder aufräume und das ganze Zeug erledige, nörgelt der andere Teil, weil er dazu keine Lust hat und lieber faulenzen will.«

»Möchtest du das ändern?« fragte das Lichtwesen.

Kid guckte es überrascht an. »Wie ändern?« fragte er ratlos »Wie soll ich denn meine Gedanken und Gefühle ändern?«

»Zum Beispiel könntest du damit beginnen, mal den Teil kennenzulernen, der es so gern bequem und leicht haben möchte«, schlug das engelsgleiche Geschöpf vor. »Er wartet nur darauf, daß du ihn endlich mal wahrnimmst.«

Kid guckte den Engel, oder was immer das war, verwirrt an.

»Darf ich vorstellen«, der Engel machte eine tiefe Verbeugung vor Kid, »der Teil von dir, der es sich gern gutgehen läßt. Kannst du ihn sehen?« fragte das Lichtwesen neugierig und deutete in die Richtung, in die Kid gerade guckte.

»Vielleicht ist es auch eher so, daß du ihn spüren kannst ... oder hören?« fügte er hinzu, um dann für eine Weile zu schweigen.

Kid spürte wie der Teil von ihm, der einfach nur Spaß haben wollte, immer deutlicher Gestalt annahm. Eine zarte, schöne Frau tauchte auf. Sie wußte ganz genau, was sie wollte: nämlich Ruhe und Zeit für sich selbst, um all das zu tun, was ihr Freude machte.

Kid lächelte der jungen Frau zu. Er fand sie auf Anhieb sympathisch.

Mitten in seine Gedanken hinein, fragte der Engel - oder was immer es war: »Wenn dieser Teil von dir einen Namen hätte, wie würde er heißen?«

Kid überlegte einen Moment.

»Sie heißt Aurora. Prinzessin Aurora, die Empfindsame von und zu Freienstein.«

Kid hatte die Nase hoch in die Luft gestreckt und mit vornehm näselnder Stimme gesprochen. Jetzt platzte er fast vor lauter Lachen. »Die ist ja ulkig«, keuchte er zwischen mehreren Lachanfällen, »die Prinzessin auf der Erbse persönlich.«

Der Engel strahlte und nahm etwas festere Konturen an. »Und wenn du nun den anderen Teil begrüßt, den Teil, der dich antreibt und an deine Aufgaben und Pflichten erinnert, wie sieht der aus? Oder wie fühlt er sich an? Wie klingt er, während du ihn, mehr und mehr, wahrzunehmen beginnst?«

Kid sah zwei Augen vor seinem Gesicht, die ihn kritisch musterten und dabei unablässig hin und her pendelten. Anscheinend wurde der unsichtbare Rest des Kopfes tadelnd geschüttelt.

»Kannst du ihn noch ein bißchen deutlicher machen?« fragte der Engel.

Kid versuchte es. Er nickte und sah zu, wie allmählich mehr und mehr Einzelteile zu unterscheiden waren. Der Teil sah ein bißchen wie Herr Meier aus. Wie Herr Meier von nebenan.

Der Teil, der wie Herr Meier aussah, und Kid immer an seine Pflichten erinnerte, lächelte dünn. Verstohlen schielte er zu Aurora hinüber. Wieder schüttelte er den Kopf.

Aurora ihrerseits tat so, als würde Herr Meier sie nicht interessieren. Aber natürlich war sie schrecklich neugierig endlich mal den kennenzulernen, der ihr immer dazwischenquatschte. Wie der schon dasteht, dachte sie.

Herr Meier dachte ungefähr dasselbe.

Das Lichtwesen räusperte sich. Es klang, als würden kleine, helle Glöckchen angeschlagen. »Was haltet ihr davon, wenn wir uns zusammensetzen und in Ruhe miteinander plaudern?« fragte es.

Prinzessin Aurora zuckte unschlüssig mit den Schultern, während Herr Meier sofort zustimmend nickte. Es wurde höchste Zeit, der faulen Göre mal ins Gewissen zu reden.

Unversehens stand ein großer, ovaler Tisch zwischen ihnen. Kid und der Engel saßen sich an den beiden schmalen Seiten gegenüber. Rechts und links von ihnen hockten Aurora und Herr Meier.

Kid betrachtete die drei etwas genauer. Der Engel hatte jetzt noch festere Konturen angenommen. Bis auf seine Flügel und das sanfte Leuchten seines Körpers sah er fast wie ein Mensch aus. Er lächelte Kid zu.

Der Teil, der wie Herr Meier aussah, saß steif und gerade auf der Stuhlkante und konnte es anscheinend kaum abwarten, endlich loslegen zu dürfen.

Aurora dagegen thronte zurückgelehnt mit vor der Brust verschränkten Armen auf ihrem Stuhl. Sie guckte skeptisch und zugleich neugierig von einem zum anderen.

Der Engel räusperte sich wieder. »Ihr alle kennt König Arturs Tafelrunde«, sagte er, »jenen runden Tisch, an dem die Ritter der Tafelrunde zusammenkamen, um sich gegenseitig von ihren Abenteuern und Nöten zu berichten; um gemeinsam zu beratschlagen, was zu tun war, wenn es Probleme gab, oder zusammen zu feiern, wenn es etwas zu feiern gab.

Und genauso wie Artur und seine Ritter könnt ihr hier an diesem runden Tisch zusammenkommen und einander kennenlernen. Ihr könnt einander erzählen, warum ihr da seid, ihr könnt einander zuhören, zusammen lachen, und viel Spaß miteinander haben ...«

Der Engel ließ seinen Blick von einem zum anderen schweifen. »Als erstes möchte ich, daß jeder von Euch sich überlegt, was er mit seinem Verhalten erreichen will. Was ist dir wirklich wichtig?«

Kid machte die Augen zu. »Was ist mir wirklich wichtig?«, dachte er.

So genau hatte er darüber noch nie nachgedacht. »Was ist mir wirklich wichtig? Was ist mir wichtig? ...« Die Frage kreiste in ihm herum, während ihm gleichzeitig tausend Gedanken durch den Kopf schossen.

»Nun Kid, möchtest du anfangen?«, hörte er den Engel in sein Gedankenkarussell hineinfragen.

Kid öffnete die Augen.

Der Engel lächelte ihm aufmunternd zu, während es in Herrn Meier und Aurora genauso drunter und drüber zu gehen schien, wie in ihm selbst.

»Ähhm ..«, fing er an, »ähhm, also ... ich weiß nicht so recht ...«, er lächelte entschuldigend, »ich weiß einfach nicht, was ich dazu sagen soll.«

»Sag einfach, was dir jetzt gerade einfällt. Es wird genau das Richtige sein«, forderte ihn das Lichtwesen mit seiner sanften Stimme auf.

»Ich möchte, daß es mir gut geht.«, hörte Kid sich selbst sagen. »Ich möchte glücklich sein und das machen können, was mich gerade interessiert.« Er nickte, wie um die Worte zu bestätigen, ein paarmal mit dem Kopf, »ja, genau das will ich.«

Herr Meier beugte sich empört nach vorne. »Und wer erledigt dann die ganze Arbeit, die Pflichten ..?« stieß er hervor und fuchtelte anklagend mit seinem Zeigefinger in der Luft herum.

»Einen Moment, Herr Meier«, sagte der Engel, »Sie sind gleich dran.« Er wandte sich wieder Kid zu: »Gibt es noch etwas, was du sagen willst?«

Kid schüttelte den Kopf. Das Wichtigste hatte er gesagt.

Der Engel gab Herrn Meier ein Zeichen, und sofort sprudelten die Sätze hervor, als hätten sie sich hinter den Lippen von Herrn Meier aufgestaut wie Wasser hinter einer Staumauer.

»Gutgehen lassen, einfach glücklich sein, Spaß haben, dagegen habe ich ja gar nichts. Es soll uns ja allen gutgehen. Aber erst müssen doch mal alle notwendigen Arbeiten erledigt sein. Man kann die doch nicht einfach liegenlassen. Aufgaben und Kleiderberge verschwinden doch nicht von allein.« Seine Augen wanderten vorwurfsvoll zwischen Kid und Aurora hin und her.

»Wenn ich nicht wäre, würde doch das totale Chaos ausbrechen und bald überhaupt nichts mehr gehen. Wenn ich dir kein schlechtes Gewissen mache«, er sah Kid streng an, »dann würdest du dich von der,« er warf Aurora einen giftigen Blick zu, »total einlullen lassen. Die hat dich doch ganz und gar unter ihrer Fuchtel!«

Er beugte sich zum Engel hinüber. »Ist doch so, oder etwa nicht?«

Der Engel nickte: »Stimmt!« sagte er und schmunzelte verschmitzt, »von deinem Standpunkt aus gesehen, fühlt sich das so an, als würde Kid sich mit Aurora gegen dich verbünden. Hast du schon mal darüber nachgedacht, woran das liegen könnte?«

Herr Meier guckte den Engel verärgert an. Kid und Aurora grinsten verstohlen. Herr Meier schüttelte mehrmals seinen Kopf, so als könne er einfach nicht verstehen oder glauben, was er da eben gehört hatte.

»Vielleicht liegt es daran, WIE du es sagst?« fragte das Lichtwesen, »an der Art wie deine Stimme klingt und welche Worte und Gesten du benutzt. Denke einfach mal darüber nach.«

»Und du?« wandte sich der Engel an Aurora, »was ist deine Absicht? Was möchtest du für Kid erreichen?«

Aurora strich sich mit einer anmutigen Bewegung die Haare zurück und schlug die Augen nieder.

»Es ist komisch«, sagte sie mit einem verlegenen Lächeln, »aber eigentlich will ich das Gleiche wie Kid und Herr Meier - ich will das es Kid gutgeht. Und mir natürlich auch.« Aurora zuckte hilflos mit den Schultern. »Aber Herr Meier funkt ja immer dazwischen!« setzte sie empört hinzu, »ständig diese nörgelnde Stimme, wenn wir es das Leben mal genießen wollen, das nervt einfach.«

Herr Meier holte empört Luft und wollte gerade etwas sagen, als der Engel ihn mit einer gebieterischen Geste zum Schweigen brachte.

»Stell dir einmal vor, Herr Meier wäre nicht da, um dich und Kid an eure Aufgaben und Pflichten zu erinnern, an die ihr so ungern denkt.«
Aurora strahlte und lehnte sich bequem zurück, während Kid das Gesicht verzog. Vor seinem inneren Auge wuchsen die Kleiderberge zu riesigen Haufen an und in der Küche stapelte sich das dreckige Geschirr zu wackligen Türmen. Gleichzeitig leerte sich der Kleiderschrank, denn saubere Wäsche wächst nicht einfach nach. Der Schreibtisch verschwand unter Bergen von unerledigten Sachen und gleichzeitig schrieen ihn alle möglichen Leute an, weil er irgendetwas nicht erledigt hatte.

Aurora beobachtete Kids Veränderung mit wachsendem Staunen, dann beugte sie sich zu Kid hinüber. »Was ist los?« fragte sie besorgt, »ist dir nicht gut?«

Kid schüttelte den Kopf. »Ich glaube, wir brauchen Herrn Meier unbedingt, ohne Herrn Meier ...« er seufzte tief und erinnerte sich an die Gebirge von Unannehmlichkeiten, »ohne Herrn Meier, würden wir beide ganz schön viel Ärger kriegen.«

Herr Meier lächelte zufrieden und blickte Kid dankbar an. Er nickte ihm freundlich zu.

»Jetzt, wo ihr wißt, daß jeder von euch das Beste für Kid will, wie geht es euch damit?« Der Engel sah fragend von Aurora zu Herrn Meier.

Herr Meier räusperte sich und schaute zu Kid hinüber. Kid lächelte ihn freundlich an und sagte mit einer kleinen Verbeugung: »Ich freue mich, daß du da bist.«

Das Lächeln auf Herrn Meiers Gesicht wurde noch etwas breiter. »Hmm, ähh, vielen Dank.« Er wirkte jetzt etwas tolpatschig und verlegen. Dann machte er einen Vorschlag: »Was haltet ihr denn davon, wenn wir verschiedene Zeiten aushandeln. Ein paar Stunden am Tag begleite ich Kid, und Aurora stört mich nicht mit ihrer Maulerei. Und dafür halte ich den Mund, wenn Kid in der abgesprochenen Zeit mit Aurora unterwegs ist.« Er guckte jeden einzelnen erwartungsvoll an.

»Das halte ich für eine wundervolle Idee.« Der Engel lachte vergnügt. »Was sagst du dazu Kid?«

Kid überlegte noch. Er hatte den Eindruck als würden alle Für und Wider zu diesem Vorschlag durch seinen Kopf sausen und nach einem Platz suchen. Schließlich lagen vor Herrn Meier und Aurora ungefähr gleich viele Jas und Neins auf dem Tisch. Er brauchte beide. Wenn die Arbeit erledigt war, dann würde er ruhigen Gewissens Spaß haben können und sich dabei wohlfühlen.

Er dachte daran, wie es sein würde, wenn er voll und ganz das tun würde, was ihn interessierte, ohne daß Herr Meier störte. Herr Meier konnte ja schlafen gehen, solange er mit Aurora zusammen wäre. Und wenn Herrn Meiers Stunden gekommen waren, wäre er fit und könnte alles in der halben Zeit erledigen. Aurora hätte dann Gelegenheit, sich neue Überraschungen auszudenken.

Kid nickte zufrieden. Genau so würden sie es machen! Er wandte sich wieder den drei anderen zu: »Ich möchte daß wir drei eine Vereinbarung treffen. Eine Vereinbarung darüber, wann und wie wir alles unter einen Hut kriegen. Laßt uns doch mal überlegen, wieviel Zeit jeder braucht, um sich zufrieden zu fühlen und all das tun zu können, was er tun möchte.«

Für eine Weile saß der Engel schweigend da, und lauschte einfach nur den Stimmen, die ihre Wünsche, Ansprüche und Gründe vortrugen. Schon bald hatten sie eine Lösung gefunden, mit der alle zufrieden waren.

Sogar Herr Meier und Aurora nickten einander lächelnd zu und fanden einander ganz sympathisch. Kid strahlte über das ganze Gesicht. Das war die Lösung! Er freute sich richtig darauf, es bei nächster Gelegenheit auszuprobieren.

»Gibt es irgendeinen Teil in dir, der damit nicht einverstanden ist?« fragte das Lichtwesen Kid.

Kid horchte und spürte in sich hinein. Fast im gleichen Moment sprang ein kleiner Teufel auf den Tisch und tanzte zwischen ihnen herum.

»Ich! Ich bin nicht damit einverstanden! Wo bleib' denn ich, wenn ihr solche Abmachungen trefft und euch womöglich auch noch daran haltet?«

Aurora kicherte. »Wir können ja ausmachen, daß du heimlich dazwischenfunkst und Streit zwischen uns anzettelst. Und wir müssen herausfinden, wann du das machst. Wer es zuerst merkt und aufhört, hat gewonnen.« Sie klatschte begeistert in die Hände.

Kid nickte und betrachtete sich den kleinen Teufel etwas näher. Eigentlich sah er ganz putzig aus, wenn da nicht dieses gefährliche Glitzern in seinen Augen gewesen wäre. Herr Meier musterte den kleinen Kerl mißtrauisch und ließ ihn keine Sekunde aus den Augen. Der Engel schmunzelte.

»Noch einer, der in Kids Diensten steht und doch nie wirklich von ihm wahrgenommen wurde?« fragte er laut und deutlich. »Jetzt ist eine der vielen Gelegenheiten, sich näher kennenzulernen. Zeigt euch Kid und ihren Teilen. Ihr seid herzlich eingeladen, euch zu uns zu setzen. Nicht wahr Kid?«

»Ja, ja natürlich«, stotterte Kid und starrte den jungen Mann an, der plötzlich mit ihnen am Tisch saß. Er war völlig verrückt angezogen und saß wie ein bunter Paradiesvogel zwischen ihnen.

»Hi«, er hob lässig die Hand zum Gruß. »Schön, euch mal kennenzulernen. Ich beobachte euch schon eine ganze Weile und versuche, mich
bemerkbar zu machen. Habt ihr etwas davon gemerkt?«

Kid runzelte die Stirn. Was sollte er gemerkt haben?

»Na, daß dir zum Beispiel immer wieder neue Sachen einfallen. Dinge, an die du vorher nie gedacht hast. Ich flüstere euch ständig spannende Sachen zu. Und manchmal bekommt ihr sie mit, so wie vorhin,
als ihr euch an den Tisch gesetzt habt. Herr Meier hat meinen Vorschlag am deutlichsten gehört und ausgesprochen. Aber jetzt bin ich ja
selber da, und ihr könnt mich alle hören.« Er grinste und lehnte sich
zurück.

Unauffällig und leise war auch eine alte Frau in der Runde aufgetaucht. Um ihren Hals hingen einige kleine Lederbeutel, einen größeren
legte sie jetzt vor sich auf den Tisch.

Alle sahen sie fragend an. Eine sonderbare Kraft ging von ihr aus.

Sie machte eine tiefe Verbeugung in Kids Richtung und sagte: »Ich
bin deine innere Heilerin. Ich sorge dafür, daß du gesund bleibst oder
wieder wirst, wenn du mit einer Krankheit kämpfst. Oder Gefühle und
Gedanken dich quälen. Seit Anbeginn der Zeiten lebe ich in jedem einzelnen Menschen, obwohl die meisten es längst vergessen haben.«

Kid dankte ihr und es entspann sich ein Gespräch zwischen ihm und
der weisen Alten. Kurz darauf waren auch alle anderen Teile in interessante Unterhaltungen mit ihren Nachbarn vertieft. Bald füllte lebhaf-
tes Stimmengewirr und fröhliches Gelächter den Raum rings um die
Tafelrunde. Kid hatte sich schon lange nicht mehr so gut amüsiert, wie
jetzt mit seinen vielen Teilen.

Sehr viel später am Abend beschlossen sie, sich von nun an öfter zu
treffen. Sie einigten sich auf einmal die Woche. Dann würde sich jeder,
der unzufrieden war, beschweren können. Sie konnten neue Ziele ver-

einbaren und sich absprechen, wer was zu tun hatte. Und anschließend würden sie ein Fest feiern. Genauso wie gerade jetzt. Alle stimmten begeistert zu. Viel später dann verschwand einer nach dem anderen, um schlafen zu gehen.

Zum Schluß saßen Kid und das Lichtwesen noch allein am Tisch. Kid wirkte sehr nachdenklich, wobei gleichzeitig ein vergnügtes Lächeln auf seinem Gesicht lag.

»Weißt du«, sagte Kid zu dem Engel, »ich bin jetzt schon gespannt, wem ich morgen früh zuerst begegnen werde. Natürlich bevor ich mit Herrn Meier verabredet bin«, setzte er schnell hinzu, als der Engel die Augenbrauen fragend hochzog. Beide lachten gleichzeitig los.

»Es ist richtig schön, so viele neue Freunde gefunden zu haben«, sagte Kid, »und das Allerschönste ist, daß sie immer da sind, wenn man sie braucht.«

An diesem Abend schlief Kid mit einem glücklichen Lächeln auf den Lippen ein. Diesen Tag in seinem Leben würde er nie wieder vergessen.

Deutung

15. Der Teufel

Urbild	Der Versucher, der Widersacher
Eigenschaften der Karte	Das Dunkle in dir annehmen, der kollektive Schatten, gegen seine Überzeugungen handeln, Hochmut, sich den sinnlichen Lebensfreuden hingeben, Zeugungskraft, Vitalität
Gefahr	Versuchung, Verführung, Egoismus; Liebesbeziehungen, die in Körperlichkeit ersticken; Gier nach Macht, verwirrtes, übereiltes Handeln; Mangel an Selbsterkenntnis, blinde Gutgläubigkeit, schlechter Einfluß, Oberflächlichkeit
Botschaft	Jeder Heilige hat eine Vergangenheit und jeder Sünder eine Zukunft.
Ziel	Das »Dunkle« als Teil von uns anzuerkennen, als normalen Bestandteil der Welt.
Zur Erinnerung	Gott ist Tag und Nacht, Gut und Böse, Sommer und Winter, Liebe und Haß.

Ach, wie gut, daß niemand weiß ...

Kid stand vor dem Schaufenster und starrte fasziniert auf die schönen Kleider hinter der Scheibe. Genau so eine Jacke wünschte sie sich, ›Und die Hose da wäre auch nicht schlecht‹, dachte sie.

Aber natürlich würde sie nichts von beidem bekommen. Im Geiste hörte sie schon das Gemaule, daß sie genug Kleider habe und noch eine Jacke oder Hose nun wirklich nicht nötig seien.

Sie schlenderte weiter, vorbei an anderen Schaufenstern mit lauter tollen Sachen, die sie sich alle nicht leisten konnte. Mißmutig betrachtete sie die vielen Menschen mit ihren vollen Einkaufstüten. Alle schienen sich ihre Wünsche erfüllen zu können, nur sie mußte ständig verzichten.

Genervt und enttäuscht versuchte sie sich an zwei alten Frauen vorbeizudrängeln, aber die entgegenströmende Menge zwang Kid, hinter ihnen zu bleiben. Eine der Frauen wühlte im Gehen in ihrer Tasche. Offenbar suchte sie etwas und lief dadurch noch langsamer. Kid fühlte, wie sie immer wütender wurde und wollte sich gerade rücksichtslos vorbeizwängen, als sie etwas Schwarzes auf den Boden fallen sah. Zwischen all den hastenden Füßen lag unverkennbar ein schwarzer Geldbeutel.

Kid bückte sich und hob ihn auf. Sie wollte ihn der alten Frau geben, aber die schien nichts bemerkt zu haben und war jetzt schon ein gutes Stück weit weg. Kid starrte auf den Geldbeutel in ihrer Hand, dann schaute sie sich gehetzt um. Offensichtlich hatte niemand bemerkt, daß sie einen fremden Geldbeutel aufgehoben hatte. Alle waren viel zu sehr damit beschäftigt, sich einen Weg durch die Menschenmenge zu bahnen.

Kids Herz klopfte laut und stürmisch gegen ihre Brust. Unschlüssig blickte sie auf das Portemonnaie in ihrer Hand. Wieviel da wohl drin sein mochte?

Sie guckte den zwei Frauen nach, die jetzt schon in der Menge zu verschwinden drohten und dann wieder auf den Geldbeutel.

›Keiner hat was gemerkt‹, dachte sie, ›vielleicht ist es ein Geschenk des Himmels an mich. Die Frau sah nicht gerade arm aus, bestimmt ist es für sie gar nicht so schlimm. Und ich könnt's wirklich gut gebrauchen.‹

Sie sah sich noch einmal vorsichtig um. Keiner beobachtete sie, niemand schien etwas gemerkt zu haben. Entschlossen drehte sie sich um und rannte so schnell es ging in die andere Richtung.

Als sie ganz sicher war, daß niemand sie verfolgte und sie weit genug weg war, setzte sie sich atemlos und mit zitternden Knien auf eine niedrige Mauer.

Hastig öffnete sie den Geldbeutel und stieß einen leisen Pfiff aus. Jede Menge große Scheine steckten in dem einen Fach, und in dem anderen eine ganze Reihe Papiere. Mit so viel Geld hatte sie nicht gerechnet.

Wieder meldete sich ihr schlechtes Gewissen und einen Moment überlegte sie, die Papiere herauszuziehen und sich bei der Frau zu melden. Aber dann zog sie wie unter Zwang die Scheine heraus, nahm das Kleingeld und warf den Rest in den Papierkorb neben sich. Wie von Furien gejagt stürmte sie davon.

Am nächsten Tag kaufte sie sich die Jacke und erzählte überall, eine Freundin hätte sie sich zu klein gekauft und ihr deshalb geschenkt. Niemand schöpfte Verdacht. Sie erfüllte sich noch ein paar Wünsche und mit jedem Kauf fiel es ihr leichter zu vergessen, woher das Geld kam, und daß es ihr eigentlich gar nicht gehörte.

Eines Tages brachte ihre beste Freundin ihren neuen Freund mit. Kid mochte ihn auf Anhieb. Beim Abschied schaute Kid den beiden nach und dachte: ›Eigentlich paßt er gar nicht zu ihr, zu mir würde er viel besser passen. Die ist doch viel zu zickig und langweilig für ihn. Außerdem kichert sie immer so blöd, und richtig ehrlich meint sie es sowieso nicht. So wie er mich angeguckt hat, würde er sicher lieber mit mir was machen, als mit ihr. Sie ist ja auch wirklich ziemlich öde und manchmal richtig heimtückisch. So'n guter Typ hat wirklich was Besseres verdient‹.

Tief in Gedanken versunken schlenderte sie nach Hause, wobei sie sorgfältig die Straße vor sich absuchte. Man konnte ja nie wissen, ob das Glück ihr nicht wieder etwas vor die Füße zauberte.

»Weißt du«, sagte sie am nächsten Tag zu ihrer Freundin, »der Typ von gestern ist ja ganz nett, aber bist du sicher, daß der dich ehrlich gut findet? Ich hab gehört, daß der ständig andere Freundinnen hat. Und das Schlimmste ist, daß er bei seinen Freunden über jede herzieht und tierisch mit seinen Eroberungen angibt. Und je mehr sie sich darüber aufregen, desto mehr Spaß hat er dann mit seinen Freunden.«

Ihre Freundin schluckte ein paarmal, dann stieß ihre Nase steil in die Luft empor. »Ist mir doch egal«, sagte sie schnippisch und drehte sich um, bevor jemand die Tränen in ihren Augen sehen konnte. Aber Kid hatte es doch gesehen. Sie lächelte zufrieden.

Da, in diesem Augenblick, sah sie ihn zum ersten Mal. Er lugte hinter einer Mauer hervor. Eigentlich sah sie zuerst etwas in der Sonne blitzen. Sie erkannte einen goldenen Dreizack und darunter ein rotes, rundes Gesicht. Zwei kleine Hörner und spitze Faunsohren sprossen zwischen zotteligen, schwarzen Haaren hervor. Er grinste unverschämt und seine Augen glitzerten vor boshafter Freude.

Im nächsten Augenblick war er wieder verschwunden.

Von nun an sah Kid ihn öfter. Immer dann, wenn sie etwas Verbotenes oder Gemeines plante oder tat, tauchte er auf und grinste sie dreist an. Aber genauso oft sah sie ihn auch um jemand anderen herumwuseln. Jedesmal schien er sich höllisch zu freuen.

Und wann immer er auftauchte, passierte etwas, für das sie sich später schämte.

Irgendwie bekam sie jetzt häufig mit allen möglichen Leuten Krach. Vorwiegend über ziemlich unwichtige Dinge. Aber die meisten kapierten einfach nicht, worum es wirklich ging. Bis auf ein einige Wenige. Aber die konnte man an den Fin- gern abzählen.

Dafür konnte man mit ih- nen rauschende Feste feiern, auf denen es hoch herging. Und auf einem dieser Feste tanzte plötzlich der kleine, rote Teufel in ihrer Mitte und spielte auf einer win- zigen Flöte.

Alle sahen ihn, je- der tanzte nach seiner Musik, doch niemand sprach über ihn. Keiner gab dem anderen zu erken- nen, daß er den Bösewicht sah.

Der kleine Rote feixte und spielte immer schneller und schneller auf seiner Flöte. Immer wildere und leidenschaftlichere Gefühle weckte er mit seiner Musik, bis alle wie von Sinnen herumwirbelten.

Mit einem Mal brachen aus allen ihre dunkelsten, schlimmsten Seiten hervor und von einem Augenblick zum anderen verwandelte sich die ausgelassenen, fröhliche Partystimmung in bitterböse Streitereien. Alle schrieen durcheinander und jeder versuchte, sich mit allen Mitteln durchzusetzen. Notfalls mit roher Gewalt und heimtückischen Anschuldigungen.

Kid wußte selbst nicht warum, aber auf einmal schien es ihr sehr wichtig, daß die anderen genau das machten, was sie wollte. Und unver-

205

sehens war der Teufel genauso schnell wieder verschwunden, wie er aufgetaucht war.

Nur sein Gelächter hallte noch lange danach in den Köpfen der Anwesenden nach, auch dann noch, als sie es schon längst nicht mehr zu hören glaubten.

Der kleine, rote Kerl hatte inzwischen jede Scheu verloren. Oft saß er jetzt auf ihrer Schulter und flüsterte ihr fiese Sachen zu. Oder stiftete sie zu trickreichen, verlogenen Manövern an, um das zu kriegen, was sie gerne haben wollte.

›Manchmal ist er ja ganz nützlich‹, dachte sie. ›Wenn ich ihn nur hin und wieder wegschicken könnte. Oft flüstert er mir Dinge ein, die ich eigentlich gar nicht machen will. Und trotzdem mache ich was er sagt.

Und dann dieser schreckliche Satz, den er dauernd vor sich hinbrummt »... ach wie gut, daß niemand weiß ... ach wie gut, daß niemand weiß ...« Es nervt einfach!‹

Schließlich hielt sie es nicht mehr aus und vertraute sich einem Freund an. Auf dessen Schulter saß auch oft so ein Satansbraten - wenn er nicht gerade aus seinen Augen blitzte. Aber wie man die kleine Pest loswerden und nur hin und wieder mal rufen konnte, das wußte der Freund leider auch nicht.

Der Kleine mit dem Pferdefuß kam und ging jetzt, ganz wie es ihm beliebte. Weder Kid noch ihr Freund konnten sich gegen ihn wehren. Er war zu schlau, zu schnell. Und zu mächtig.

Nur eines war seltsam: Jeden siebten Tag verschwand er vor Einbruch der Dunkelheit und kehrte erst am nächsten Tag zurück.

Wohin er wohl jedesmal verschwand? Kid und ihr Freund begannen neugierig zu werden, und eines Tages schlichen sie heimlich hinter ihm her, in die heraufdämmernde Nacht hinein.

Der kleine Teufel sprang und hüpfte unbekümmert tiefer und tiefer in das nächtliche Land hinaus. Nicht ein einziges Mal drehte er sich um. Er schien sich sehr sicher zu fühlen und überhaupt nicht damit zu rechnen, daß ihm jemand folgen könnte.

Die beiden schlichen hinter ihm her, weiter und weiter in die dunkle Nacht hinein. Bald kannten sie sich nicht mehr aus, und inzwischen war es so finster geworden, daß sie sich ganz dicht hinter dem Teufel halten mußten, um ihn nicht aus den Augen zu verlieren. Kid fühlte, wie ihr Herz schnell und laut schlug und Angst in ihr hochkroch.

Sie hatte keine Ahnung mehr, wo sie überhaupt waren. Noch nie hatte sie diese schroffen Berge gesehen. Sie schienen zu glühen und ihr unheimliches rotes Licht ließ die dunkle Nacht noch finsterer erscheinen. Eine Gänsehaut kroch über ihren Rücken. Unwillkürlich hielt sie den Atem an und blieb stehen. Sie fühlte, wie ihr Freund sie hinter einen Stein zerrte und ihr die Hand auf den Mund legte. Mit der anderen Hand deutete er nach vorne.

Vor ihnen lag ein kreisrunder, ebener Platz. Mächtige, mit sonderbaren Zeichen bemalte Steine faßten ihn wie ein Zaun ein. Eine geheimnisvolle Kraft schien von dem Platz auszugehen.

In der Mitte stand ein großer Kessel auf einer Feuerstelle. Dort war auch der Teufel und machte merkwürdige Zeichen mit seinen Händen. Hin und wieder ritzte er Symbole in den Sand rund um die Feuerstelle. Zum Schluß umkreiste er den Kessel ein paarmal in beide Richtungen, dann blieb er stehen. Er hob den Dreizack über seinen Kopf, und stieß ihn mit einer einzigen machtvollen Bewegung ins Holz unter dem Kessel. Im gleichen Moment loderte Feuer unter dem Kessel auf. Die Zeichen in den Steinen schienen im flackernden Licht des Feuers lebendig zu werden.

Kid und ihr Freund duckten sich noch etwas tiefer in den Schatten hinter dem Stein. Das Ganze wurde immer unheimlicher.

Der Teufel griff in die Luft und hielt plötzlich eine wunderschöne Kette in der Hand. Er betrachtete sie kurz, nickte zustimmend und warf sie in den Kessel hinein. Wieder griff er in die Luft. Diesmal hielt er einen kleinen Fernseher in der Hand.

Kid sah sich selbst, wie sie mit allen Mitteln versuchte, etwas zu bekommen. Sie schlug peinlich berührt die Augen nieder. Als sie wieder zum Feuer hinübersah, warf der Rote den Fernseher gerade in den Kessel. Immer neue, tolle Sachen holte er aus der Luft und schmiß sie in den Bottich.

Sie schauten fassungslos zu, wie ihre langgehegten Wünsche und begehrten Ziele eins und einer nach dem anderen aus dem Nichts auftauchten und im Kessel verschwanden.

Im Topf blubberte und brodelte jetzt ein undefinierbares Gemisch aus schönen Dingen, geheimsten Wünschen, gewürzt mit zahlreichen gemeinen Gedanken. Blasen in schrillen Farben quollen empor, platzten und entließen einen bestialischen Gestank. Manchmal schien das Zeug zähflüssig und eklig braun zu sein, dann wieder schillerte es in leuchtenden Farben. Leichte, kleine Schaumblasen stiegen dann hoch schwebten in die Nacht hinein.

Der rote Teufel tanzte jetzt wild und ausgelassen um das Feuer herum. Plötzlich sprang er mitten in den Kessel hinein. Zumindest dachten das die zwei. Doch er fiel nicht hinein, sondern tanzte über dem brodelnden Gemisch seinen wilden Reigen weiter.

»Ach wie gut daß niemand weiß... ach wie gut, daß niemand weiß...«, begann er wieder mit seinem Singsang.

»Ach wie gut daß niemand weiß, niemand weiß, wie er sich von mir befreit, mir befreit...«, er lachte und hüpfte und sprang immer ausgelassener und schneller über die zähen braunen Blasen oder die bunt schillernden Schaumkronen, immer schneller und schneller und plötzlich tauchte er kopfüber in die widerwärtige Brühe hinein.

Im nächsten Moment explodierte das Gebräu in Abertausende und Millionen winzigster Stückchen. Wie bunt funkelnde Diamantsplitter stob es aus dem Kessel heraus, hoch in die Luft hinauf, um sich dann wie fallender Sternenregen auf alles und jeden zu legen.

Kid sah wie ein Splitter in ihren Freund hineinschoß. Er leuchtete jetzt in seinem Körper und begann, mit jedem Herzschlag größer und größer zu werden. Als er fingerlang geworden war, entdeckte sie den Teufel, der darin herumsprang und empört gegen die durchsichtigen Wände hämmerte.

Kid starrte fassungslos auf den wütenden kleine Dämon im Körper ihres Freundes. Ihr Freund guckte genauso fassungslos den an, der in ihrem tobte.

»Oh Gott«, dachte jeder bei sich, »jetzt hat er/sie sich den Teufel eingefangen. Und der wächst und wächst ...«

Kid sah sich fieberhaft um. Dort, wo die Diamantensplitter auf die Erde gefallen waren oder auf die Steine und Bäume rundum, war nichts mehr von ihnen übrig geblieben. Es war, als wären sie von der Erde, den Steinen und Pflanzen verschluckt worden. Nur in ihrem Freund schien der Splitter ein Eigenleben begonnen zu haben und immer noch weiter zu wachsen. Der Teufel in seinem Körper war jetzt schon auf Faustgröße angewachsen. Immer energischer und zorniger trommelte er gegen die durchsichtigen Wände des Diamanten.

Wie schrecklich, dachte Kid, ich muß ihm irgendwie beibringen, daß er den kleinen Mistkerl jetzt in sich hat.

Ihr Freund starrte sie noch immer sprachlos an. Dann stammelte er: »Ähhm, ... weißt du Kid ... erschrick bitte nicht ... also der kleine, rote Kerl ... du weißt schon, er ... er ist ...«

»Ich weiß schon«, versuchte Kid es ihm leichter zu machen, »ich seh’ ihn auch. Du wirst schon mit ihm fertig werden«, setzte sie tröstend hinzu.

»Wieso ich? Du mußt doch mit dem Fiesling in dir fertig werden, nicht ich!« rief ihr Freund empört.

»Wieso in mir?« Kid wurde ärgerlich. »In dir sitzt er doch und glotzt mich hämisch an.«

»Aber er sitzt doch schon in dir und lacht mich aus«, verteidigte sich ihr Freund. »Er kann doch nicht in dir und in mir gleichzeitig sein!«

Kid spürte in sich hinein. Ja, da pulsierte und funkelte etwas geheimnisvoll Anziehendes in ihr, das ihr gleichzeitig Angst einflößte. Das Bild des kleinen roten Kerls tauchte vor ihr auf. Hilflos saß er in seinem gläsernen Gefängnis und guckte grantig zu ihr auf.

»Laß mich raus!« forderte er, und stampfte mit dem Fuß auf. »Das ist ein blödes Spiel.«

»Stimmt!« sagten Kid und ihr Freund wie aus einem Mund. »Das ist ein blödes Spiel, das ihr mit uns treibt.«

»Wieso?« schrieen die zwei kleinen Teufel und plusterten sich auf, »ich bin doch nur ein Teil von dir. Ich kann doch nix dafür, wenn du mich rufst. Ich bin immer für dich da, und das ist nun der Dank dafür.« Es sah aus als würden sie gleich losheulen.

Kid und ihr Freund sahen sich an. Hatten sie das richtig verstanden?

»Wenn du nur ein Teil von mir bist, dann mußt du machen, was ich dir sage.« Kid schaute den kleinen Teufel in sich durchdringend an. »Ist dir das klar?« Ihr kleiner Teufel wurde ganz rosa vor Schreck. »Ist dir das klar?« hakte sie nach. Er nickte kleinlaut.

»Und dir?« Die Stimme ihres Freundes klang genauso nachdrücklich wie ihre eigene. Der andere Teufel zögerte eine Weile, dann nickte er ebenfalls und sackte hilflos in sich zusammen.

»O.K.«, Kid schaute angestrengt vor sich hin, »dann heiße ich dich willkommen ...«

»...als EIN Teil von mir«, setzte ihr Freund hinzu

»Und dieser Teil, wird machen, was immer ich ihm befehle«, fuhr Kid streng fort. »Du wirst klein, still und unsichtbar sein, wenn ich es will, oder mir groß, listig und mächtig zur Seite stehen, wann immer ich dich rufe. Verstanden?«

Ihr Freund nickte zustimmend und setzte hinzu: »Das verspreche ich bei allem, was mir Macht verleiht. Sprecht das laut nach!« forderte er die Teufel auf.

Die beiden zierten und wanden sich, aber Kid und ihr Freund blieben unerbittlich. Ohne dieses Versprechen keine Freiheit! Schließlich gaben die Teufel nach.

»Bei allem, was mir Macht verleiht, verspreche ich von nun an zu gehorchen, was immer mein Meister«, Kid deutete auf sich, »mir befiehlt«, sprach sie mit lauter, theatralischer Stimme noch einmal vor. Sie sah ihrem Teufel tief in die Augen, »Sprich mir das klar und deutlich nach«, forderte sie ihn noch einmal auf.

»Ich warte,« hakte sie nach einer Weile nach, »du hast nicht mehr viel Zeit!« Sie wippte ungeduldig mit ihren Fußspitzen auf und ab.

»Am Besten wir lassen sie, wo sie sind«, sagte sie zu ihrem Freund und zwinkerte ihm zu, »dann haben wir zwar nichts von ihnen, aber wenigstens können sie keinen Schaden anrichten.«

Ihr Freund grinste. Seine Augen wanderten zwischen seinem und Kids Teufel hin und her. Die hingen ziemlich geschafft in ihren engen Gefängnissen. Ihnen schien äußerst unbehaglich zumute zu sein.

Kid begann zu zählen. »Drei!« sagte sie.

»Zwei!« sagte ihr Freund. Gemeinsam sagten sie:

»Ei ...«

»Schon gut! ... Schon gut!« Kids Teufel raffte sich auf und fragte: »Wie war der Spruch noch mal?«

Kid wiederholte ihn. Dreimal ließ sie ihren Teufel den Schwur aufsagen, dann glaubte sie ihm endlich, nickte zufrieden und ließ ihn frei.

Der kleine, rote Kerl wurde schnell größer und tanzte wieder ausgelassen durch die Luft. Er strahlte Kid an und verbeugte sich spöttisch vor Kid.

»Nun, was wünscht meine Herrin von mir?« fragte er mit weichgespülter Stimme und samtigem Augenaufschlag.

»Du darfst dich jetzt zurückziehen«, erwiderte Kid kühl und hoheitsvoll. Ihre Hand wedelte durch die Luft, als wolle sie den Teufel verscheuchen. Und er verschwand tatsächlich.

Kids Freund hatte interessiert zugesehen, jetzt wandte er sich seinem eigenen Teufel zu. Genau wie Kids Teufel mußte er, bei allem, was ihn mächtig machte, schwören, seinem Herrn und Meister zu gehorchen. Schließlich verbeugte er sich vor Kids Freund und verschwand auf ein Zeichen von ihm.

Kid und ihr Freund starrten sich sprachlos an.

»Meinst du wir könnten sie wieder herbeirufen, wenn wir sie mal brauchen sollten?« flüsterte Kid. »Glaubst du, sie würden wirklich kommen? Wir haben zusammen ja auch viel Lustiges erlebt. Erinnerst du dich noch an den Streich damals in der Schule?« Kid prustete los. »Ohne den kleinen, wilden Kerl wären wir nie auf sowas gekommen.« Sie lachten jetzt beide Tränen, während sie sich an den Streich erinnerten.

»Wie hast du damals ausgesehen«, rief Kid in die stille Nacht hinein. »Zeig dich!«

Vor ihren Augen tauchte ein wilder Kobold auf. Ausgelassen fegte er um sie herum. Dazwischen flüsterte er Kid Sätze ins Ohr, auf die sie allein nie gekommen wäre. Kid lachte noch mehr.

»Schon gut«, keuchte sie nach einer Weile atemlos, »ich kann es mir jetzt lebhaft vorstellen. Ich danke dir, du kannst jetzt wieder gehen.«
Der rote Teufel verschwand.
Kid und ihr Freund fielen sich jubelnd um den Hals.
»Wir haben es geschafft!« schrieen sie dem dämmernden Morgenlicht entgegen. »Wir haben es geschafft!« riefen sie immer wieder und klopften sich gegenseitig anerkennend auf die Schulter, während sie vor Freude durch die Gegend hüpften und übermütig lachten.

Damals ahnten sie noch nicht, wie listig und geschickt die roten Teufel sein konnten, und wie oft sie noch von ihnen an der Nase herumgeführt werden würden.
Aber davon kannst du dir ja selbst genug Geschichten erzählen.

Deutung

16. Der Turm (Die Zerstörung)

Urbild	Zerstörung, Erstarrung, Fessel
Eigenschaften der Karte	spirituelle Neugeburt, Aufbrechen geistiger, seelischer und dogmatischer Verkrustungen; Heilung, plötzliche Erkenntnis, Schicksal, vom hohen Roß stürzen, große Veränderungen, Altes wird zerstört, und schafft Platz für Neues; unvorhergesehene Trennung, unerwartete, tiefgreifende Erschütterung
Gefahr	Selbstzerstörung, unnötiges Leid, unerwartete Schwierigkeiten, Engstirnigkeit, Angstzustände, Streß, Uneinsichtigkeit, sich in eigenem Gefängnis einmauern
Botschaft	Was ursprünglich einmal schützen sollte, ist zum Gefängnis geworden.
Ziel	Erstarrtes und im Leben überflüssig gewordenes ablegen; sich dem Lebendigen, Neuen, Unbekanntem öffnen.
Zur Erinnerung	Ich bin offen für belebende und befreiende Erfahrungen.

Der zerstörte Turm

Kid flog schon längere Zeit durch ödes, kahles Wüstenland, als im fahlen Mondlicht plötzlich eine riesige Kinoleinwand unter ihr auftauchte. In der dunklen Nacht leuchteten die bunten, lebhaften Farben des Films wie eine Fata Morgana im Wüstensand. Kid fühlte, wie sie unwiderstehlich zu der Leinwand hingezogen wurde.

Gleich darauf landete der Teppich inmitten einer seltsamen Menschenmenge, die sich vor der Leinwand eingefunden hatte und gebannt den Film verfolgte. Da gab es junge Leute in schicken Autos, andere saßen an ihr Pferd gekuschelt im Wüstensand oder lehnten an ihren Kamelen und Eseln.

Einige hatten sich Campingstühle mitgebracht und einige wenige sogar bequeme Sessel und Sofas.

Eine merkwürdige Spannung lag über dem Platz , eine atemlose Stille, in der die Töne und Geräusche des Films ihre Spuren hinterlassen konnten.

Der Film schien schon eine Weile zu laufen.

Gerade überquerte ein großer Zug aus Rittern mit ihren Pferden, Knechten und Packtieren eine Bergkette. Die Ritter und ihr Gefolge sahen abgekämpft, hungrig und müde aus. Ihre zerbeulten Rüstungen und schartigen Schwerter erzählten auf ihre Art von den Kämpfen und Entbehrungen, die hinter den Männern liegen mußten.

Mitten in dem großen Treck, der sich durch dichte Wälder und über schlammige Wege schleppte, leuchteten immer wieder bunte Farben auf. Farben und Muster, die von heißen, sonnenverwöhnten Ländern des Südens erzählten, von Eroberungen und reicher Beute.

Die Ritter schienen nach einem erfolgreichen Kampf auf dem Heimweg zu sein.

Endlich fuhr die Kamera näher heran. Hinter den Rittern zockelten schwer mit Kisten und vielfarbigen Teppichen beladene Pferde her. Dazwischen ritten einige Männer und Frauen in farbenprächtigen orientalischen Gewändern. Wie exotische Blumen leuchteten sie vor dem dunklen Grün des Waldes.

An der Spitze der bunten Karawane ritt eine junge Frau. Offensichtlich gehörten ihr die Schätze und Kostbarkeiten, denn ihre Kleider waren noch reicher bestickt und mit Juwelen geschmückt, als die aller anderen. Neben ihr ritt ein alter Mann. Beide unterhielten sich lebhaft.

»So habe ich mir dieses Land nicht vorgestellt«, sagte sie gerade und zog fröstelnd die Schultern hoch. »So kalt und naß - und düster«, fügte sie mit einem ängstlichen Blick in den dichten Wald hinzu. »Ich sehne mich so nach der heißen Sonne, nach meiner Familie und den Basarbesuchen am Abend.« Sie seufzte. »In diesem barbarischen Land scheint es nichts davon zu geben.«

Der alte Mann neben ihr nickte nachdenklich. »Wer dem Ruf seines Schicksals folgt oder der Stimme seines Herzens«, fügte er mit einem Seitenblick zu ihr hinzu, »der sollte auf Unvorhergesehenes gefaßt sein.«

Die junge Frau machte gerade den Mund auf, um etwas zu erwidern, als ihre Augen zu leuchten begannen und eine leichte Röte ihr Gesicht überzog, die es weich und noch schöner werden ließ.

Ein junger Ritter preschte heran und zügelte sein Pferd vor ihr. Wie verzauberte starrte er sie einen Moment an, dann beugte er sich über ihre Hand und küßte sie wortlos und mit tiefster Inbrunst.

Als sie sich anschließend in die Augen schauten, schien alles um sie herum zu versinken. Die ganze Welt lag in den Augen des anderen verborgen …

Der alte Mann beobachtete die Beiden einen Moment lang, dann lächelte er und ritt weiter.

Bald begannen immer mehr Ritter sich zu verabschieden. Einzeln oder in kleinen Gruppen ritten sie mit ihrem Anteil der Beute davon. Dorthin, wo ihre heimatlichen Burgen lagen, die sie seit vielen, vielen Jahren nicht mehr gesehen hatten.

Schließlich verabschiedete sich auch der junge Ritter von dem Rest seiner Kampfgefährten und zog mit seiner bunt beladenen Karawane der heimatlichen Burg entgegen.

Schon bald erkannten die Leute in ihm den jungen Herren wieder, der vor Jahren ausgezogen war, das Heilige Land zurückzuerobern. Wie ein Lauffeuer verbreitete sich die Nachricht von seiner Rückkehr und den kostbaren Schätzen und seltsamen Menschen, die er mitbrachte.

Als sie endlich im Burghof ankamen, waren bereits alle Vorbereitungen zu einem festlichen Empfang getroffen, und die ganze Hofgesellschaft stand Spalier, um den jungen, schon für tot gehaltenen Prinzen gebührend zu begrüßen und zu feiern.

Zuerst ließ sich auch alles ganz gut an. Mit staunenden Augen und ungläubigen Gesichtern sahen die Gäste zu, wie eine kostbare Truhe nach der anderen in den festlich hergerichteten Saal getragen wurde. Schnell füllte sich die große Halle der alten Burg mit kostbaren Teppichen, schillernden Brokatstoffen und fremdartigen Dingen von nie gesehener Pracht. Die Leute rissen die Augen auf und befühlten vorsichtig die feinen Stoffe und die kostbaren Truhen mit ihrem seltsamen Inhalt.

Inmitten des ganzen Durcheinanders saß die arabische Prinzessin und fühlte sich schrecklich einsam. Sie verstand kein Wort von dem, was die Menschen um sie herum einander zuriefen und warum sie lachten und auf sie und ihre Dienerinnen zeigten. Sie fühlte sich äußerst unbehaglich.

218

Der einzige Grund, weshalb sie jetzt hier in diesem düsteren, kalten Saal saß, der junge Ritter, schien sie völlig vergessen zu haben. Seine Augen glänzten fiebrig, und er redete und lachte gleichzeitig, während er immer neue Menschen umarmte, mit ihnen anstieß und neue Geschichten und Abenteuer zu erzählen begann. Plötzlich begriff sie, daß er wieder nach Hause gefunden hatte, während sie endgültig in der Fremde angekommen war.

Stolz richtete sie sich auf und ließ ihren Blick durch den rußgeschwärzten Raum gleiten. Wie düster und einfach er gegen die hellen, lichtdurchfluteten Säle im Palast ihres Vaters wirkte. Sie erinnerte sich an die reich verzierten Fenster und Türen, die den heißen Wüstenwind abhielten, und an die bunt bemalten Wände und wundervollen Mosaikböden. Sie sah ihre Schwestern und Tanten in schattigen Innenhöfen beieinandersitzen und plaudern, und Schalen voller herrlicher Köstlichkeiten naschen, die sie seit Monaten nicht mehr gegessen hatte. Sie dachte an das geschäftige Treiben in ihrer Heimatstadt und - die Tränen stiegen ihr in die Augen - an das weite, heiße Land, aus dem sie stammte. Und das sie wahrscheinlich nie wiedersehen würde.

Hier der Halle hingen Schwerter und Säbel an den Wänden. Und, sie schüttelte sich vor Ekel und Abscheu, Köpfe von Hirschen mit riesigen Geweihen und sogar schwarze Schweinsköpfe glotzten todesstumpf von der Wand auf sie herunter. Durch die kleinen Fenster in den dicken Mauern fegte ein kalter, nasser Wind.

Trotzig hob die Araberin ihr Kinn und starrte herausfordernd den gaffenden Leuten ins Gesicht.

Gerade hob ihr alter Lehrer und treuer Begleiter einige ledergebundenen Bücher aus einem der Kästen und zeigte sie herum. Die

Leute wichen ehrfurchtsvoll vor den kunstvoll bemalten Seiten zurück, so als befürchteten sie, von den Bildern und Zeichen in eine fremde Welt gebannt zu werden.

Die Prinzessin lächelte hochnäsig. Sie kannte diese Wirkung. All die Ungebildeten, die nicht lesen und schreiben konnten, sprachen so auf Bücher an: Ängstlich und unsicher, als würden allein durch das Hinsehen schon magische Zauberformeln über sie gesprochen werden.

Ihr Lehrer versuchte holprig etwas zu erklären; im Laufe der langen Reise hatte er so viel wie möglich von dieser rauhen, barbarischen Sprache gelernt, jetzt konnte er sich schon einigermaßen verständlich machen.

Die Prinzessin hatte es vorgezogen, nur mit ihren Dienerinnen zu reden und sich mit dem Wenigen begnügt, das der junge Ritter in ihrer Sprache zu sagen gelernt hatte. Jetzt saß sie inmitten eines fremdartigen Stimmengewirrs und fühlte sich unverstanden und ausgeschlossen und einsam wie nie zuvor in ihrem Leben.

Die schillernden Seidenstoffe und kostbaren Teppiche, all die wundervollen, edelsteinverzierten Schalen und Becher wirkten in diesem finsteren Gemäuer stumpf und glanzlos und seltsam fehl am Platz. Genau wie sie und ihr kleiner Hofstaat in ihren leuchtenden Kleidern mit den Pluderhosen und Turbanen.

Wieder stiegen ihr die Tränen in die Augen, während sie sich noch etwas gerader hinsetzte und das Kinn noch ein wenig vorschob. Sie würde sich nicht anmerken lassen, wie ihr zumute war. Sie war eine arabische Prinzessin und dazu erzogen, stolz und tapfer zu sein.

Sie zwang sich zu lächeln, während sie mit weinendem Herzen ihre Umgebung genauer betrachtete.

Lange roh gezimmerte Tische und Bänke waren entlang der Wände aufgestellt worden und bogen sich unter Schüsseln und Schalen voller merkwürdiger Dinge. Das meiste davon hatte sie noch nie gesehen.

Mitten auf dem schmutzigen Fußboden vor den Tischen hatte man sie, umringt von ihrer Dienerschar, hinplaziert, und um sie herum türmten sich ihre Truhen voller Juwelen und Kostbarkeiten, wie Erinnerungen an ein anderes Leben.

Fremde Männer und Frauen starrten sie an und zupften an ihren Sachen herum oder nahmen sie prüfend in ihre schwieligen Hände. Sie kam sich vor, wie ein neues, seltenes Tier im Garten des Sultans, wenn das Volk herbeiströmte um es anzugaffen.

Sie blickte hinüber zu dem jungen Ritter. Zum ersten Mal, seit sie ihre lange und beschwerliche Reise angetreten hatte, fragte sie sich, ob sie ihm auch gefolgt wäre, wenn sie geahnt hätte, wie kalt und anders sein Land war. Vielleicht begann sie deshalb die derbe Fröhlichkeit und rauhen Sitten ihrer neuen Heimat zu verachten und an ihrer Liebe zu zweifeln.

Der junge Ritter gewöhnte sich schnell wieder ein. Mit seinem Vater und den Bauern aus den umliegenden Dörfern ritt er über die Felder und in die Wälder, er traf sich mit Nachbarn zu Treibjagden und frischte mit ihnen danach alte Erinnerungen auf. Abends besuchte er seine arabische Prinzessin und ließ sich von ihrer süßen Stimme und mit mancherlei anderen Dingen verwöhnen. Sehr zum Mißfallen seiner Mutter, die ganz andere Pläne mit ihm hatte.

Nachdem man die fremde Prinzessin einige Wochen lang angestaunt und ihre seltsamen Sachen und wundervollen Teppiche genug bewundert hatte, verlor sie schnell an Anziehungskraft.

Fremd, stumm und mit abweisendem Gesicht saß sie mit den Barbaren, wie sie die Burgbewohner bei sich nannte, am Tisch. Mit gequälter Miene hockte sie bei ihnen am Feuer, und ungeschickt versuchte sie sich an den abendlichen Handarbeiten zu beteiligen. Meistens aber wanderte sie unruhig und mit angewidertem Gesicht durch die schmutzige, enge Burg. Man sah ihr an, wie hochmütig sie alles um sich herum betrachtete, aber auch, wie unglücklich sie sich fühlte.

Als würde sie damit ihre kostbarsten Erinnerungen verraten, weigerte sie sich, die fremde Sprache zu lernen oder fremde Sitten anzunehmen. Man begann, sie für eingebildet zu halten und flüsterte, sie sei eine morgenländische Hexe, die mit ihren magischen Sprüchen den armen jungen Herrn verzaubert hatte. Jeder wußte doch, daß nur Priester in Büchern lesen durften und das auch nur an besonderen Tagen. Und diese junge Frau hatte Büchern mit geheimnisvollen Zeichen und Bildern von Pflanzen und Tieren mitgebracht, die kein Mensch zuvor gesehen hatte. Nur dem jungen Herrn zuliebe jagte man sie nicht davon.

Bald zog die junge Frau sich immer weiter zurück. Sie weinte und klagte, und obwohl ihre Dienerinnen sie auf alle möglichen Arten zu trösten versuchten, wurde ihre Herrin immer trauriger und blasser. Der junge Ritter und ihr alter Lehrer mußten hilflos zusehen, wie ihre einst strahlenden Augen immer stumpfer und glanzloser wurden.

Auf einem ihrer wenigen Ausflüge in die Umgebung entdeckte die Fremde, wie sie jetzt von allen genannt wurde, den halbzerfallene Burgfried hoch oben auf einem steilen Felsen. Der Turm erinnerte sie an ihre Heimat und so bat sie darum, sich dort einrichten zu dürfen.

Sie ließ den Turm auf arabische Art ausbauen und mit Bogenfenstern und Mosaiken ausstatten. Als schließlich ihre Teppiche und Kästen im Turmzimmer standen, und würziges Räucherwerk in Schalen dampfte, setzte sie sich lächelnd ans Fenster und blickte über die Burg und das grüne Land unter sich hinweg, direkt in das heiße Land ihrer Sehnsucht hinein. Weit, weit hinter dem Horizont.

Von nun an verließ sie ihr Turmzimmer nur noch selten. Inmitten ihrer kostbaren Erinnerungsstücke verbrachte sie die Tage am Fenster sitzend und vor sich hin träumend. Oder sie saß über ihren Büchern und las wieder und wieder die Gedichte und Geschichten ihres Landes und wieder und wieder ließ sie sich von der Vergangenheit einspinnen und vergaß, wo sie wirklich war. Oft ließ sie sich auch von ihren Dienerinnen wehmütige, altvertraute Lieder vorsingen, und an solchen Tagen hielten die Menschen inne und ließen sich von den traurigen, fremdartigen Melodien verzaubern, die der Wind in den Süden trug.

Der junge Herr besuchte seine Geliebte noch immer gern, doch weil ihre beiden Welten immer weiter voneinander abdrifteten wurden, fanden sie stetig weniger, was sie teilen konnten. Bald saß die junge Arabecherin nur noch verträumt lächelnd neben ihm, während er in Gedanken ganz woanders war.

Besorgt beobachteten ihre Dienerinnen und der alte Mann, wie ihre einst fröhliche und lebenslustige Herrin immer stiller und trauriger wurden. Der weise Lehrer versuchte, sie für ihre neue Heimat zu interessieren. Voller Begeisterung erzählte er ihr von all den neuen Dingen, die es hier zu entdecken gab, aber die Prinzessin lächelte nur wehmütig und starrte weiterhin aus dem Fenster. Sie schien ihm gar nicht zuzuhören.

Schließlich konnte eine alte, der Prinzessin treu ergebene Dienerin den traurigen Anblick nicht länger ertragen. Eines Abends, ihre Herrin saß wieder einmal tränenüberströmt am Fenster und starrte sehnsüchtig in die Ferne, flüsterte sie: »Höre, geliebteste Herrin, einst diente ich eine Weile bei einer berühmten Zauberin und die einfachsten Künste beherrsche ich noch. Sag mir, schönste aller Wüstenblumen, wie kann ich dich wieder fröhlich und glücklich machen?«

Die Prinzessin schien sie gar nicht gehört zu haben, sie starrte weiter aus dem Fenster und schluchzte leise vor sich hin. Die alte Dienerin stand eine Weile schweigend da und schien in sich hineinzuhören, dann begann sie leise vor sich hinzumurmeln und mit beschwörenden Gesten das Zimmer zu umkreisen. Sie warf eine Handvoll Pulver und Kräuter in eine Schale und zündete sie an, während sie die Prinzessin nicht aus den Augen ließ.

Der Duft orientalischer Wohlgerüche breitete sich im Raum aus, aber anders als sonst brachte er diesmal schattenhafte Figuren aus der Vergangenheit mit.

Sie schwebten zunächst schemenhaft und blaß durch das Turmzimmer, als müßten sie sich mit der Umgebung vertraut machen, dann ließen sie sich auf den dicken, weichen Teppichen nieder. In dem eben noch stillen Raum kicherten und wisperten jetzt viele heitere Stimmen untermalt von fröhlicher Musik

Die Prinzessin hörte auf zu schluchzen und drehte sich langsam um. Ungläubig starrte sie auf die durchsichtigen Gestalten auf ihren Teppichen. Doch je länger sie hinsah, desto deutlicher wurden die Schemen und bald saßen all die Menschen, nach denen sie sich so sehr gesehnt hatte, um sie herum. Sie wurde umarmt, mit Fragen bestürmt, geneckt und gestreichelt und endlich war es wieder so, wie sie es sich so sehnsüchtig gewünscht hatte. Doch nach einer Weile verblaßten die Gäste wieder, und zurück blieb eine noch einsamere Prinzessin, stumm und unverstanden in einem kalten, fremden Land.

Sie bestürmte die alte Dienerin ihr mehr von den Zauberkünsten zu zeigen und bald überflügelte sie ihre alte Lehrerin in allerlei magischen Fertigkeiten. Wie besessen versuchte sie, immer neue Erinnerungen wachzurufen und immer längere Zeiten in diesem magischen Reich zu bleiben.

Sie lebte jetzt nur noch in ihrer verlorenen Kindheit und Jugend, und beschwor unablässig die alten, längst vergangenen Zeiten herbei. Im Schutz der mächtigen Turmmauern verfluchte sie das grüne, fremde Land zu ihren Füßen und all die Dinge, die sie daran hinderten glücklich zu werden.

Sie begann bitter und gehässig zu werden, und obwohl der junge Prinz sie noch immer liebte, kam er nur noch selten vorbei. Die Araberin bemerkte es kaum.

Als der erste Schnee des Jahres in großen, dichten Flocken über die Hügel wehte, rannte sie auf den Söller hinauf und tanzte entrückt im Schneegestöber.

»Seht nur«, rief sie ihren erschrockenen Dienerinnen zu, »seht nur wie der Frühlingswind die Mandelblütenblätter umherwirbelt und ihren Duft herüberträgt. Kommt laßt uns singen und fröhlich sein.«

Sie lachte und tanzte auf der kalten Turmspitze herum und die alte Dienerin fragte sich nicht zum ersten Mal, ob es richtig gewesen war, das Alte, längst Vergangene wieder zum Leben zu erwecken, anstatt der Prinzessin zu helfen, sich mit ihrer neuen Heimat anzufreunden.

Doch das Schicksal der Prinzessin ließ sich nicht mehr abwenden. Tag und Nacht saß sie nun über ihren Büchern und studierte und experimentierte mit immer mächtigeren und größeren Kräften herum.

Bis zu jener Nacht, in der sich schlagartig ihr ganzes Leben veränderte.

Wieder einmal hockte sie über ihren Schalen und Büchern und murmelte geheimnisvolle Bannsprüche vor sich hin, als plötzlich ein greller Blitz durch den Turm raste und um sie herum die dicken Mauern mit ohrenbetäubendem Lärm barsten und Balken splitterten. An viel mehr konnte sie sich später nicht mehr erinnern.

Als sie wieder zu sich kam, saß sie am Fuß des Felsens. Der junge Prinz hielt sie in den Armen und sprach tröstend auf sie ein. Um sie herum standen Leute und schauten besorgt auf sie nieder, während andere zu den rauchenden Trümmern hinaufstarrten.

Einige schworen, der Blitz wäre plötzlich aus den schwarzen Wolken niedergesaust, andere wollten gesehen haben, daß es im Turm eine Explosion gegeben habe.

Von all dem sah und hörte die Fremde nichts. Sie starrte fassungslos zu der qualmenden Resten ihrer Welt hinauf, während sie immer wieder ungläubig ihren Kopf schüttelte.

Alles was sie besaß, all ihre Erinnerungstücke und Schätze, all das, was sie so dringend zum Leben brauchte, lag dort oben unter Schutt und Asche begraben. Unwiederbringlich verloren und vorbei. Nur langsam dämmerte ihr das ganze Ausmaß der Katastrophe.

Tränenlos und wie versteinert starrte sie stumm zu dem noch schwelenden Turm hinauf. Erst als man die Leichen ihrer Dienerinnen brachte und vor ihr niederlegte, brach der aufgestaute Strom aus hoffnungsloser Verzweiflung, Angst, Selbstmitleid und Hochmut endlich durch und riß all das hinweg, woran sie sich bisher geklammert hatte.

Weinend warf sie sich auf den Boden und schrie ihr ganzes Leid und Elend in das Land hinaus.

Später, als sie all ihre Tränen längst geweint hatte und nur noch stumm vor sich hinstarrte, spürte sie, wie zwei forschende Augen sie unverwandt ansahen. Ihr alter Lehrmeister stand schweigend und mit ernstem Gesicht vor ihr. Seine wachen, unbestechlichen Augen, schienen mitten in ihr Herz zu blicken.

Wieder starrte die unglückliche junge Frau zu dem qualmenden Trümmerhaufen hinauf, den eine größere Macht als ihre eigene hinterlassen hatte.

Gerade wollte sie gebrochenen Herzens ihre Augenlider senken und für immer in Trauer versinken, als der Alte eine weit ausholende Handbewegung machte. Unwillkürlich folgten ihre Augen der Bewegung. Genau dort, wo die Fingerspitzen des Alten in der Luft stehenblieben, leuchteten die rotbraunen Dächer der Burg in der warmen Morgensonne. Winzige Tauperlen lagen auf den uralten Bäumen am Ufer des Burggrabens und funkelten und glitzerten wie Abertausende von Juwelen unter dem klaren, blauen Himmel. Vogelschwärme stiegen laut zwitschernd auf, nur um wenig später wieder auf den Feldern und Wiesen zu landen, während die Sonne all- mählich immer höher stieg.

Noch einmal schaute die Prinzessin zu dem zerstörten Turm hinauf und dann wieder zur Burg - sie hatte verstanden.

Mit ernstem Gesicht wandte sie sich dem alten Mann zu und nickte. Langsam und feierlich schritt er auf sie zu und legte segnend seine Hände auf ihren Kopf. Dann drehte er sich um und begrüßte den neuen Morgen.

Mit rotgeweinten Augen aber klarem Blick und erhobenem Kopf stand die Frau hinter ihm. Sie spürte wie der Prinz und sein Volk sie von der Seite ansahen, so als würden sie auf etwas warten.

Langsam drehte sie sich zu ihnen um und schaute jedem ins Gesicht. Ja, sie hatte verstanden.

Die Lichter auf der Leinwand erloschen. Kid lehnte sich zurück und schaute nachdenklich in den unendlichen Sternenhimmel über sich.

›Komisch‹, dachte sie, ›warum gerade dieser Film, und warum gerade jetzt?‹

Deutung

17. Die Sternenfrau (Der Stern)

Urbild   Hoffnung, Leitstern

Eigenschaften
der Karte   Mensch und Natur in Harmonie, Hoffnung, Glaube, Inspiration, Selbsterkenntnis, Selbstvertrauen, Ausstrahlung, klare Visionen, Lebensfreude, Optimismus, Liebe, tiefe Einsicht und Weisheit, Fülle

Gefahr   Engstirnigkeit, Zweifel, Angst, Zerstörung bestehender Harmonie, Leichtgläubigkeit, Wankelmut, Selbstaufgabe, Luftschlösser

Botschaft   Deine Hoffnung ist dein Leitstern. Folge ihm vertrauensvoll in die Zukunft.

Ziel   Vertrauen und Einsicht in eine höhere Ordnung gewinnen.

Zur Erinnerung   Mein Leben steht unter einem guten Stern.

Ein Weg aus Diamanten und Sternenstaub

Einmal, vor langer, langer Zeit, die jetzt vorbei ist und bald wiederkehren wird, lag Kid unter einem sternenübersäten, samtschwarzen Himmel und träumte in die dunkle Nacht hinein.

Die spitzen, langen Grashalme über ihrem Gesicht wogten im Wind sanft hin und her, hin und her wogten die Gräser vor dem dunklen Sternenmeer, während Kid die warme, weiche Erde unter ihrem Rücken fühlte.

»Als würden die Grashalme kopfunter im Wasser hängen, und sich in der Strömung sanft hin und her wiegen«, dachte Kid.

Im nächsten Augenblick sah sie eine Comic-Zeichnung vor ihrem inneren Auge, auf der die Erde im Weltraum schwebte und sich drehte. Sie selbst hing wie festgeklebt an der Wiese und bewegte sich mit der Erde durchs All.

»Komisch«, sagte sie zu sich »weshalb falle ich eigentlich nicht von der Erde 'runter? Wieso bleibe ich an der Erde hängen und falle nicht einfach ins Sternenmeer hinein?«

Sie breitete die Arme aus und wedelte ein paarmal mit ihnen durch die Luft, als wolle sie in die funkelnde Milchstraße dort draußen hineinfliegen.

Es wäre ihr irgendwie logischer erschienen, wenn sie einfach hinausgestürzt wäre. Aber seltsamerweise fielen ihre Arme nach einer Weile müde und bleischwer wieder ins Gras zurück. Was zog die Dinge eigentlich immer wieder zur Erde zurück? Was für eine geheimnisvolle Kraft hielt die Dinge auf der Erdoberfläche fest?

Felsen, Häuser und Bäume waren fest im Boden verwurzelt und konnten nicht hinausfallen. Das war klar. Aber was ließ die Wassermassen der Ozeane an der Erde festhalten? Warum stürzten Tiere und Menschen nicht von der Erde herunter? Und was ließ Steine, zerbrechliche Dinge und selbst Vögel, unweigerlich wieder zur Erde zurückfallen?

Sie hatten zwar einen Namen für diese Kraft, wußten, wie sie wirkte, aber erklären konnten sie sie nicht.

Gab es einen seltsamen Magneten, der Menschen und andere Dinge anzog und dem man nicht entkommen konnte?

Außer man stieg in ein Raumschiff und katapultierte sich weit genug hinaus. Dann allerdings war man jenseits dieser seltsamen Anziehungskraft.

Kid konzentrierte sich wieder auf die Milchstraße weit über ihr. Im blauen All schwammen die Sterne wie Fische im Meer. Da schien ein Krebs unterwegs zu sein, dort ein Wassermann mit seinem schillernden Gefolge geruhsam durch die Ewigkeit zu ziehen. Ein junger Gott brauste pfeilschnell quer über den Himmel und zog einen feurigen Schweif hinter sich her. Obwohl zwischen den einzelnen Planeten und Sternen unendlich viel Platz zu sein schien, glühten Milliarden von ihnen rundum im Universum auf.

Plötzlich spürte Kid, wie ein Teil von ihr die Schwerkraft einfach hinter sich ließ und hinaus in die unendliche Weite des Alls flog - völlig schwerelos und außerhalb von Raum und Zeit, schwebte sie weiter und weiter hinaus, trieb tiefer und tiefer hinein in die stille Unendlichkeit. Wie von einer unsichtbaren Wolke getragen, flog sie hinaus, der schimmernden, leuchtenden Gestalt einer Frau entgegen, die am Rande der Milchstraße auf sie wartete. Mitten hinein in eine Galaxie aus Milliarden von Sternen, die mit Milliarden anderer Galaxien langsam umeinander kreisten, sich ausdehnten und ... Ja was dann?

Je weiter die Erde hinter ihr zurückblieb, desto leichter und freier fühlte sie sich werden. Sie spürte, wie ihre Muskeln weicher wurden und sie immer tiefer und tiefer ein- und wieder ausatmen konnte. So als wäre ein großer unsichtbarer Druck von ihren Schultern gefallen.

Es war als ob alles Schwere und Unangenehme mit ihrem Körper an der Erde hängen geblieben wäre, so daß sie nun völlig unbeschwert in die Grenzenlosigkeit des Raums hinaussegeln konnte.

Mit jedem Mal ausatmen, mit jedem Stückchen, das sie an Raum gewann, wurden ihre Gedanken ruhiger und immer ruhiger und ihre Erinnerungen wurden blasser und blasser, bis ihre Augen nur noch das leuchtende Bild der Sternenfrau vor sich sahen, von der sie sich auf so geheimnisvolle Weise angezogen fühlte.

Jetzt, als sie immer näher kam, konnte sie die schimmernde Gestalt aus lauter Sternen deutlicher erkennen. Gerade beugte sie sich nach vorne, um in einem glitzernden See aus winzigen Sternensplittern ihre langen Haare zu waschen. Als sie sich wieder aufrichtete und ihre nassen Haare schüttelte, sprühten Abertausende funkelnder Sternensplitter durch die dunkle Nacht. Ein Feuerwerk aus fliegendem Sternenlicht verzauberte für einen Moment das ganze Universum.

»Wunderschön!« Kid war tief beeindruckt von so viel Schönheit und Anmut.

Die Sternenfrau lächelte ihr zu, und schöpfte mit einem Krug Wasser aus dem schillernden See.

»Hier«, sagte sie mit einer angenehm tiefen Stimme und reichte den vollen Krug zu Kid hinüber, »trink vom Wasser des Lebens. Es wird genau das Richtige sein, damit du voll und ganz all das erleben kannst, was es hier für dich zu entdecken gibt.«

Kid nahm den Krug entgegen und trank daraus in tiefen, durstigen Zügen. Das Wasser schmeckte wunderbar süß und wirkte sehr belebend. Sie spürte wie es durch sie hindurchströmte und jede Zelle ihres Körpers mit neuer Lebenskraft erfüllte. Sie fühlte sich stark und immer klarer werden, und mit sonderbarer Sicherheit wußte sie, daß sie unsterblich war; ein Teil des großen Stroms, der von Ewigkeit zu Ewigkeit fließt, ohne Anfang, ohne Ende.

Ziemlich bald, jetzt, hatte sie das seltsame Gefühl, als ob sie keinen Körper mehr hätte, nur noch Seele wäre. Ein körperloses Wesen, das jenseits von Zeit und Raum schwebt. Frei, ungebunden, losgelöst.

Kid fühlte, wie sie im Uferlosen auf der anderen Seite der Zeit dahintrieb und immer ruhiger und gelassener wurde in der endlosen Weite des Universums. Sie nahm die unbegreiflich riesigen Sonnensysteme um sich herum wahr und die Milliarden von Jahre, die sie schon existierten.

Ihr Leben war nur noch ein kleines Rinnsal in der unendlichen Ewigkeit.

Und doch war es genau das, was mehr zählte als alle Galaxien, alle Ewigkeiten zusammen. Ihr eigenes kurzes Leben, das sich in Bruchteilen einer kosmischen Sekunde entfaltete und wieder verging. Genau um dieses kurze, einzigartige Leben ging es ihr. Es war das, was ihr in diesem Universum am meisten bedeutete und das Vertrauteste für sie war.

Die Sternenfrau nahm den Krug aus Kids Händen und goß den Rest zurück in den See. Sie nickte Kid anerkennend zu.

»Das hast du schnell erkannt«, sagte sie.

»Viele glauben ziemlich lange, das Wesentliche läge irgendwo weit draußen im Weltall. Da? Die wirklich wichtigen Dinge in ihnen selbst verborgen liegen könnten, darauf kommen sie gar nicht.«

Sie schwieg einen Moment. »Allerdings ist es auch wieder nicht so, daß die wichtigen, wesentlichen Dinge nur in uns stattfinden. Da draußen«, sie wies voller Ehrfurcht in die weite Ferne hinaus, »geschieht Unbegreifliches. Niemand von uns weiß, wie das Ganze wirklich zusammenhängt.«

»Du siehst«, sagte sie und schmunzelte, »wir wissen beide nicht sehr viel. Jeder auf seine Art. Irgendein Geheimnis bleibt immer. Obwohl du bereits viele Dinge weißt, ohne je zu wissen, daß du sie schon immer gewußt hast.«

»Was machst du hier?« fragte Kid neugierig und schaute sich die Sternenfrau noch etwas genauer an. Sie schien eigenartig alterslos zu sein, obwohl sie manchmal eher wie eine alte Frau wirkte, bewegte sie sich im nächsten Moment wie ein unbekümmertes, junges Mädchen und sah auch so aus.

»In diesem Abschnitt des Universums«, sagte sie und umfaßte mit einer anmutigen Handbewegung ihre Umgebung, »hüte ich den Strom der Zeit.«

»Du hütest die Zeit?« Kid schüttelte verwirrt den Kopf.

Die Sternenfrau wiegte unschlüssig ihren Kopf hin und her.

Sie sah nachdenklich in das dunkle Nichts um sie herum, und meinte dann: »So kann man das nicht sagen. Die Zeit als Zeit kann man nicht hüten. Aber darüber, wie jeder Einzelne seine Zeit erlebt und sie sich vorstellt und was er damit macht.«

»Hast du dir schon einmal überlegt was Zeit eigentlich ist?« fragte sie Kid.

Kid starrte vor sich hin. Was war Zeit? Zeit war einfach Stunden, Tage, Jahre auf einer Uhr oder einem Kalender. Und Erinnerungen an Geburtstage und andere, aus irgendeinem Grund wichtigen Tage.

»Genau«, die Sterne, aus denen die Frau bestand, glitzerten in der Nacht, »wir speichern Zeit wie eine Kette von Erinnerungen ab. Wir reihen Erinnerung an Erinnerung bis wir eine Abfolge von Ereignissen haben. Gute und schlechte Erfahrungen, wichtige Erlebnisse und besondere Tage. Bilder und Gefühle von Zeiten, die uns aus irgendeinem Grund wichtig geworden sind. Im großen Fluß der Zeit bahnst du dir deinen eigenen Weg, indem du Erinnerungen speicherst und aneinanderhängst. Und je älter du wirst, desto länger wird die Linie, die du hinter dir läßt. Und irgendwann hast du genug Erfahrungen gesammelt, genug um dir ein Bild davon zu machen, wie dein weiteres Leben aussehen soll.

Stell dir vor, du schwebst über deiner Lebenslinie. Von deiner Geburt bis zu deinem Tod, siehst du ein Band, eine Art Zeitlinie, auf der du Vergangenheit, Gegenwart und Zukunft unterscheiden kannst. Wie sonst solltest du wissen, ob du heute schon gefrühstückt hast, oder ob du deinen zehnten Geburtstag noch vor oder schon hinter dir hast?

»Hättest du Lust deine eigene Lebensbahn in der Unendlichkeit der Zeit zu entdecken?« fragte die Sternenfrau nach einer Weile.

Kid nickte.

»O.K.«, sagte die Sternenfrau mit einer Stimme, die jetzt viel dunkler klang, »dann möchte ich, daß du dich jetzt an deinen letzten Geburtstag erinnerst.«

Sie wartete einen kleinen Moment, bis Kid sich an ihren Geburtstag erinnerte und fuhr dann fort: »Und jetzt erinnerst du dich an deinen Geburtstag ein Jahr davor, und dann an den Geburtstag im Jahr davor - bis zurück zu deiner Geburt, erinnerst du dich an all deine Geburtstage. Und auch wenn du dich nicht mehr genau an jeden einzelnen erinnern kannst, so weißt du doch in etwa wann und wo auf deiner Zeitlinie sie liegen.«

Kid drehte automatisch den Kopf und sah in die Richtung, in der ihre Erinnerungen in der Zeit begannen.

»Und jetzt verbinde all diese Erinnerungen mit einer Linie«, fuhr die sanfte Stimme fort, »wie Perlen auf einer Schnur reihen sich all deine

Geburtstage und andere Erlebnisse, die dir vielleicht auch gerade eingefallen sind, aneinander. Den Moment deiner Geburt und den Augenblick jetzt verbindet eine Linie, ein Band, ein Weg, eine Lichtbahn, was auch immer.

Und diese Bahn hört nicht hier und jetzt, in diesem Moment auf, sondern läuft weiter in die Zukunft hinein. Dorthin, wo in einem Jahr dein Geburtstag sein wird, oder in fünf Jahren. Und noch weiter in deiner Zukunft liegen all die anderen Geburtstage, die du auch noch erleben wirst.

Und ich frage mich, ob du eine genaue Vorstellung davon hast, wie deine Lebensbahn aussieht, und woraus sie besteht.

Stell dir vor, du schaust genau von diesem Augenblick, von diesem Ort aus, auf deiner Lebensbahn weiter, hinein in deine eigene Zukunft. Wie sieht dein Lebensweg aus? Ist er ein buntes Band, ein staubiger Feldweg, oder eher eine schillernde Prachtstraße mit jubelnden Leuten rechts und links? Vielleicht erscheint dir dein Lebensweg auch steinig und mühsam, vielleicht aber auch als heiterer Spaziergang durch einen fruchtbaren Garten voller Geheimnisse.

Nimm einfach nur voll und ganz wahr, wie du dir deine ganz eigene Lebensbahn vorstellst, auf der du dich bewegst. Auf der du zwischen Geburt und Tod unterwegs bist, mitten im unendlichen Fluß der Zeit.

Welche Farbe hat deine Lebensbahn? Ist sie einfarbig oder schwarzweiß? Vielleicht schillert sie auch in allen möglichen Farben. Und welche Form hat sie? Ist es eher eine gerade Linie, die von hinten nach vorne läuft? Oder vielleicht eine Art Hufeisen, das vor dir liegt? Macht sie in einem Bogen, oder verändert sie irgendwo ihre Farbe?

Laß dich einfach überraschen. Vielleicht von Bildern, die auftauchen, von Farben oder Tönen, vielleicht ist es auch eher ein Gefühl. Was auch immer es ist, es ist genau richtig für dich, um wahrzunehmen, wie deine Lebensbahn bisher aussieht.

Und niemand außer dir kann wissen, ob deine Lebenslinie schmal und unscheinbar durch die Zeit läuft, oder sich eher breit hindurchwälzt, ob sie glatt dahinfließt oder Kurven schlägt und sich wellt.

Und niemand außer dir kann wissen, wie es sich anfühlt, wenn du deine Gedanken in die Vergangenheit schweifen läßt oder vorwärts in eine neue, noch unbekannte Zukunft hinein.«

Die Sternenfrau schwieg lange Zeit, während Kid ihren Gedanken nachhing.

»Und wenn du jetzt zurückschaust, kannst du all die schönen Zeiten sehen, all die wundervollen Momente in deinem Leben, in denen du glücklich warst, ganz erfüllt von tiefer Freude und inniger Liebe. In denen du dankbar warst für das Geschenk deines Lebens, und es aus vollem Herzen genossen hast.

Und wie ein kleines Kind auf eine Wiese geht und Blumen sammelt, kannst du jetzt Momente des Glücks aus deinem Leben sammeln. Momente, in denen du selig warst, weil langgehegte Träume endlich in Erfüllung gingen. Momente großer Freude oder tiefer Dankbarkeit. Du findest Zeiten verspielter Heiterkeit und Momente voller Zärtlichkeit. Momente, in denen du dich geborgen und wohl gefühlt hast, Momente, die dir wie der Himmel auf Erden erschienen, Momente, in denen du einfach glücklich und zufrieden warst.

Und all diese kostbaren Momente deines Lebens, diese wundervollen Erinnerungen, werden jetzt zu funkelnden Diamanten, blitzenden Sternen und glitzerndem Sternenstaub. Und du nimmst sie und pustest sie über deine Lebensbahn in Richtung Zukunft, so daß dein zukünftiger Lebensweg glitzert und schillert von all den vielen wundervollen Momenten und Erinnerungen aus deinem Leben. An Erinnerungen voller Liebe und Zärtlichkeit, an Momente überschäumender Freude und an Zeiten voller Hoffnung und Zuversicht. An all das und noch viel mehr erinnern dich die Diamanten und der Sternenstaub auf deinem Weg in die Zukunft. All das erwartet dich dort.

Und du kannst deinen Weg noch etwas heller und strahlender machen, so hell und strahlend, daß du immer deutlicher und klarer Ziele und Wünsche erkennen kannst. Ziele, Wünsche, Träume und Hoffnungen, die wie kostbare Schätze auf deinem Lebensweg liegen. Manche greifbar nahe, andere weiter weg in der Zukunft. Und hier und da wirst du etwas Unerwartetes finden. Vielleicht ein Geschenk, vielleicht eine wundervolle Idee, vielleicht auch ein Gefühl, das du so bisher nicht gekannt hast.

Und wenn du willst, kannst du jetzt auf deiner Lebensbahn in die Zukunft gehen. Oder schweben, vielleicht auch fliegen, langsam oder schnell, ganz wie du willst.

Und kannst ausprobieren wie es sich anfühlt, wenn dein Lebensweg vor dir glitzert und mit Zielen und Schätzen übersät ist, die du nur aufheben brauchst, wenn du willst, aber du mußt nicht.

Und während du auf deiner Lebenslinie weiter in die Zukunft gehst, vielleicht einen Monat, oder ein Jahr, vielleicht auch noch weiter, schaust du dir einige deiner Hoffnungen und Wünsche genauer an.

Und bei einigen entdeckst du vielleicht, daß sie gar nicht so wichtig sind, wie du einmal geglaubt hast. Dafür gewinnen vielleicht andere Ziele und Wünsche an Anziehungskraft. Laß dich einfach überraschen, was an Bildern, Wünschen und Zielen vor dir auftaucht und wieder vergeht oder vielleicht auch bleibt und klarer wird, während du es genauer betrachtest.«

Wieder schwieg die Sternenfrau für längere Zeit und ließ Kid Zeit ihre eigenen Bilder zu entdecken und ihre Gefühle zu erleben.

Kid glitt über ihren sternenübersäten Weg durchs dunkle All. Hin und wieder hielt sie an und schaute sich den einen oder anderen Diamanten oder Stern etwas genauer an. Dabei strahlte ihr Gesicht jedesmal vor Freude auf.

»Stell dir vor«, fuhr die Sternenfrau fort, »stell dir vor, du würdest nie mehr vergessen, dich für immer erinnern, daß dein Lebensweg von Sternen, Diamanten und Geschenken übersät ist.

Du würdest dich einfach nur erinnern, wann immer du willst, daß das Universum und dein Leben reich an vielen, vielen Überraschungen ist. An Hoffnungen und Wünschen, an Zielen und Vorstellungen, aber auch Geheimnissen und Rätseln, die wir vielleicht nie erklären können. Und dein Leben, deine Existenz, ist ein Teil dieses unbegreiflichen Ganzen.

Ohne dich würde im Universum etwas fehlen.«

Die Stimme der Sternenfrau verhallte im All und im nächsten Moment fand Kid sich wieder auf der Wiese liegen und in den dunklen Himmel hinauf starren.

Eine funkelnde Sternenbahn aus Tausenden von Sternschnuppen schoß über den Himmel, geradewegs auf sie zu.

Verdutzt setzte sie sich auf und fühlte im nächsten Moment, wie ein funkelnder Sternenregen auf sie niederfiel. Sie fielen auf ihren Kopf und auf ihre Schultern und Arme. Sie sammelten sich als glitzernde Berge in ihrem Schoß. Sie leuchteten rund um sie herum wie Blumen auf einer Wiese und streuten eine leuchtende, funkelnde Bahn in die dunkle Mondnacht hinein.

Wie im Traum stand Kid auf und schaute sich um. Sie stand mitten auf einem sternenübersäten Weg, der im Licht abertausender Sterne und Diamanten glänzte und funkelte.

Als leuchtende, helle Bahn zog er sich durch die dunkle Mondnacht, bis er am Horizont der Zeit verschwand.

»Einfach nur erinnern ...«, hörte sie die Stimme der Sternenfrau leise durch den Raum hallen, »einfach nur erinnern ... wann immer du willst ... einfach erinnern.«

Kid schaute auf die vielen Sterne, die Diamanten und den Sternenstaub auf ihrem Weg und lächelte. Sie ging in eine strahlende Zukunft hinein. Es konnte gar nicht anders sein.

Und so ist es dann auch gewesen.

Deutung

18. Der Mondmann (Der Mond)

Urbild	Das Dunkle, die Nacht
Eigenschaften der Karte	Tiefe der Gefühlswelt, innere Eingebung, neue Bewußtseinsebene, Sehnsucht, sich mit Unbewußtem beschäftigen, Hellsichtigkeit, Körperbewußtsein, sich von Vergangenem befreien
Gefahr	Angst, Selbsttäuschung, Hirngespinste, Launenhaftigkeit, Chaos, Verrat, Ich-Verlust, Hinterhältigkeit, Enttäuschungen, Abhängigkeit
Botschaft	Erkunde das Land deiner Gefühle!
Ziel	Die Höhen und Tiefen unserer Gefühlswelt kennen und ausloten lernen.
Zur Erinnerung	Ich sehe meine helle Seite, ich sehe meine dunkle Seite. Zusammen sind sie Ich.

Eine Kette aus Mondperlen

Das alte Haus stand einsam in der hügeligen Landschaft. Wie fast jedesmal wenn Kid hierher kam, fragte er sich, was ihn immer wieder wie magisch zu diesem alten Haus hinzog.

War es die alte Heilerin und die merkwürdigen Dinge, die sie ihm beibrachte? Oder kam er immer wieder, weil er sich hier auf eigenartige Weise verstanden fühlte, obwohl die Tage bei der weisen Schamanin bestimmt nicht immer angenehm waren.

Oder kam er, weil er hier so sein konnte, wie er war? Nie wäre ihm bei der weisen Alten die Idee gekommen, sich irgendwie verstellen zu müssen. Egal wie dumm oder albern er sich benahm, egal ob er wütend oder traurig war, nie schien sie sein Verhalten zu verurteilen. Nie gab sie wie andere Leute unnötige Ratschlage; aber irgendwie schaffte sie es immer, in ihm das Gefühl zu wecken, gerade etwas ganz Wichtiges getan und gelernt zu haben.

Bei ihr schien alles viel lebendiger zu werden. Die Luft wurde irgendwie durchsichtiger und die Dinge leuchteten in einem geheimnisvollen Licht wie unter einem Vergrößerungsglas. Kid liebte es, an schönen Tagen durch die Gegend zu streifen und die Welt in diesem Licht zu betrachten. Doch wenn dunkle, wilde Stürme über die Hügel jagten, oder er sich in finsteren Gedanken verfangen hatte, haßte er dieses schreckliche Vergrößerungsglas, das unbarmherzig klar die Wirklichkeit draußen und die Angst in ihm hervorhob.

›Trotzdem, es ist jedesmal ein spannendes Abenteuer‹, dachte er, ›Man weiß nie was diesmal passiert.‹ Er lächelte in sich hinein und überquerte rasch die paar Meter zum Haus. Er klopfte kurz an und stieß die Tür auf. Überrascht blieb er stehen.

Am rohen Holztisch saß nicht nur die Heilerin, sondern noch zwei Menschen. Bisher war er immer allein mit der Schamanin gewesen. Er hatte nie gefragt, ob sie noch andere Schüler außer ihm hatte.

Er wußte nicht einmal, ob in der Nähe Familie oder Freunde von ihr wohnten, oder ob sie überhaupt welche hatte.

Die Schamanin lächelte ihm zu und forderte ihn mit einer Handbewegung auf sich zu ihnen zu setzen.

Nachdem Kid sich gesetzt hatte, blieben sie lange still sitzen. Die Augen der Heilerin starrten auf den glattgescheuerten Tisch und wanderten hin und wieder zu den drei Gesichtern auf der anderen Seite des Tisches hinüber. Niemand sagte ein Wort.

Kid schielte zu den anderen beiden hinüber. Neben ihm saß ein Mädchen mit pechschwarzen langen Haaren, etwa in seinem Alter. Der Junge wirkte etwas jünger und sehr zerbrechlich.

»Ihr werdet euch fragen, weshalb ihr heute zu dritt hier seid«, die Stimme der Schamanin holte ihn aus seinen Gedanken zurück. »Nun, ihr drei werdet heute das Reich des Mondes kennenlernen, und eure ersten Mondperlen holen.«

Sie machte eine Pause und schaute die Kinder aufmerksam an.

»Jeder von Euch wird in das Mondreich reisen, um dort seine ganz eigenen Perlen der Kraft zu suchen. Jeder so viele, wie er finden kann.«

Sie legte wieder eine kleine Pause ein und blickte prüfend von einem zum anderen, bevor sie fortfuhr: »Ihr sollt sie mit hierher zurückbringen. Sie werden der sichtbare Beweis eures Siegs über die Mondmächte sein. Und erinnert euch, euer Erfolg in diesem Reich wird mehr von euren Gefühlen abhängen, die ihr bestimmten Dingen gegenüber habt, und nicht so sehr eine Frage von Muskelkraft sein. Ihr habt jetzt genug gelernt und erfahren und ausreichend eigene Kraft angesammelt, um eure Mondperlen finden zu können.«

Wieder schwieg sie, während ihre Augen noch immer aufmerksam jede Regung der drei beobachtete.

Kid schluckte und dachte an all die Geschichten, die man ihm über das dunkle Reich erzählt hatte. Er fühlte, wie es ihm kalt den Rücken hinunterlief und sich sein Magen zusammenkrampfte.

Das Mädchen neben ihm starrte mit leeren Augen an die gegenüberliegende Wand. Dann blinzelte sie ein paarmal, als könnte sie damit die Bilder verscheuchen.

Der Junge schien mit schräg gelegtem Kopf den Worten der Heilerin nachzulauschen, wobei ein ungläubiger Ausdruck auf seinem Gesicht lag.

Die Schamanin lächelte. Immer wieder erlebte sie ähnliches, wenn sie ihre Schüler aufforderte, ihre erste Prüfung abzulegen.

Ins Mondreich geschickt zu werden, um die ersten eigenen Perlen zu suchen, löste immer den gleichen Gefühlsansturm aus. Diese Mischung aus kribbelnder Neugierde und Erschrecken darüber, ob man der Aufgabe schon gewachsen war. Dabei wußte keiner im voraus, was ihn dort erwartete.

Es waren so viele unterschiedliche Gerüchte über dieses geheimnisvolle Reich im Umlauf wie es Menschen gab, die diese Reisen unternahmen. Sie lächelt in sich hinein, als die Erinnerung an ihre erste eigene Mondperlensuche in ihr aufstieg. Jetzt trug sie schon mehrere Ketten aus Mondperlen um den Hals. Trotzdem war es immer wieder spannend, Neue zu finden.

Kid beobachtete, wie die Schamanin aufstand und auf eine höchst merkwürdige Art zu laufen begann. Sie lief auf der Stelle, trotzdem sah es aus, als legte sie schnell eine große Strecke zurück. Beim Laufen zog sie die Knie bis zum Brustkorb hoch, dabei schwangen ihre Arme wie Pendel hin und her, hin und her. Es sah irgendwie absurd und spaßig aus, aber gleichzeitig umgab die Schamanin eine Aura von konzentrierter Stille und Ernsthaftigkeit, so daß er keinen Laut hervorbrachte. Er spürte, wie er in eine eigenartig starre Haltung verfiel und gebannt die auf der Stelle laufende Frau anstarrte.

Sie begann einen rhythmischen Singsang anzustimmen. Kid verstand nur einzelne Wortfetzen, die keinen Sinn zu machen schienen.

... ob innen oder außen ... ist außen wie innen ... denn Außen im Innen ... spiegelt Innen im Außen ... wie jeder weiß ... oder nicht weiß ... innen oder außen ... was jetzt nicht mehr wichtig ist ... weil ...

Im nächsten Augenblick fand Kid sich auf einem flachen Bergplateau wieder. Er saß auf einem großen glatten Steinquader unter einem riesigen Baum. Weit unter ihm breitete sich ein fruchtbares Tal aus. Ein weiches, goldfarbenes Spätnachmittagslicht lag über den Feldern und Wiesen und ließ sie wie von innen heraus leuchten.

Kid spürte den harten, warmen Stein unter sich. Eine besondere Kraft schien von dem großen Quader auf ihn überzugehen. Es war, als würde der Stein ihn mit Kraft aufladen. Einer Kraft, die aus den tiefsten Wurzeln des Berges aufzusteigen schien. Kid legte sich bequem hin und verschränkte die Arme hinter seinem Kopf.

Am Abendhimmel über ihm zogen bauschige weiße Wölkchen vorüber, während die Blätter über ihm im Wind raschelten und tanzten.

Er fühlte sich angenehm schläfrig und faul, aber gleichzeitig war ein Teil von ihm hellwach und gespannt, was geschehen würde. Und etwas mußte doch passieren oder etwa nicht?

Wie sollte er überhaupt wissen, wie Mondperlen aussahen und wo er sie suchen sollte? Erst jetzt fiel ihm auf, daß die Schamanin ihnen so gut wie nichts mit auf den Weg gegeben hatte, außer daß jeder so viele

Mondperlen wie möglich mitbringen sollte. Wo waren überhaupt die andern beiden? Ob sie in der Nähe gelandet waren? Oder wo ganz anders? Kid setzte sich wieder auf und sah sich um. Außer ihm war niemand auf dem Bergplateau.

Die Sonne stand jetzt tief am Himmel und überzog die weißen Wolken mit einem rosa Hauch. Manche Wolken hatten sich mit goldenen Saumbändern geschmückt, andere trugen leuchtende Kronen, wie das kleine dicke Schweinchen, das gerade über ihn hinwegflog. Oder glühende Mähnen und Helme, wie der Wolkenritter auf seinem galoppierenden Pferd.

Wie eine himmlische Prozession wehten sie über den weiten Himmel. Kid legte sich wieder zurück und schaute ihnen zu. ›Ob das Schweinchen dem luftigen Ritter entkommen wird?‹ fragte er sich.

Im nächsten Augenblick saß Kid als Ritter auf dem Wolkenpferd und stürmte über den Abendhimmel. Ein herrliches Gefühl von Freiheit und Kraft erfüllte ihn, während er durch das weite Blau stürmte, und alles vergaß, was er vergessen wollte. Das kleine Schwein hatte sich längst wieder in einen weißen Wattebausch aufgelöst, dafür sprang jetzt ein Schwarm Delphine neben ihm durch die Luft, und weiter vorne lockte eine traumhafte Insel mit Palmen am weißen Strand.

Je länger er über den Himmel flog, desto berauschter und glücklicher fühlte er sich. Die Welt mit ihren Sorgen und Pflichten lag weit unter ihm, klein und unwichtig. Obwohl die Sonne längst untergegangen war und der Himmel dunkler und dunkler wurde, erlebte Kid eine strahlend, helle Welt voller Überraschungen, während er jetzt gerade seine schönsten Träume und sehnsüchtigsten Wünsche Wirklichkeit werden fühlte.

Der Mond stand schon hoch am Himmel, als er SIE im silbernen Mondlicht entdeckte. Er spürte wie sein Herz entflammte und er sich unwiderstehlich zu ihr hingezogen fühlte. Als er tief in ihre Augen blickte, wußte er, daß sie genauso empfand wie er. Erst jetzt schien sein Glück vollkommen zu sein.

Gerade waren sie sich etwas näher gekommen, da stürzten sie, von einem Augenblick auf den anderen, in ein dunkles Loch hinein.

Kid kam auf einer feuchten, nächtlichen Wiese wieder zu sich. Er rieb sich sein schmerzendes Hinterteil und sah sich verstört um.

Was war passiert? Er konnte nur die Silhouetten von Büschen und Bäumen in der dunklen Nacht erkennen. Es war unnatürlich still. Nicht der leiseste Laut unterbrach die Stille, nicht einmal der Wind raschelte in den Blättern. Dafür klopfte sein Herz um so lauter.

Verrückte Gedanken wirbelten durch seinen Kopf, viel zu schnell und zu durcheinander, um sie überhaupt verstehen zu können. Erst nach einer ganzen Weile merkte er, daß seine Faust etwas umklammert hielt. Langsam öffnete er die Finger. Unwillkürlich hielt er den Atem an.

Auf seiner Hand lag eine sanft im Mondlicht leuchtende Perle.

Wie verzaubert starrte Kid auf die helle, durchsichtige Perle auf seiner Handfläche. In ihrem Licht schienen seine Erinnerungen eigenartig klar und stark zu werden. Leuchtend und bunt begannen sie wieder lebendig zu werden. Noch einmal sah er sich über den Himmel fliegen. Wieder fühlte er sich frei und stark, so als ob er die ganze Welt beherrschen könnte. Die Perle wirkte wie ein Vergrößerungsglas, in dem er sich selbst viel deutlicher sah und erlebte, als er es gewöhnlich konnte. Ein berauschendes, wildes Gefühl aus Triumph, Kraft und Glück stieg in ihm auf. Er hatte seine erste Mondperle gefunden!

Glücklich und zufrieden steckte Kid die Mondperle ein und sah sich um. Noch immer war es vollkommen still. Dunkle Wolkenfetzen zogen vor dem Mond vorbei und huschten als schwarze Schatten über das Land. Kid fröstelte. Nirgendwo konnte er einen Weg oder ein Licht entdecken. Nur diese dunklen Schatten, die übers Land jagten und die gespenstischen schwarzen Umrisse, die rundherum im fahlen Mondlicht aufragten. War das dort wirklich ein Gebüsch? Oder hatte es sich gerade bewegt, obwohl doch nicht der leiseste Windhauch zu spüren war. Und aus der Baumgruppe gleich neben ihm, hatten da nicht eben zwei Augen kurz hervorgeblitzt, bevor sie wieder verschwanden? Kid spürte, wie sein Herz raste und sich seine Nackenhaare aufrichteten. Seine Augen huschten unruhig von einem Schatten zum anderen, ohne etwas erkennen zu können.

Wie erstarrt vor Angst stand er inmitten der dunklen, unheimlichen Stille und lauschte angespannt in die Nacht hinaus. In seinem Rücken knackte ein Ast und dann zerriß direkt hinter ihm ein lauter, grauenvoller Schrei die Stille.

Eine kleine Ewigkeit lang, stand er starr und unfähig, auch nur einen Finger zu rühren, da, während in seinem Kopf tausend Bilder von schrecklichen Ungeheuern, lebensgefährlichen Kämpfen und anderen gräßlichen Vorstellungen durcheinanderwirbelten.

Dann machte sein Körper einen Satz, und er rannte blindlings los, einfach nur weg von dem fürchterlichen Schrei. Er spürte wie etwas sein Gesicht streifte und geriet vollends in Panik. Wild mit den Armen um sich schlagend hetzte er weiter durch die Dunkelheit. Einfach nur weg, war alles was er denken konnte.

Irgendwann ließen seine keuchenden Lungen ihn im Stich. Erschöpft und zitternd sank er an einen dicken Baumstamm. Ein stürmischer Wind hatte die Stille abgelöst und fegte jetzt heulend hinter den huschenden Wolkenschatten her. Wieder hörte er den Schrei durch die Nacht hallen. Und dann noch einen und noch einen. Oder war es immer derselbe, und der Wind spielte mit ihm?

Ein Ast knarrte über ihm und er rannte wieder los, rannte weiter ohne zu wissen wohin, rannte einfach, weil das immer noch besser war, als hilflos abzuwarten.

Als das flackernde Feuer zwischen den Büschen auftauchte, stürzte er in den Lichtschein hinein. Für Kid war es eine sichere, rettende Insel in einem Ozean voller Unsicherheiten und dunkler Gestalten.

Neben dem Feuer stand der schmächtige Junge und hielt einen brennenden Ast in der Hand. Seine vor Schreck riesengroßen Augen blinzelten ein paarmal ungläubig, bevor er erleichtert zu lächeln begann, als er Kid erkannte. Das schwarzhaarige Mädchen kauerte neben ihm am Boden. Sie hatte ihren Kopf tief zwischen den Knien vergraben, zusätzlich hielt sie sich die Ohren zu. Von Kids Ankunft schien sie noch nichts gemerkt zu haben.

Der Junge rüttelte sie an der Schulter und redete auf sie ein. Gerade als sie den Kopf hob, hallte der gespenstische Schrei wieder durch die Nacht und eine Windstoß fuhr ins Feuer und wirbelte fauchende Flammen und glühende Holzstückchen durch die Luft. Der Junge riß den brennenden Ast hoch und lauschte in den heulenden Sturm hinaus, während das Mädchen mit schreckensweiten Augen in die Dunkelheit starrte.

Kid stand da, unfähig auch nur einen Muskel zu bewegen, und beobachtete die beiden. Ganz plötzlich erinnerte er sich an ein Erlebnis mit der Heilerin. Er hatte vor etwas große Angst gehabt, und sie hatte zu ihm gesagt: »Du kannst lernen, wie man Gefühle und Situationen verändert. Alles, was du tun mußt, ist herauszufinden, was sie auslöst und dann neue Möglichkeiten ausprobieren. Das ist alles.« Anschließend hatte sie ihm gezeigt, wie er seine Angst beherrschen lernen konnte.

Kid beugte sich zu dem Mädchen hinunter.

»Was siehst du?« fragte er flüsternd und zeigte in die dunkle Leere hinaus, dorthin, wo ihre Augen noch immer angstvoll hinstarrten. Sie schluckte und zuckte unschlüssig mit den Schultern.

»Ich weiß nicht«, stammelte sie und, wenn möglich, weiteten sich ihre Augen noch mehr vor Entsetzen, während sie weiter in die Nacht hinausstierte.

»Wenn du etwas wahrnehmen könntest, was würdest du dann sehen?« fragte Kid mit eindringlicher Stimme

»Ich...«, stammelte sie, »da sind ... da sind lauter Fratzen und schreckliche Bilder ...« Sie hob abwehrend die Hände und fing an zu weinen.

Der schmächtige Junge kam herüber und setzte sich schweigend zu ihnen. Er nickte Kid kurz zu und begann ebenfalls, starr vor sich hin zu blicken.

»Gut«, sagte Kid und versuchte ruhig zu klingen, aber seine zitternde Stimme verriet wie aufgeregt er wirklich war, »dann frag dich jetzt, ob diese Bilder dich auf etwas aufmerksam machen wollen. Vielleicht wollen sie dich warnen oder auf etwas Wichtiges hinweisen? Und wenn sie dir etwas Bestimmtes sagen wollen, dann kannst du es jetzt verstehen. Und wenn du voll und ganz verstanden hast, was sie dir sagen wollen ... dann nick mit dem Kopf.«

Kid schwieg und starrte nun selbst vor sich in die Dunkelheit.

Aus den Augenwinkeln nahm er nach einer Weile wahr, wie erst der Junge, dann das Mädchen sich aufrechter hinsetzten und schließlich nickten. »Hat sich dadurch was verändert?« fragte er die beiden und auch sich selbst.

Das Mädchen nickte. »Aber die Fratzen sind immer noch da«, flüsterte sie heiser, »egal ob ich die Augen auf oder zu mache.« Sie starrte wieder in die Nacht hinaus.

»O.K.«, Kid fühlte sich auf einmal sehr stark und kraftvoll. »Dann schau dir diese Bilder noch mal genau an. Wie groß sind sie? Und wo genau siehst du sie? Etwa hier?« Er hielt seine Hand dorthin, wo das Mädchen unentwegt hinstarrte. Sie nickte.

»Sind die Bilder farbig, und vielleicht größer als normal?« Wieder nickte sie.

Kids Stimme bekam einen beschwörenden Ton. »Gut. Dann läßt du jetzt die schrecklichen Bilder immer kleiner und blasser werden, bis sie zu einem kleinen Schwarzweiß-Foto zusammengeschrumpft sind. Und gleichzeitig läßt du sie ins Feuer hineinfliegen und verbrennen.«

Seine Hand sauste aus der Luft herunter in Richtung Feuer. »Wuuuschhh!«

Unwillkürlich folgten alle Augen seiner Hand.

Alle drei beobachteten wie ihre Angstbilder in den flackernden Flammen verglühten und zu Asche verbrannten.

Das Mädchen stieß einen Seufzer aus und lächelte Kid kurz an. Dann warf sie einen vorsichtigen Blick dorthin, wo die Fratzen gewesen waren.

»Wuuuschhh!« hörte sie Kids Stimme und unwillkürlich wurden sie kleiner, schwarzweiß und flogen ins Feuer hinein, um zu Asche zu verglühen.

Sie grinste. Wieder glitten ihre Augen zu der Stelle.

»Wuuuschhhh«, machte Kid. Bald brauchte sie nur noch an die Stelle zu gucken und in ihrem Kopf hörte sie »Wuuuschhh!«.

Sie lachte und knuffte die beiden in die Rippen. Der heulende Wind, das knisternde Feuer und die nächtlichen Geräusche schienen ihr jetzt eher spannend und abenteuerlich. Wieder hörten sie den markerschütternden Schrei. Der Junge zuckte zusammen und griff nach einem brennenden Ast.

»Ist doch bloß 'ne Katze auf der Balz«, sagte das Mädchen lachend und versuchte ihn zu beruhigen. »Daß ich das vorher nicht gehört habe!« Sie schüttelte verwundert den Kopf.

Der Junge lauschte angespannt in die Nacht hinaus und schien sie nicht gehört zu haben.

»Was hörst du?« fragte sie und zupfte den Jungen am Ärmel. Der sah sie verdutzt an.

»Ich meine, hörst du noch etwas außer dem Wind und dem Schrei? Vielleicht etwas drinnen in deinem Kopf oder eine Stimme von draußen irgendwo!« Sie sah in aufmerksam an.

Der Junge zuckte ratlos die Schultern.

»Was denkst du gerade?« fragte sie weiter.

»Du mußt immer aufpassen! Die Welt ist gefährlich! Der Satz geht mir schon die ganze Zeit im Kopf 'rum. Immerzu.«

Er packte den Ast fester und hielt ihn drohend zwischen sich und die Nacht.

Das Mädchen lächelte ihn an. »Laß den Satz mal, von wo auch immer du ihn hörst, zu deinen Stimmbändern wandern. Und sag dann laut: ›ICH muß immer aufpassen. Die Welt ist gefährlich.‹ «

Der Junge räusperte sich und lächelte verlegen, während er von dem Mädchen zu Kid sah. Mit unsicherer Stimme sagte er dann: »Ich muß immer aufpassen. Die Welt ist gefährlich.«

Kaum hatte er zu Ende gesprochen, schüttelte er empört den Kopf. »Was für'n Quatsch! Die Welt ist doch nicht so gefährlich, das ich immer aufpassen muß! Das meiste bildet man sich doch eh nur ein!« Er bewegte sich, als ob er etwas abschütteln würde.

»Und ihr meint, es ist wirklich bloß eine Katze?« fragte er.

»Ich glaube schon.« Kid schaute zu den dunklen, im Wind tanzenden Büschen und Bäumen hinüber.

»Jedenfalls sind wir hier sicher und es ist warm und gemütlich. Und außerdem«, er wies zum Mond hinauf, müssen wir noch …«« Weiter kam er nicht, denn plötzlich hielt jeder von ihnen eine durchsichtige, leuchtende Mondperle in der Hand.

Das Mädchen und der Junge sprangen auf und tanzten jubelnd um das Feuer und Kid herum. Offensichtlich war es ihre erste Perle. Kid holte seine erste Perle aus der Tasche und legte sie zur anderen in seine hohle Handfläche. Ein geheimnisvolle Kraft schien von ihnen auszustrahlen.

Er nahm eine Perle und schaute hindurch.

Wie in einer Zauberkugel konnte er seine schönen Erinnerungen und Träume darin größer und farbenprächtiger werden lassen. So groß und hell, daß er einfach nur hineingehen mußte, um sich glücklich und frei zu fühlen. Und genauso einfach konnte er durch sie jetzt unangenehme Erinnerungen kleiner und blasser machen, so klein, grau und unbedeutend, bis sie ihn nicht länger berührten. Oder er konnte sie verbrennen, zerreißen oder was auch immer ihm gerade einfiel.

Und wenn er durch die Perlen hindurch die Welt rund um ihn herum betrachtete, dann schien sie wie durch ein Vergrößerungsglas klarer und deutlicher zu werden, und er konnte Dinge erkennen, die er bisher noch nicht wahrgenommen hatte. Er lächelte.

›Ich bin gespannt, was die Nacht noch bringen wird, bevor die Sonne wieder aufgeht und ein neuer Tag beginnt‹, dachte er und steckte die Perlen ein.

Im Laufe der Jahre fand Kid auf seinen Reisen noch viele Mondperlen. Wie die Heilerin trug er sie als Kette um den Hals. Doch für die meisten Menschen blieben sie unsichtbar. Nur manche konnten im silbernen Mondlicht ihr sanftes Strahlen erkennen und fragten nach den merkwürdigen Perlen. Dann zeigte Kid ihnen den Weg ins Reich des Mondes.

Deutung

19. Die Sonnenkinder (Die Sonne)

Urbild | Das Licht, der Tag

Eigenschaften
der Karte | Erfolg, Kraft, Lebendigkeit, Glück, erfüllte Liebe, Kreativität, Unschuld, Lebensfreude, Urvertrauen, Heilung, Versöhnung, Weisheit, Ausstrahlung, das innere Licht finden, Bewußtheit, grenzenlos fließende Energie

Gefahr | Eitelkeit, Angeberei, Selbstsucht, Oberflächlichkeit, Besserwisserei, zu große Abhängigkeit von anderen, geistige Anmaßung, Täuschung

Botschaft | Die Lichtquelle - das bist du.
Die Kraft der Sonne ist in dir.

Ziel | Die Unschuld eines Kindes und die Weisheit des Alters vereinen.

Zur Erinnerung | Die Kraft der Sonne erhellt jeden Tag;
ich sonne mich in ihrem Licht.

Feuerzauber

Kid liebte das Leben zwischen den Zirkusleuten, Zigeunern und Lebenskünstlern, mit denen er nun schon eine Weile umherzog.

Obwohl eine anstrengende Zeit mit vielen Auftritten und einigen unangenehmen Ereignissen hinter ihnen lag, herrschte eine fröhliche, aufgeregte Stimmung in dem langen Zug aus Tieren, Menschen und bunt bemalten Wagen. Denn alle freuten sich auf das Sonnenland, in das sie nun wieder ziehen würden.

Kid hörte jedesmal gebannt zu, wenn sie untereinander vom Sonnenland sprachen. Die Augen der Menschen begannen dann zu leuchten und funkelten vor Begeisterung und Vorfreude, sobald sie sich an das erinnerten, was sie dort bald wieder erleben würden.

Kid wurde immer neugieriger auf dieses sagenumwobene Land, in dem über einer wunderschönen Landschaft voller Seen, Berge und Wiesen jeden Tag die Sonne scheinen sollte. Dort würden sie endlich Zeit für einander haben, sich neue Vorstellungen ausdenken und proben können oder einfach nur faul sein und nichts tun müssen.

Es liefe in diesem Land alles leicht, fröhlich und wie von selbst, erzählten sie mit aufgeregten Stimmen und verträumten Blicken. Vielleicht war das der Grund, daß Kid kaum glauben konnte, daß es ein solches Land wirklich geben sollte. Trotzdem wartete er immer sehnsüchtiger auf den Tag, an dem sie endlich ankommen würden.

Und dann war es soweit. Ein großer steinerner Torbogen tauchte am Horizont auf, und die gespannte Erwartung der letzten Tage entlud sich in lautem Freudengeschrei und ausgelassenem Tanzen.

Doch als sie dann weiterzogen, merkte Kid, daß nun viele nachdenklich und in sich gekehrt wirkten. Komisch, dachte er, erst freuen sich alle und jetzt diese besinnliche Stimmung, aber seine Gedanken waren viel zu sehr nach vorne auf das Tor gerichtet, als das er sich darüber weiter Gedanken gemacht hätte.

Je näher sie kamen, desto mächtiger schien das Tor zu werden. Wie ein riesiger Koloß ragte es vor ihnen aus dem Boden. Dort, wo es rechts und links aus dem Boden zu wachsen schien, brannten zwei große Feuer in schweren Kesseln. Der Weg führte mitten hindurch, doch auf beiden Seiten zeigten Trampelpfade, daß nicht alle durch das Tor gingen, sondern manche lieber drumherum.

Der Zug hielt ein Stück vor dem Tor an, und erst jetzt merkte Kid wie ruhig es geworden war. Selbst die Tiere und Kinder verharrten einen Moment ganz still.

Dann lösten sich ein Mann und eine Frau aus der Gruppe und schritten langsam auf das Tor zu. Beide schienen tief in Gedanken versunken zu sein. Vor den Feuertöpfen blieben sie stehen. Einen Moment lang standen sie regungslos vor den hellen Flammen, dann warfen ihre Hände etwas ins Feuer, das Kid nicht sehen konnte. Die Frau starrte noch eine Weile länger in die Flammen, bevor sie dem Mann durch das Tor folgte.

Die nächsten beiden machten sich mehr einen Spaß daraus. Sie schlenderten lässig auf die Feuer zu und schmissen lachend Mütze und Hemd ins Feuer. Wieder andere gingen zögernd darauf zu, und man sah ihnen an, daß sie nur ungern etwas ins Feuer warfen.

»Was machen die da?« flüsterte Kid seinem Nachbarn zu.

»Sie lassen etwas zurück. Etwas, das man dort drüben nicht braucht.« Er deutete mit dem Kinn in Richtung Tor.

»All sowas wie verletzte Eitelkeit, alte Wut auf jemanden, Sorgen über dies und das. Du weißt schon, was man halt so mit sich 'rumschleppt und eigentlich nicht braucht.«

Kid überlegte. Was brauchte er eigentlich nicht? Worauf konnte er gut verzichten? ›Auf meine Angst könnte ich verzichten‹, dachte er, ›oder meine Wutanfälle. Auf meine Freßanfälle auch.‹ Er lächelte in sich hinein bei der Vorstellung, all diese Dinge im Feuer verbrannt zu haben.

»Du meinst, ich kann alles, was ich nicht mehr haben will, dort verbrennen?« flüsterte er.

»Im Prinzip ja«, sagte der Mann und lächelte, »kommt nur darauf an, wie ernsthaft du bist und wie ehrlich du es meinst und dann tust. Ich nehme mir nur eine Sache vor. Aber die ist dann auch wirklich vollständig verbrannt.« Er wandte sich wieder dem Tor zu und wollte anscheinend nicht mehr weiter angesprochen werden.

Vor den Feuern standen immer neue Menschen und warfen etwas aus ihrem Leben hinein. Manche standen lange davor, und man sah, daß sie es nur schweren Herzens den Flammen übergaben, einigen rollten dabei sogar Tränen übers Gesicht. Andere schleuderten ihren Teil im vorübergehen hinein, ohne sich darum zu kümmern, ob es überhaupt ins Feuer gefallen war.

Bei einigen hatte Kid den Eindruck als würden sie ein Opfer an einem Altar darbringen. Gerade schritten eine ältere Frau und ihr Mann, Seite an Seite, auf die Feuer zu. Die beiden wirkten sehr konzentriert. Sie bewegten sich langsam und feierlich. Eine gesammelte Kraft strahlte von ihnen aus und hüllte sie gleichzeitig ein.

Jeder von ihnen stand dann lange vor einem der Kessel und blickte in die Flammen, bevor er sich vor dem Feuer verneigte und etwas hineinlegte. Danach gingen die aufeinander zu und Hand in Hand durch das Tor hindurch.

Jetzt tobten Kinder über den Weg und schmissen altes Spielzeug in die Kessel und alte Kleider, aus denen sie herausgewachsen waren oder die ihnen nicht mehr gefielen.

Während Kid ihnen zusah, fiel ihm ein, was er gerne zurücklassen würde. Er nickte ein paarmal, wie um sich zu bestätigen, daß es das richtige war. Dann reihte er sich in die schweigende Menge ein.

Es dauerte eine ganze Weile bis er an die Reihe kam und so hatte er viel Zeit, noch einmal darüber nachzudenken, was genau er hinter sich lassen wollte, weil er es im Land der Sonne, jenseits des Tores, nicht mehr brauchen würde.

Als es dann an ihm war, über den Weg auf das Tor und die lodernden Feuer zuzugehen, sah er wie im Traum all die Dinge vor sich auftauchen, die er verbrennen wollte. Wie Papierfetzen sammelten sich Erinnerungen, Gedanken und Gefühle, die er den Flammen übergeben wollte, in seinen Händen.

Später, als er vor dem knisternden, züngelnden Feuer stand, sah er sich jedes der Blätter noch einmal an, bevor er sie in die Flammen warf und beobachtete, wie sie langsam in der Hitze verglühten. Er spürte, wie er sich mit jedem Blatt, das er ins Feuer segeln ließ, sich ein bißchen leichter und freier fühlte, lebendiger und fröhlicher. Lachend drehte er sich schließlich mit leeren Händen zum Tor und stand staunend vor dem Ausblick, der sich ihm auf der anderen Seite bot.

Vor ihm lag eine wundervolle, üppig grüne Landschaft im warmen Licht der Sonne. Die kristallklare Luft war erfüllt von herrlichem Blumenduft und einer zarten Musik, von der Kid nicht erkennen konnte, woher sie kam. Wiesen, Pflanzen, Tiere und Menschen, alles strahlte in einem Licht, von dem Kid nicht sagen konnte, ob es von der Sonne hoch oben am Himmel ausging, oder von den Bergen, Wiesen und Lebewesen selbst ausstrahlte.

Um sie herum herrschte geschäftiges, fröhliches Treiben. Es sah so aus, als würden sie gleich hier hinter dem Tor ihr erstes Lager aufschlagen. Doch niemand schien es eilig zu haben. Es herrschte eine Stimmung wie nach einer wichtigen Vorstellung, wenn alles besser als erwartet gelaufen war, und jeder jedem glücklich in die Arme fiel.

Die Kinder tobten ausgelassen zwischen den abgestellten Wagen herum, während die Erwachsenen beieinander standen, miteinander scherzten und lachten, sich umarmten und gegenseitig auf die Schultern klopften.

Kid spürte, wie sich ein Gefühl von wohliger Wärme in ihm ausbreitete, während er sich durch die fröhlichen, gutgelaunten Menschen treiben ließ. Noch immer kamen Leute durch das Tor. Fast alle blieben einen Moment stehen und ließen ihren Blick über das weite, sonnige Land schweifen, bevor sie tief Luft holten und losmarschierten.

Kid schlenderte langsam weiter.

Alle schienen heiter, gut gelaunt und völlig entspannt aufeinander zuzugehen. Niemand nörgelte mürrisch herum, oder ging eilig einer Arbeit nach, wie in den letzten Wochen. Vielmehr lag eine Stimmung über dem Platz, als ob jeder jedem etwas ganz Wichtiges und Lustiges zu erzählen habe.

Auch als sie später schnell und geübt ihr Lager aufschlugen und die Tiere fütterten, kam es Kid eher wie ein lustiges Spiel, und nicht wie schwere Arbeit vor. Kid erinnerte sich nicht, wann er zum letzten Mal so viel gelacht hatte.

Übersprudelnd vor ausgefallenen Ideen und irrwitzigen Einfällen hatten die Clowns schon am Abend ein neues Programm fertig und ernteten damit großen Applaus bei allen, die zusahen.

Und so ging es von jetzt an jeden Tag weiter. Manchmal blieben sie eine Weile an einem Platz und ruhten sich so lange aus, wie sie wollten. Dann wieder zogen sie weiter ins Land hinein.

Kid merkte, daß er jeden Tag ein bißchen mehr von der sonnigen, unbe-
schwerten Stimmung um ihn herum angesteckt wurde. Mit jedem neuen
Tag, schien ihm das Leben noch etwas herrlicher und leichter zu werden.
Kid sprudelte geradezu über vor lauter neuen Ideen und Plänen.

Oft saß er mit den anderen beieinander und unter viel Gelächter
entwarfen sie immer neue, noch nie dagewesene Darbietungen. Ob sie
unterwegs waren oder sich ausruhten, ja selbst im Schlaf schienen ihnen neue, gute Ideen zuzufliegen, die sie dann am nächsten Tag aus-
probierten.

Manche verwarfen sie wieder, andere bauten sie aus und allmählich entwickelten sie eine Vor- stellung davon, wie ihre Gala-Auf-
führung in der großen Stadt aussehen würde.

Und wenn sie Lust hat- ten und in den Dörfern und
Städtchen die eine oder andere Nummer
vor kleinem Publikum probeweise zeigten,
klatschten die Leute je- desmal so lange, bis sie
noch eine Zugabe aufführ- ten.

Je näher die Stadt kam, desto härter aber auch begei-
sterter arbeiteten sie an ihren Auftritten. Kid und viele andere
probten für den Höhepunkt des Abends am Ende der Vorstellung.

Und dann war es soweit. Mit lauter Blechmusik waren sie in die Stadt
eingezogen. Die Leute blieben am Straßenrand stehen und winkten der
bunten Truppe in heller Begeisterung zu. Von überall her liefen lachend
Menschen zusammen und staunten über die prächtige Parade, die an
ihnen vorübermarschierte.

Das Zirkuszelt war bis auf den letzten Platz besetzt und der Abend
bis jetzt ein einziger, strahlender Triumph. Nun nahten Ende und Höhepunkt der Vorstellung, so daß das Publikum gespannt auf seinen Plät-

zen saß und atemlos in die dunkle, stille Manege hinabstarrte.

Als die Spannung kaum noch auszuhalten war, galoppierte ein Pferd in die Arena, dann noch eins und noch eins. Schließlich gesellten sich einige Elefanten dazu, während freche Äffchen und Hunde durch die Bankreihen liefen und mit dem Publikum ihre Späße trieben.

Allmählich tauchten im dämmrigen Licht immer mehr dunkle Menschengestalten auf und huschten zwischen den Tieren hindurch. Einem nach dem anderen fiel den Leuten auf, daß dort unten, zwischen all den Tieren, eine große Menschenpyramide zu wachsen begann.

Rasch und geschmeidig, als wäre es ein Kinderspiel, kletterten sie sich gegenseitig auf die Schultern und nahmen die Nächsten wieder auf ihre Schultern. Schließlich fehlte nur noch die Spitze.

Kid stand zwischen den Tieren und schaute die hohe Menschenpyramide vor sich hinauf. Er fühlte sich ganz in seiner Mitte, kristallklar, aber auch ziemlich aufgeregt.

»O.K.!« sagte er zu sich selbst, als die Sonnenattrappe auf der rechten Seite der Pyramide aufleuchtete und begann mit dem Aufstieg. In all den vielen Stunden, die sie geübt und trainiert hatten, war ihm nie so deutlich aufgefallen, daß er all diese Menschen brauchte, um immer höher und höher hinaufzusteigen, bis er seinen Platz auf der Pyramide erreicht hatte. Jetzt, im Halbdunkel und in der atemlosen Stille des vollen Zeltes, schien es ihm plötzlich, als erklimme er die Stufen der Menschheit. Am Rand der Pyramide wurde die Sonne langsam höher und höher gerollt und leuchtete immer heller und strahlender, je höher sie stieg.

Kid war jetzt fast ganz oben angelangt. Er konzentrierte sich auf die beiden Menschen vor ihm, auf deren Schultern er gleich stehen würde. Ganz unvermittelt schien es ihm, als wären sie sein Vater und seine Mutter. Stolz nickten sie ihm zu und halfen ihm hinauf.

Kid stand auf der Spitze der Menschenpyramide!

Ihre Eltern nahmen den Sonnenball von denen entgegen, auf deren Schultern sie standen, und reichten ihn gemeinsam zu Kid hoch. Im Licht der Sonne strahlten ihre Gesichter vor Freude und Kid kam es vor, als würden sie ihm ein sehr, sehr kostbares und wundervolles Geschenk übergeben.

Feierlich nahm er es entgegen und richtete sich auf. Ganz allmählich hob er die Arme und hielt die Sonne hoch über sich. Er fühlte, wie eine Welle von Kraft und Wärme durch seinen Körper strömte, als wäre er plötzlich an eine geheimnisvolle, unerschöpfliche Quelle angeschlossen.

Er lachte vergnügt und hob sein glückstrahlendes Gesicht zur Sonne empor. Es kam ihm vor, als würde eine kleine Ewigkeit vergehen, bevor er sich wieder hinunterbeugte und die Sonne auf der anderen Seite hinuntergleiten ließ.

Die atemlose Spannung löste sich in donnerndem Applaus und lauten Bravo-Rufen.

Einen Moment stand Kid noch ganz oben und tankte sich mit dem Gefühl von Kraft und Energie auf, dann kletterte er hinunter, wie in Trance vor lauter Glück über den Erfolg dort oben und das berauschende Gefühl in ihm.

Kaum war er wieder unten in der Arena angekommen, nahmen zwei Männer ihn auf ihre Schultern und trugen ihn unter dem tosenden Applaus des Publikums durch die von Tieren und Menschen wimmelnde Manege. Der Beifall schien überhaupt kein Ende nehmen zu wollen.

Und so ähnlich liefen alle folgenden Tage ab, an denen sie Vorstellungen gaben. Bis sie eines Tages beschlossen weiterzuziehen, anderen Ländern entgegen.

Deutung
20. Die Heimkehr (Das Gericht)

Urbild	Das Gericht, die Erlösung, die Auferstehung
Eigenschaften der Karte	kritische Selbstprüfung, Erwachen, Veränderung, Befreiung, Offenheit, Gleichwertigkeit von Gut und Böse, sich am Erreichten freuen, mit sich ins Reine kommen, unverfälschte Beurteilung der eigenen Taten, Talente und Fähigkeiten (wieder-)entdecken
Gefahr	Verlust, Schuld, Verharren, Gefangenschaft, Angst vor Tod, der Materie verhaftet bleiben, sich verpaßte Chancen vorwerfen
Botschaft	Wer sich vom Tod nicht töten läßt, der lebt.
Ziel	Sich vertrauensvoll einer höheren Ordnung überlassen.
Zur Erinnerung	Ich übernehme die Verantwortung für meine Welt - und wachse daran.

Der Film seines Lebens

Kid lag Zuhause in seinem Bett und wartete darauf einzuschlafen. Er kuschelte sich gemütlich in die Decke und starrte ins dunkle Zimmer hinein. Wie ein Film lief der vergangene Tag noch einmal vor ihm ab. Er sah sich wieder dies und jenes tun, hörte sich wieder sprechen, lachen oder schreien. Und noch einmal erlebte er die Gefühle, die ihn tagsüber beschäftigt hatten, während er langsam in das Zwischenreich von gerade noch wach und schon schlafen hineinglitt.

Ganz plötzlich entdeckte er die Gestalt in der Zimmerecke. Obgleich er erstmal erschrak, wußte er im nächsten Augenblick, daß er keine Angst zu haben brauchte. Diese Gestalt war merkwürdig vertraut, immer schon da, nur nahm er sie normalerweise nicht wahr.

»Wer bist du?« flüsterte Kid.

Die schattige Figur hob sich jetzt deutlicher von der Wand ab. »Ich bin dein Ratgeber«, sagte die Gestalt, weiter nichts.

Kid überlegte einen Moment. »Ratgeber?« fragte er dann, »Ratgeber wofür?«

»Ein Ratgeber in allen Dingen, die dir wichtig sind. Was auch immer das ist. Ständig mußt du dich für oder gegen etwas entscheiden. Machst du das oder doch lieber dies? Selbst wenn du dich für nichts entscheidest, hast du eine Entscheidung getroffen. Und deshalb ist es gut, einen Ratgeber zu haben, der das große Ganze nicht aus den Augen verliert.«

Er kicherte und kam zu Kids Bett herüber.

»Bist du sowas wie mein schlechtes Gewissen?« wollte Kid wissen.

»Gott bewahre.« Der Ratgeber schüttelte sich vor Entsetzen. »Nein. Ich sorge eher dafür, daß du das Wesentliche nicht aus den Augen verlierst, bei all den vielen Sachen, die jeden Tag passieren.«

»Und was ist das Wesentliche?« Kids Neugierde war geweckt.

»Das kann man so allgemein nicht sagen. Das muß jeder für sich selbst herausfinden. Immer wieder neu. Darf ich mich zu dir setzen?« Kid nickte zerstreut.

»Und wie findet man das Wichtige heraus?«

»Na, du hast es zum Beispiel gerade eben getan. Wenn du noch mal den ganzen Tag an dir vorüberziehen läßt und wie von außen zuschaust, was du den Tag über gemacht hast. Wie ein Zuschauer im Kino betrachtest du noch einmal, was du erlebt hast, wie sich die anderen verhalten haben, und wie das alles zusammenhängt.

Oder indem du dich erinnerst, was du morgens von dem Tag erwartet hast und abends mit dem vergleichst, was tatsächlich passiert ist. Es gibt viele Möglichkeiten herauszufinden, was für einen selbst wirklich wichtig ist. Und manche Dinge nimmt man mit hinüber in die Traumwelt und erlebt sie dort noch einmal, auf eine ganz andere Art und Weise.

Und natürlich gibt es besondere Tage, wie Geburtstag oder Silvester, wo du vielleicht zurückblickst und dich daran erinnerst, was in diesem Jahr passiert ist. Was du dir vorgenommen oder erwartet hast, und das dann damit vergleichst, wie es tatsächlich gegangen ist.«

Vor Kids Augen rauschte der vergangene Tag noch einmal wie ein Film vorbei.

»Und genau so, wie man einen Tag zurückschauen kann oder ein Jahr, kann man natürlich auch auf all die vielen Jahre zurückschauen, die zwischen heute und deiner Geburt liegen.

Und noch ein bißchen weiter zurück, bis zu der Zeit, als du noch gar nicht geboren warst, sondern irgendwo im Himmel, zwischen den Welten, darauf gewartet hast, bei deinen Eltern zur Welt zu kommen.

Und von dort oben überblickst du dein ganzes zukünftiges Leben.

Als würdest du einen Film mit dir in der Hauptrolle planen, sitzt du dort und überlegst wie dein Leben diesmal aussehen soll.

Von deiner unmittelbar bevorstehenden Geburt bis zu deinem Tod in vielen, vielen Jahren, siehst du dein zukünftiges Leben auf der Erde vor dir ablaufen.

Und vielleicht änderst du noch einiges, weil es dir dann besser gefällt, vielleicht nickst du auch zufrieden und sagst: Ja genau, so soll mein neues Leben auf der Erde aussehen. Das will ich erleben. Genau diese Menschen will ich als Eltern haben, und die sollen meine Freunde werden.

Und vielleicht hast du dich für ein Leben wie im Krimi entschlossen, oder auch für eins wie im Märchenland. Vielleicht spielst du diesmal den mutigen, abenteuerlustigen Helden, vielleicht auch den armen Kerl, dem immer wieder Sachen passieren, die er eigentlich nicht will.

Vielleicht hast du dir vorgenommen berühmt zu werden, oder etwas Bestimmtes lernen zu wollen. Was auch immer du dir für dieses Leben vorgenommen hast, du kannst es dir jetzt ansehen.

Und dann vergißt du fast alles, was du eben noch geplant und gesehen hast, und findest dich als winzigkleines Baby in den Armen deiner glücklichen Eltern wieder.

Und während du immer größer und älter wirst, lernst du viele interessante und nützliche Dinge. Zum Beispiel »Ich« zu sagen oder »Nein!«. Du sammelst mehr und mehr Erfahrungen, manchmal gute, hin und wieder weniger erfreuliche. Du gehst jeden Abend schlafen und stehst jeden Morgen wieder auf, und das Leben scheint in einem endlosen Fluß dahinzufließen. Und immer bin ich irgendwo in deiner Nähe und erinnere dich daran, was deine ursprüngliche Idee war, zwischen den Welten, als du dein Leben als Ganzes geplant hast.«

Die Gestalt lächelte. »Aber meistens nimmst du mich überhaupt nicht wahr. Obwohl wir wirklich viel miteinander reden und manchmal auch ganz schön streiten. Du denkst dann, du würdest in Gedanken mit dir selbst sprechen - und meistens tust du das auch - aber dazwischen gibt es Momente wie diesen, da begegnen wir uns von Angesicht zu Angesicht.«

Er verbeugte sich in Kids Richtung und sagte: »Ich freue mich sehr darüber.« Er lächelte ihm zu.

Kid lächelte zurück. Er befand sich in einem eigenartig traumversponnenen Zustand, so als wür- de er sich völlig losgelöst selbst betrachten und zuhören.

»Und genau so, wie du Rückblick sehen kannst, nach vorne schauen ges Leben hinwegschwe-ein in die Zeit, die irgend-sein wird.

dein Leben von hier aus im kannst du natürlich auch und über dein zukünfti-ben. Weiter und weiter hin-wann auch einmal gewesen

Du schwebst vorwärts in der   Zeit. Tage, Monate, Jahre gleiten unter dir hinweg. Du wirst älter und weißt mehr und mehr über dich selbst, über andere Menschen und die verschiedenen Welten, aus denen wir alle zu kommen scheinen. Du hast viele unterschiedliche Erfahrungen gesammelt, gute und schlechte, und wahrscheinlich hast du schon gelernt, daß es verschiedene Möglichkeiten gibt, die Welt zu betrachten.

Auf deinem Lebensweg liegen viele schöne Erinnerungen und vielleicht locken viele neue Ziele und Träume in der Zukunft. Und wenn du ausprobieren willst, wie es ist, wenn du dieses oder jenes Ziel erreicht hast, dann kannst du hinunterschweben und all das erleben was es dort zu sehen und zu hören gibt. Und fühlen, wie es ist, wenn du dieses Ziel erreicht hast.

Und dann steigst du wieder hoch und schwebst weiter über deinem Lebensweg hinweg. Weiter und weiter in die Zukunft hinein. Und allmählich näherst du dich dem Punkt, wo dein Lebensweg abbricht und in etwas anderes übergeht. Du näherst dich deinem Tod.

Und in dem Moment, in dem du die Schwelle zwischen Leben und Tod überschreitest, scheint sich dein ganzes Leben in Sekundenschnelle vor dir auszubreiten. Du siehst all die vielen Jahre und Erlebnisse deines Lebens gleichzeitig vor dir ablaufen, so als würden die Jahre nicht nacheinander sondern alle nebeneinander ablaufen. Trotzdem kannst du jede einzelne Szene und Situation glasklar und deutlich vor dir sehen.

Und auf einmal beginnst du zu begreifen, wie jedes kleinste Erlebnis mit jedem anderen Ereignis verbunden ist und wie ein großes Puzzle zusammenpaßt.

Und während du dir das große Bild deines Lebens anschaust, kannst du dir überlegen, ob dir das Bild gefällt, das du vor dir siehst.

Kannst du von diesem Ort aus sagen, daß dir dein Leben gefallen hat? Bist du zufrieden mit dem, was du erreicht hast, oder hättest du gern ein ganz anderes Leben gelebt? Vielleicht aufregender, vielleicht ruhiger? Vielleicht reicher oder noch ganz anders?

Oder wärst du selbst gern ein anderer gewesen? Vielleicht mutiger oder talentierter, vielleicht auch beliebter oder strebsamer, was auch immer.

Nimm einfach wahr, wie die Dinge waren. Ohne Ausreden, ohne kleine und große Lügen zu gebrauchen, siehst du jetzt einfach die Tatsachen so, wie sie sind, ob sie dir gefallen oder nicht.«

Kid schaute sich das Bild seines Lebens genau an. Er fühlte sich eigenartig körperlos und frei und es dauerte eine Weile bis er merkte, daß er wieder am gleichen Ort war, wie vor seiner Geburt. Nur schaute er diesmal auf sein Leben zurück.

War sein Leben so gelaufen, wie er es sich damals vor seiner Geburt vorgestellt hatte? Hatte das vergangene Leben sich gelohnt?

Kid sah seinen leblosen, starren Körper unter sich liegen. Die Familie, Freunde und Nachbarn versammelten sich an seinem Sarg. Fast alle weinten und sahen niedergeschlagen und traurig aus.

Niemand bemerkte Kid. Es war schon seltsam, mitten unter den Menschen zu sein und gleichzeitig für sie so unsichtbar zu bleiben, als hätte man eine Tarnkappe auf. Sie sprachen über Kid. Und so hörte er jetzt, was seine Familie und Freunde wirklich von ihm gedacht hatten, und wie sie Kid eingeschätzt und beurteilt hatten.

Kid lauschte nachdenklich. ›Wie möchte ich mein Leben eigentlich leben, damit ich von hier aus sagen kann, es war ein wundervolles Leben?‹ fragte er sich und schaute sein Lebensbild noch mal genauer an. ›Was genau würde ich gern anders machen und wie würde ich es tun?‹ überlegte er und versank für eine Weile in tiefes Nachdenken.

Die Stimme seines Ratgebers riß ihn aus seinen Gedanken.

»Und wenn du jetzt wieder zurückkehrst, zurück hierher in dein Bett, in diesen Tag in deinem Leben, gibt es etwas, das du von jetzt an anders machen möchtest?«

Er lachte. »Manchmal sind es nur Kleinigkeiten, die wir ändern müßten um richtig zufrieden zu sein. Versuch' einfach mal, wie es wäre, wenn du das machen würdest, was du von Anfang an tun wolltest. Weshalb du ursprünglich auf diese Welt gekommen bist.«

Kid stellte sich vor, was er an diesem vergangenen Tag anders hätte machen können. Na ja, einiges gab es da schon, was er lieber nicht getan oder gesagt hätte. Und natürlich gab es einige Dinge, die er schon immer machen wollte, aber nie getan hatte.

Eine Zeitlang war es sehr still im Zimmer.

Kid blickte auf sein bisheriges Leben zurück und in sein zukünftiges hinein. Es kam ihm so vor, als würde er es jetzt ganz anders begreifen, klarer und zusammenhängender. Eben als ganzen Film und nicht lauter kleine Ausschnitte davon.

»Danke«, sagte er zu seinem Ratgeber und lächelte ihm zu.

»Gern geschehen«, sagte er, »denk einfach immer daran, daß alles was du gerade machst, das letzte sein könnte, was du tust. Dann wirst du ganz von selbst das wirklich Wichtige und Wesentliche tun.«

Kid nickte und war im nächsten Moment tief und fest eingeschlafen.

Später erwachte er in einem herrlichen, wundervollen Traum, in dem er träumte einen Traum zu träumen.

Deutung
21. Die Welt

Urbild	Das Paradies
Eigenschaften der Karte	innerer und äußerer Reichtum, Lebensfreude, Anerkennung, im Einklang mit dem Universum sein, seine Mitte finden, Erleuchtung, Ziele erreichen, Vereinigung von Körper, Geist und Seele,
Gefahr	Verachtung seiner selbst und anderer, Leichtfertigkeit, Nichtbeachtung von Ahnungen und Winken des Schicksals, Hinterhältigkeit, Vermögensverlust
Botschaft	Du, die Welt und das Unfaßbare sind eins.
Ziel	Schöpfer seiner eigenen Welt werden, das alltägliche Leben meistern.
Zur Erinnerung	Ohne mich würde dem Universum etwas fehlen.

Ein ganz besonderes Geschenk

Unter Kid glänzte die endlose Wasserfläche im hellen Sonnenlicht. Gleichzeitig hatte er das eigenartige Gefühl, er müßte nur einen Schalter in seinem Kopf umlegen, und augenblicklich wäre tiefschwarze, von funkelnden Sternen gesprenkelte Nacht. Er überlegte noch was, das bedeuten könne, als plötzlich eine Insel auftauchte und schnell näher kam.

Noch bevor er die Insel wirklich erkennen konnte, wußte er, daß die Insel des alten Magiers vor ihm lag. Er stieß einen Freudenschrei aus und klopfte begeistert auf den Teppich.

Er freute sich darauf, gleich dem alten Zauberer wieder zu begegnen und ihm von all seinen Abenteuern und Erlebnissen zu erzählen. Seit sie sich das letzte mal gesehen hatten, war viel Zeit vergangen.

Der alte Mann stand vor seinem Haus und schien über sein plötzliches Auftauchen nicht weiter überrascht zu sein. Wie damals hieß er ihn herzlich willkommen und führte ihn ins Haus, wo schon alles für einen langen gemütlichen Abend am Kaminfeuer bereitstand.

Wieder saßen sie beieinander und plauderten. Das heißt eigentlich erzählte nur Kid. Der alte Zauberer hörte zu, nickte nur hin und wieder zustimmend oder schüttelte ungläubig den Kopf, je nach dem, was Kid gerade erzählte.

Nach der langen Reise schwelgte Kid in einer Welt voller Erinnerungen. Immer noch mehr neue Abenteuer, Eindrücke und Erlebnisse fielen ihm ein, die er unbedingt noch erzählen mußte. Der Alte lauschte lächelnd seinem Bericht, ohne ihn zu unterbrechen.

Plötzlich erinnerte sich Kid an ein Erlebnis, das ihm noch immer Bauchschmerzen machte, und an das er nicht so besonders gern dachte. Er überlegte, ob er darüber sprechen sollte, oder ob es besser war, es einfach zu vergessen.

Der Alte saß still in seinem Sessel und sah ihn mit seinen weisen Augen an. Kid war die Erinnerung noch immer sehr peinlich, und er haßte es, bloß daran zu denken. Andererseits mußte er einfach mal mit jemand darüber sprechen, oder er würde platzen.

Zögernd begann er zu erzählen. Aufgeregt, so als würde er das Ganze gerade noch einmal erleben, schilderte er, was damals vorgefallen war, wie blöd er sich benommen hatte, und wie er sich noch immer fühlte, wenn er bloß daran dachte.

Der Zauberer hörte ihm aufmerksam zu. Dann begann, ganz hinten in seinen Augen, ein verdächtiges Glitzern aufzutauchen. Seine Augen wurden schmaler und schmaler, während sich seine Mundwinkel gleichzeitig mehr und mehr nach oben zogen. Und mit einem Mal schien der ganze Raum von seinem tiefen, dröhnenden Lachen zu beben. Er lachte und lachte, bis ihm Tränen die faltigen Wangen hinunterliefen und er atemlos nach Luft schnappen mußte.

Kid guckte ihn irritiert an. Wieso lachte der alte Zauberer bloß über sein Problem? Oder lachte er ihn aus? Er hatte es ja gleich gewußt, daß niemand ihn verstehen würde.

»Es liegt nur daran, weil ich ...«, begann er sich zu verteidigen, aber bevor er richtig loslegen konnte, prustete der Zauberer wieder los.

»Ich meine doch bloß«, versuchte er zu erklären, »wenn ...«, aber egal, was er auch sagte, der alte Zauberer lachte nur noch lauter. Kids Problem schien den Alten köstlich zu amüsieren.

Kid starrte seinen geschätzten Meister wütend an. Wieso lachte er denn nur? Er wollte gerade beleidigt aufspringen, als es plötzlich in seinem Kopf klickte und er sich selbst wie mit anderen Augen sah, so, als ob er auf einmal neben sich stehen und sich selbst zuhören würde.

Kaum hatte er sich eine Weile zugesehen, brach er selbst in prustendes Gelächter aus. Zu komisch, wie er unglücklich im Sessel hing und mit klagender Stimme vor sich hin jammerte. Erneut brach er in wieherndes Gelächter aus. Jetzt fühlte er sich schon viel besser.

Später, als sie sich wieder beruhigt hatten, fragte der Zauberer in die Stille hinein: »Was meinst du: Ist der Kid, der eben so herzlich über sich selbst gelacht hat, der gleiche Kid, wie der, der über sein Problem gejammert hat, hm?«

Kid schaute ihn verwirrt an und dachte dann lange nach.

»Irgendwie schon«, sagte er schließlich, noch immer durcheinander, »aber dann auch wieder nicht.«

Der Alte nickte bedächtig, dabei zwinkerte er Kid verschmitzt zu.

»Jeder von uns ist ein kleines, sich ewig wandelndes Universum für sich«, erklärte er dann, »aber häufig tun wir so, als ob wir dieses ganze wundervolle Universum in uns unter einem Begriff zusammenfassen könnten. Manchmal sagen wir dann: ›Ich bin ein Blödmann!‹ oder ›Ich bin wütend!‹ oder ›Ich bin der Größte!‹ oder was auch immer und vergessen all das andere, das wir gleichzeitig auch noch sind. Dann sagen wir ›Ich‹ und glauben dieses kleine mal blöde, mal wütende oder ängstliche ›Ich‹ sei all das, was wir sind. Das ist dann ungefähr so, wie wenn dein kleiner Finger von sich behaupten würde, ich bin Kid, und der Rest ist gar nicht vorhanden.«

Kid lachte. Er guckte auf seinen kleinen Finger und wackelte damit herum. »Ich bin Kid!« ließ Kid den kleinen Finger mit piepsiger Stimme sagen, während er ihn vor sich selbst und dem Zauberer eine tiefe Verbeugung machen ließ.

Der Zeigefinger schnellte hoch und Kid rief mit empörter Stimme: «Stimmt doch gar nicht! Ich, der Zeigefinger, bin Kid!«

»Moment mal!« Kid sprach jetzt langsam und mit einer tiefen Stimme, wobei er den Daumen in die Luft reckte. »Wenn hier einer von sich behaupten kann, er wäre Kid, dann doch wohl ich!« sagte er, »ohne mich wärt ihr ganz schön aufgeschmissen.«

Der Ringfinger schoß hoch und riß den Mittelfinger mit. »Ich glaube, ihr irrt euch«, der Ringfinger klang ziemlich hochnäsig, »ich nenne mich schon so, seit ich denken kann.«

»Und ich«, der Mittelfinger richtete sich zu seiner vollen Größe auf, »überrage euch alle. Also bin ich derjenige, der das Recht hat, diesen Namen zu tragen.«

Kid kringelte sich vor Lachen, während er seine Finger weiter darüber streiten ließ, wer von ihnen Kid wäre.

»Und wer ist dann deine Hand?« fragte der Zauberer schmunzelnd.

Kid überlegte. »Das ist der Super-Kid mit seinen fingrigen Helfern«, rief er und wedelte mit seiner Hand durch die Luft.

»Und all das was an der Hand noch dranhängt, was wäre dann das?« fragte der Zauberer weiter.

»Mmmhhh«, Kid guckte unschlüssig auf seine Hand und dann seinen Körper an. »Vielleicht die Erde, zu der die Hand gehört?« fragte er unsicher.

Das runzlige Gesicht des alten Magiers verzog sich zu einem Lächeln. »Zum Beispiel könnte es die Erde sein«, sagte er und nickte.

»Und das, was deinem Körper, deiner Hand und deinen Fingern sagt, was sie tun sollen, was wäre das dann?« fragte er weiter.

Kid brauchte nicht lange zu überlegen. »Das wäre dann so was wie ein Gott, glaube ich.« Er guckte seine wackelnden Finger an und lächelte ihnen zu.

»Ob die eine Ahnung haben, was noch alles an ihnen dranhängt?« Er grinste den Alten an.

»Wahrscheinlich eher nicht, obwohl sie unterschwellig schon ahnen, daß ihre kleine Welt nicht alles ist, was es gibt. Aber das, was der kleine Finger erlebt, ist eben nicht mit der Welt zu vergleichen, in der zum Beispiel dein Herz lebt. Sie machen einfach unterschiedliche Erfahrungen in völlig verschiedenen Umgebungen. Der Finger draußen in der Welt und das Herz im Inneren des Körpers.«

»Aber sie gehören doch irgendwie zusammen«, wandte Kid ein, »es muß doch eine Möglichkeit geben, wie mein Finger und mein Herz miteinander reden können.«

»Die gibt es auch. Aber dazu muß der Finger natürlich erstmal einsehen, daß er allein nicht Kid ist und seine Art die Welt zu betrachten, nicht DIE Welt ist. Das gleiche gilt natürlich für die anderen Finger. Aber in dem Moment, in dem sie sich als Teile eines größeren Ganzen begreifen, in dem Augenblick leben sie, trotz ihrer unterschiedlichen Erlebnisse, wieder in der gleichen Welt und können miteinander reden und sich darüber austauschen, was jeder erlebt. Verstehst du, was ich meine?«

Kid nickte, obwohl er sich nicht so ganz sicher war, ob das auch wirklich stimmte.

Der Magier schaute eine Weile stumm vor sich hin, dann schien ihm eine Idee zu kommen. »Nimm zum Beispiel deine vielen verschiedenen Abenteuer, von denen du mir gerade erzählt hast. Wo ist das lustige Ich hingekommen, wenn du dich gerade wütend fühlst?«

Kid zuckte ratlos mit den Schultern. Darüber hatte er sich noch keine Gedanken gemacht.

»Und ist der Kid, der gerade über seine lustigen oder traurigen Erlebnisse und bestandenen Abenteuer erzählt, der gleiche wie der, der sie erlebt hat? Was meinst du?« Der alte Zauberer ließ nicht locker.

Kid verdrehte die Augen und lachte verlegen. Worauf wollte der Alte hinaus?

Als hätte er Kids Gedanken gelesen sagte der Magier: »Du hast eine lange Reise hinter dir. Du hast viele unterschiedliche Dinge erlebt. Mal warst du mutig und voller Tatendrang, mal fühltest du dich ängstlich und verzweifelt, und dann wieder hast du geglaubt, der glücklichste Mensch auf der ganzen Welt zu sein. Kann man doch so sagen oder?«

Kid nickte.

»Stell dir vor, du bist König eines riesengroßen Reiches. Einige Gegenden deines Landes sind dir bekannt, von anderen Teilen weißt du nicht einmal, daß es sie gibt. Eines Tages beschließt du auszuziehen, um dein ganzes Land und alle deine Untertanen kennenzulernen. Auf deiner Reise lernst du die fruchtbaren, grünen Täler und tiefen Wälder deines Reiches kennen, aber auch durch wüste Einöden und über steile, steinige Berghänge führt dich dein Weg. Du begegnest vielen freundlichen Menschen, aber auch manch finsteren Gesellen, bei denen es dir lieber wäre, sie lebten nicht in deinem Land. Aber als König weißt du, daß die guten wie die finsteren Gestalten genauso zu deinem Reich gehören wie grüne, fruchtbare Talwiesen und steinige Berge.

Und weil du das weißt, lädst du sie alle miteinander zu einem großen Fest zu dir in deinen Palast ein. Und jeder bringt zu diesem Fest ein Geschenk mit, Geschenke, denen du deinen inneren und äußeren Reichtum verdankst. Und einige dieser Geschenke werden so verpackt sein, daß du sie nicht sofort als Geschenke erkennst und du sie am liebsten wegwerfen würdest.

Aber du weißt ja, man soll sich von Äußerlichkeiten nicht täuschen lassen. Im Leben ist das, was man vor Augen hat, selten das, was es tatsächlich ist. Meistens ist es ganz anders.«

Kid guckte den alten Zauberer an.

»Ich würde auch gern mal ein großes Fest feiern«, sagte er.

»Das trifft sich gut«, der Alte strahlte ihn an, »ich habe nämlich alle eingeladen, denen du auf deinen Reisen begegnet bist. Sie warten nur darauf, daß das Fest endlich losgeht.«

Er klatschte in die Hände und durch die Tür drängelten alle herein, denen Kid in seinen Abenteuern begegnet war. Als Erster stolperte der Narr in die Stube, dabei drohte das große, weiß leuchtende Ei in seinen Händen herunterzufallen. Kid wollte gerade aufspringen und es auffangen, da hüpfte der Narr samt Ei auf seinen Schoß. Kid versuchte ihn lachend wegzuschieben, aber der Narr saß wie festgeklebt auf ihm, während die anderen ins Zimmer strömten und sich im Halbkreis um Kid aufstellten.

»Wir haben dir was mitgebracht«, kicherte der Narr, warf das Ei in die Luft und fing es geschickt wieder auf.

Kid sah ihn fragend an, denn außer dem Ei konnte er nichts entdecken.

»Nicht, was du denkst«, der Narr ließ das Ei auf seiner Fingerspitze tanzen und grinste zu dem Zauberer hinüber, »wir sind das Geschenk!«

Er sprang auf und gab den anderen ein Zeichen. Plötzlich war das Zimmer von lauter Musik erfüllt, und alle begannen um Kid herumzutanzen.

»Das ganze Leben ist ein Spiel ...«, grölte der Narr laut und falsch, dabei warf er das Ei zu Kid hinüber, »... komm, spiel' es mit mir!«

»Andere sagen, das Leben ist ein Geheimnis ...«, die Stimme der Mondfee klang glockenhell, als sie sich zu Kid hinunterbeugte. Wieder explodierten tausend Sterne in ihren Augen, »... laß es uns zusammen entdecken!«

»Ich finde, das Leben ist eine spannende Reise ...«, die Prinzessin tanzte singend an ihm vorüber, »laß sie uns zusammen vollenden!«

»Man könnte aber auch sagen, das Leben ist Verantwortung ...«, schmetterte die Stimme des Königs, »... trage sie!«

»Das Leben ist unbegreiflich ...« dröhnte der Lehrer mit tiefer Baßstimme, »... nimm es in deine Hand!«

»Ich glaube, Leben ist einfach Liebe. Genieße sie!« Amor flog trällernd um Kids Kopf herum und schoß einen Pfeil mitten in Kids Herz.

Robin klopfte Kid auf die Schulter. »Für mich ist das Leben eher ein Abenteuer. Laß es uns wagen!« Er zog Kid aus seinem Sessel und hüpfte mit ihm an der Hand zwischen den anderen herum.

»Quatsch, das Leben ist ein Ge- fängnis ...«, brüllte der Löwe, »... jedenfalls solang man im Dun- keln sitzt. Befrei dich!«

»Das Leben ist eine Ge- legenheit, nutze sie!« Der alte Schuster nickte ihm auf- munternd zu, während er von einem Bein aufs andere hüpfte.

»Das Leben bringt Freude und Leid, wach- se daran!« Die Stimme von Fee klang rein und zart. Sie lächelte Kid mit Tränen in den Augen an.

Der alte Mann mit dem Schwert und das Mädchen mit der goldenen Kugel tanzten an Kid vorbei. »Das Leben ist kostbar ...« brummte der Alte. »... Weiß es zu schätzen!« stimmte das Mädchen ein und sah Kid tief in die Augen.

»Vor allem ist das Leben ein Traum, den es zu verwirklichen gilt.« Die Formwandler-Elfe schwirrte um Kid herum und veränderte ständig ihre Gestalt und Art zu singen.

»Das Leben ist ein Geschenk ...«, die Stimme tönte körperlos im Raum, Kid konnte nicht erkennen, zu wem sie gehörte. »... Freu dich darüber!«

Der rote Teufel schoß kichernd von einem zum anderen und schrie mehr, als daß er sang »Unberechenbar ist das Leben, ob du's glaubst oder nicht.«

»Ach was, das Leben ist Pflicht!« schallte die empörte Stimme von Herrn Meier. Prinzessin Aurora zupfte ihn am Ärmel und lächelte ihm lieblich zu. »Natürlich nicht nur ...«, fügte Herr Meier hinzu, nahm Aurora in die Arme und wirbelte sie durch die Luft.

»Das Leben ist eine Tragödie ...« jammerte die arabische Prinzessin Tränen aufgelöst, »... sei darauf gefaßt!«

Ein Sternenregen verzauberte plötzlich das Zimmer und verwandelte es in ein von funkelndem, glitzernder Sternenstaub erfülltes Paradies. »Für mich ist das Leben voller Hoffnung und Schönheit ...«, die Sternenfrau zwinkerte Kid zu, und streute immer noch mehr Sternenstaub über die singende und tanzende Schar »... glaube daran!«

»Das Leben ist voller Prüfungen ...«, die Heilerin, das Mädchen und der Junge stupsten Kid abwechselnd an, »... Bestehe sie!« summte die Weise und deutete auf die Mondperlenkette um Kids Hals.

»Das Leben ist Glück, ganz einfach nur Glück ...« juchzten die Zirkusleute, setzten Kid auf ihre Schultern und tanzten mit ihm im Zimmer zwischen all den anderen herum. »... Genieße es!«

»Das Leben ist ein Schatz ...« Kids Ratgeber tat so, als würde er einen großen Schatz vor ihn hinlegen »... Nimm ihn, er gehört dir!«

Der alte Zauberer erhob sich aus seinem Sessel und schritt langsam und feierlich zu Kid hinüber. Als er vor ihm stand, verbeugte er sich. Während er auf die tanzenden, singenden und lachenden Gestalten wies, ließ er in seiner tiefen, schönen Stimme eine weitere Strophe erklingen:

»All das ist dein Leben und noch viel, viel mehr«, dabei wackelte er mit seinen Fingern vor Kids Nase herum, »je nach dem, als wer und von wo aus du es betrachtest.«

»Und noch viel, viel mehr ... und noch viel, viel mehr«, sangen die anderen im Chor dazu und sprangen immer wilder und ausgelassener um Kid herum.

Während sie gesungen und getanzt hatten, hatte sich das Zimmer mit immer mehr Gästen gefüllt. Jetzt klatschten alle begeistert in die Hände.

»Bravo!« schrie Kid, »Bravo! Das ist Spitzenklasse! Das werde ich bestimmt nie mehr vergessen.«

Der Zauberer wedelte jetzt mit seiner Hand durch die Luft und lächelte Kid verschmitzt an. »Und jetzt laßt uns zusammen feiern und das Leben in seiner ganzen Fülle genießen. Es kommt schließlich nicht oft vor, daß wir alle miteinander bei Kid sind«, sagte er und schnippte mit den Fingern. Im gleichen Moment verwandelte sich das einfache kleine Haus in einen prächtig geschmückten Palast, in dem sich die Tische unter allerlei Köstlichkeiten bogen.

Es wurde ein rauschendes, wundervolles, unvergeßliches Fest. Selbst als Kid schon längst wieder zu einer neuen Reise aufgebrochen und in neue Abenteuer verwickelt war, dachte er noch oft an dieses herrliche Fest. Dann summte er das Lied des Lebens vor sich hin und fühlte sich sofort auf eine unbeschreibliche Weise sicher und geborgen, ganz egal, wo er sich im Universum gerade aufhielt.

287

Ausklang

Kinder, und nicht nur sie, brauchen Geschichten. Das ist eine uralte Weisheit Denn durch Geschichten lassen sich die Dinge am allereinfachsten sagen. Selbst die vielschichtigsten Zusammenhänge in der Welt draußen und im eigenen Inneren können durch sie klarer und verständlicher werden.

Geschichten können eine große Hilfe sein, um das eigene Wesen besser zu verstehen, ungenutzte Fähigkeiten, die in jedem von uns schlummern, zu fördern und nutzbar zu machen.

Kinder zeichnet eine natürliche Empfänglichkeit für Geschichten, Märchen und Gleichnisse aus. Sie versuchen erst gar nicht eine Geschichte zu verstehen, sondern tauchen mit ihrer ganzen Vorstellungskraft in sie ein. Für sie ist es ein müheloser Flug in ihre ganz eigene innere Welt. Und genau dieses Vorstellungsvermögen läßt, wenn es erst einmal angeregt wurde, das entscheidende Verständnis entstehen, das den Weg für neue, entscheidende Entwicklungsschritte bereitet.

In einer Zeit, in der traditionelle Werte und Religionen zunehmend an Bedeutung verlieren, müssen wir zunehmend auf unsere Seele und ihre symbolischen Botschaften hören und begreifen lernen, wofür ihre Bedürfnisse in unserem Leben stehen.

Eine weit verbreitete Möglichkeit, Zugang zu diesen symbolischen Botschaften unserer Seele zu finden, sind die Tarotkarten. In den gleichnishaften Bildern der Großen Arkana, spiegeln sich universelle Gesetze oder Prinzipien des Lebens wieder, durch die wir alle in verschiedenen Abschnitten unseres Lebens gehen. Sie befassen sich mit Erfahrungen und Bewußtseinsstufen, die für alle Menschen von Bedeutung sind.

Für viele Menschen ist das Tarot zu einem Schlüssel geworden, mit dem sie die Tür zu ihrem Unbewußten öffnen können. Mit Hilfe des Tarot lernen sie, ihre eigene Intuition, ihre innere Weisheit zu gebrauchen und ihr Innerstes so anzuzapfen, daß es ihnen Wege aufzeigt, wie sie wachsen und immer mehr zu dem entwickeln können, was ihr eigentliches Wesen ist.

Was lag also näher, als die archetypischen Bilder des Tarot in Geschichten zu verpacken?

Die Geschichten in diesem Buch sind so erzählt, daß ein ineinander verwobenes Geflecht aus Lernerfahrungen, Intuition und Zielen entstehen kann, die dem Leser oder Zuhörer eine wichtige Botschaft über sich selbst und die Welt, in der er lebt, vermitteln.

In der Regel macht es Kindern viel Spaß, über Geschichten zu lernen. Lieber lassen sie sich etwas Spannendes oder Lustiges erzählen, als daß sie direkte Unterweisungen und vorgeschriebene Regeln befolgen.

Die Welt und sich selbst auf diese Weise verstehen und einordnen zu lernen, heißt sich ein intuitives, ganzheitliches Erfassen einer Situation oder eines Menschen anzueignen. Es bedeutet, sich nicht nur auf ein logisch ausgerichtetes Denken, wie es in unsere Welt und im Schulunterricht noch immer vermittelt wird, zu verlassen.

Wer die Welt auf diese Weise begreifen lernt, wird sie nie beschriften und in Schubladen packen wollen, sondern für die vielen gleichzeitig bestehenden Bedeutungen und Möglichkeiten offen sein. Für ihn wird es ganz natürlich sein, das menschliche Bewußtsein erweitern zu wollen und ein immer neues, schöpferisches Verständnis seiner einzigartigen inneren Erlebniswelt zu erfahren.

Mit diesem Modell der Welt können wir unseren Kindern - und uns selbst - kein wertvolleres Geschenk machen.

Die Großen Arkana

0. Der Narr

Urbild: Das Kind

Eigenschaften der Karte: Unbekümmertheit, Unschuld, Mut, Abenteuerlust, Sehnsucht, Vertrauen in das Schicksal, Suche nach Neuem

Warnt vor: Leichtsinn, Unreife, Probleme durch Gedanken- und Gewissenlosigkeit, Chaos, Infantilität

Botschaft: Hänge nicht an Vergangenem, vertraue dem Leben. In mir sind alle Möglichkeiten, das Neue zu gestalten.

Ziel: Das Neue und Unerwartete offen und vorbehaltlos annehmen.

Zur Erinnerung: Wer kein festes Ziel hat, kann sich auch nicht verlaufen.

1. Der Zauberer (Der Magier)

Urbild: Der Zauberer, der Magier

Eigenschaften der Karte: Klugheit, Kraft, Selbstvertrauen, Macht, grenzenloser Tatendrang, Vorstellungskraft, neuer Schwung, Einfluß, Wissen, neue Ideen, Konzentration, Meisterschaft

Warnt vor: Machtmißbrauch, Überheblichkeit, Anmaßung, Ausbeutung, Vorspiegelung falscher Tatsachen, Entschlußlosigkeit, schwarzer Magie

Botschaft: Wie oben, so unten; wie außen, so innen. Bestimmst Du die Situation, oder beherrscht sie Dich?

Ziel: Herausforderungen meistern lernen. Den höheren Sinn erkennen und mit dem persönlichen Wollen vereinen.

Zur Erinnerung: Meine Möglichkeiten sind grenzenlos, und ich weiß sie zu nutzen

2. Die Mondfee (Die Hohepriesterin)

Urbild: Die Jungfrau

Eigenschaften der Karte: Ruhe, Weisheit, Geduld, Phantasie, innere Ausgeglichenheit, Liebe, Sanftmut, Güte, Glück, Vertrauen in die eigenen Eingebungen

Warnt vor: Realitätsflucht, Lebensangst, ständig nagendem Zweifel, gefühlsmäßiger Unausgeglichenheit, Egoismus, Oberflächlichkeit, Rachsucht

Botschaft: Um mich sind lichte und dunkle Kräfte am Wirken.
Intuitiv erfasse ich die Lösung, die sich der bewußten Erkenntnis entzieht.

Ziel: Den eigenen Eingebungen vertrauen
und Zugang zu unbewußten Bereichen finden.
Die verborgene, weibliche Kraft in uns entdecken und nutzen lernen.

Zur Erinnerung: Ich vertraue meiner inneren Eingebung. Meine Träume und Ahnungen weisen mir den rechten Weg.

3. Die Prinzessin (Die Herrscherin)

Urbild: Die Mutter, Mutter Erde/Natur

Eigenschaften der Karte: innerer und äußerer Reichtum, Fruchtbarkeit, Fürsorge, Schutz, Freigiebigkeit, Hilfsbereitschaft, Geborgenheit, Pflichterfüllung, Grundlagen für die Zukunft schaffen, Harmonie und Liebe, Leidenschaft

Warnt vor: Willkür, Uneinsichtigkeit, Chaos, der bösen Hexe, Femme fatale, mütterlicher Tyrannei, Prunksucht, Naturkatastrophen

Botschaft: Mutter Natur hat viele Gesichter. Auf der einen Seite schenkt sie Leben, auf der anderen bringt sie den Tod. Doch aus all diesen scheinbaren Gegensätzen entsteht alles Neue.

Ziel: Die Vielfalt des Lebens entdecken und annehmen.
Ausgleich von Gegensätzen durch Geburt eines Dritten
(1 + 2 = 3, Vater + Mutter = Kind)

Zur Erinnerung: Ich gebe und nehme im Einklang mit Mutter Natur.

4. Der König (Der Herrscher)

Urbild: Der Vater, der Patriarch

Eigenschaften der Karte: Autorität, Stabilität, Willensstärke, Vernunft, Sinn für Gerechtigkeit, Energie, Kraft, Tatendrang, Mut, Selbstbeherrschung, Beharrlichkeit, Pflichtbewußtsein, Ordnung schaffen, Führungsqualitäten

Warnt vor: Hochmut, Rücksichtslosigkeit, Selbstverherrlichung, übertriebener Härte, Krieg um des Krieges Willen, Willkür, Brutalität

Botschaft: Wer sich selbst beherrscht, beherrscht die Welt.

Ziel: Stabilität und Ordnung schaffen, um langfristig sichere Zustände zu gewährleisten.
Sich selbst erkennen und das Erkannte in die Tat umsetzen.

Zur Erinnerung: Meine Pläne und Wünsche sind wohl durchdacht, ich kann sie Wirklichkeit werden lassen.

5. Der Lehrer (Der Hohepriester)

Urbild: Der Heilige, der Prophet; einer, der die Geheimnisse von Himmel und Erde erklärt

Eigenschaften der Karte: Sinnsuche, Suche nach geistigen Wahrheiten, Erkenntnis, Ansehen, tiefreichende Einsichten, Vertrauen und Freiheit durch Wissen, Offenbarung, Erleuchtung, Stabilität, Ängste überwinden, Initiation, Gemeinschaft

Warnt vor: blindem Glauben, Gutgläubigkeit, Heuchelei, Arroganz, Anmaßung, Dogmatismus, festhalten an alten Mustern

Botschaft: Der Ursprung allen Seins ist für unseren Verstand unbegreiflich.

Ziel: Sinnfindung, tiefere Bedeutung erkennen, Erleuchtung, sich neuen Eindrücken öffnen

Zur Erinnerung: Auch wenn ich die letzten Dinge nicht verstehe, ich fühle mich als Teil des Ganzen.

6. Die Freunde (Die Entscheidung)

Urbild:	Amor, der Scheideweg
Eigenschaften der Karte:	Liebe in all ihren Erscheinungsformen, Einheit, Harmonie, Aufrichtigkeit, Hingabe und Vereinigung der Gegensätze, innere Prüfung, Fürsorge, freie Entscheidung, Willensfreiheit, Transformation, Selbstverantwortung, Lösung aus Abhängigkeiten
Warnt vor:	Haß, krankhafter Eifersucht, Zögern, lähmender Sehnsucht nach einer verflossenen Liebe, Scheidung, Untreue, Ratlosigkeit, zu großer Nachgiebigkeit sich selbst gegenüber
Botschaft:	Jede Entscheidung für etwas ist zwangsläufig auch eine gegen etwas. Um das eine zu bekommen, muß etwas anderes losgelassen werden. Je mehr du dich selbst mit all deinen Stärken und Schwächen annimmst, desto liebenswerter wirst du für andere.
Ziel:	Selbstverantwortung, freie Wahl treffen zwischen Annehmlichkeiten und Pflichtbewußtsein
Zur Erinnerung:	Jeden Morgen entscheide ich erneut, wie ich mich fühlen möchte.

7. Der Held (Der Wagen)

Urbild:	der Aufbruch des jungen Helden
Eigenschaften der Karte:	Übermut, der Weg nach vorne, Sieg, Triumph, Selbstüberwindung, Mut, sich Widrigkeiten stellen, Klarheit, Hindernisse überwinden, Harmonie der Kräfte finden, Abschluß eines Lernprozesses
Warnt vor:	Festhalten an Gewohnheiten, Hochmut, Rücksichtslosigkeit, Leichtsinn, Selbstüberschätzung, Größenwahn, Orientierungslosigkeit
Botschaft:	Wer andere bezwingt, ist stark; wer sich selbst besiegt, ist mächtig. (Lao-Tse)

Ziel:	Seinen eigenen Platz in der Welt finden.
Zur Erinnerung:	Ich finde und hebe meinen eigenen Schatz - in mir.

8. Die Meisterin (Die Kraft)

Urbild:	Der Kampf mit dem Drachen
Eigenschaften der Karte:	Mut, Selbstbeherrschung, Tatkraft, Freude, Hingabe, innere Stärke, Arbeit an sich selbst, Meisterschaft, befreiende Kraft; Intelligenz und innere Eingebung siegen über rohe Gewalt und Naturkräfte
Warnt vor:	Selbstüberschätzung, Sieg niederer Kräfte, Aggressivität, Ungeduld, Mutlosigkeit angesichts schwieriger Lebensumstände, Zorn, Wut, Machthunger
Botschaft:	Befreie und zähme deine animalische Natur durch liebevolles Annehmen.
Ziel:	Meisterung der dunklen Kräfte in uns.
Zur Erinnerung:	Meine dunkelsten Schatten zeigen, wieviel Licht in mir ist.

9. Der Alte (Der Einsiedler)

Urbild:	Der alte, weise Mann
Eigenschaften der Karte:	Selbsterkenntnis, Weisheit, in sich selbst ruhen, Meditation, Rückzug, Konzentration auf das Wesentliche, Zeit der Besinnung, Neubewertung von Lebenszielen und -inhalten, Abkehr von Äußerlichkeiten, Verständnis und Vorsicht leiten den Willen
Warnt vor:	Festhalten an bedeutungslosen Aktivitäten, Isolation, Frucht vor Erneuerung, Sturheit, Verbitterung, Zurückweisen von Hilfsangeboten, Menschenfeindlichkeit
Botschaft:	Besinne dich auf deine eigene, innere Weisheit. Sie ist dein bester Führer. Akzeptiere, daß du letztendlich allein bist.
Ziel:	Den Weg der eigenen Vollendung beschreiten. Sich selbst genug sein.

10. Die Fee (Rad des Schicksals)

Urbild: Fortuna, Glück, Rad des Schicksals

Eigenschaften der Karte: unerwartetes Glück oder Unglück, das ewige Auf und Ab des Lebens, Veränderung, Neuanfang, Erfolg, das freie Spiel der Kräfte, Fortschritt, neue Erfahrungen, Lebenskraft, günstige Gelegenheiten, Entwicklung

Warnt vor: Resignation, Fatalismus, Not, Sorglosigkeit, Widrigkeiten, Ich-Verhaftung, Instabilität, Ende eines Glückszyklus

Botschaft: Du kannst die Ereignisse nicht im- mer ändern, wohl aber deine Art und Weise mit ihnen umzugehen.

Ziel: Unser Schicksal selbstbewußt annehmen und im Innersten wissen, daß die Dinge nicht zufällig geschehen.

Zur Erinnerung: Ich drehe mich mit dem Rad des Lebens. Mal bin ich oben, mal unten, und immer komme ich weiter voran.

11. Die Waage (Die Gerechtigkeit)

Urbild: Der Richter, die Waage

Eigenschaften der Karte: Ausgleich von Gegensätzen, Balance, Unbestechlichkeit, Entscheidung, innere Harmonie finden, Fairneß, bewahren von Recht und Ordnung, abwägen von Für und Wider, Weisheit, Klarheit des Verstandes, guter Ausgang einer Angelegenheit

Warnt vor: Vorurteilen, Selbstgerechtigkeit, Unehrlichkeit sich selbst und anderen gegenüber, einseitiger Beurteilung einer Situation

Botschaft: Du bis für dich selbst verantwortlich.
Wäge sorgfältig ab, wofür du dich entscheidest - du wirst die Folgen tragen.

Ziel: Gleichgewicht, Recht und Ordnung, für sich selbst und die Gemeinschaft finden.
Ausgleich von Geben und Nehmen.

Zur Erinnerung: Ich bin ausgeglichen und in meiner Mitte, wenn ich mit Herz und Verstand abwäge und entscheide.

12. Der Träumer (Der Gehängte)

Urbild: Das Gefängnis

Eigenschaften der Karte: Vergehen und Neubeginn, erzwungene Ruhe, festsitzen, Umkehr, Hingabe, loslassen, Opfer bringen, geistige Offenheit, neue sich der Welt gewinnen, inneren Frieden finden, Initiation

Warnt vor: Steckenbleiben in alten Gewohnheiten, Überheblichkeit, Widerstand gegen Neues, Erschöpfung, Krankheit, Angst, Selbstaufgabe, Resignation

Botschaft: Es gibt viele Blickwinkel und Standpunkte die Welt zu erleben.

Ziel: Sich dem Leben hingeben und nach tieferer/ höherer Bedeutung suchen.

Zur Erinnerung: Ich bin der Schöpfer meiner eigenen Welt.

13. Der Abschied (Der Tod)

Urbild: Der Tod, der Sensenmann

Eigenschaften der Karte: Abschiednehmen von Gewohnheiten, Gefühlen und Lebensphasen; Prozeß des ewigen Stirb und Werde, Selbstbesinnung, Transformation, Platz schaffen für Neues, loslassen, das Unbegreifliche annehmen, Umwandlung von Altem in Neues

Warnt vor: Verlust, Selbstmitleid, Krankheit, Auflösung, steckenbleiben in alten Gewohnheiten, Schicksalsschlägen

Botschaft: Erkenne die Realität des Todes an und fühle dich deinem Leben, der Entwicklung deines Selbst verpflichtet. Jeder Abschied macht eine neue Begegnung möglich.

Ziel: Das Loslassen lernen.

Zur Erinnerung: In jedem Ende liegt ein neuer Anfang.

14. Der Schutzengel (Das Maß der Dinge)

Urbild: Harmonie

Eigenschaften der Karte: Vereinigung der Gegensätze, innere und äußere Harmonie, Vertrauen; sich so annehmen, wie man ist; das Leben als stetiger Fluß, Gleichmut, Heiterkeit des Geistes, Geduld

Warnt vor: Vernachlässigung des Alltäglichen, Unbeständigkeit, Übertreibungen, Vergeudung kreativer Energie, Rücksichtslosigkeit, Leichtsinn, Vorurteilen, Extremen

Botschaft: Es geht um Mäßigkeit, nicht Mittelmäßigkeit, sonder das Maß aller Dinge.

Ziel: Frieden mit sich selbst schließen, das rechte Maß/ das innere Gleichgewicht finden

Zur Erinnerung: Inmitten der Gegensätze finde ich den richtigen Weg.

15. Der Teufel

Urbild: Der Versucher, der Widersacher

Eigenschaften der Karte: Das Dunkle in dir annehmen, der kollektive Schatten, gegen seine Überzeugung handeln, Hochmut, den sinnlichen Lebensfreuden verfallen, Zeugungskraft, Vitalität, Versuchung, Verführung, Egoismus

Warnt vor: Liebesbeziehungen, die in Körperlichkeit ersticken; Machtgier, verwirrtem und übereiltem Handeln, Mangel an Selbsterkenntnis, blinder Naivität, schlechtem Einfluß, Oberflächlichkeit

Botschaft: Jeder Heilige hat eine Vergangenheit und jeder Sünder eine Zukunft.

Ziel: Das Dunkle als Teil von uns anzu-erkennen, als normalen Bestandteil der Welt.

Zur Erinnerung: Gott ist Tag und Nacht, Krieg und Frieden, Liebe und Haß, Licht und Schatten.

16. Der Turm (Die Zerstörung)

Urbild: Zerstörung, Verhärtung, Fessel

Eigenschaften der Karte: spirituelle Neugeburt, geistige, seelische und dog-
matische Verkrustungen brechen auf; Heilung, plötzliche
Erkenntnis, Schicksal, vom hohen Roß stürzen, große Veränderungen, Altes wird zerstört und schafft Platz für Neues,
unerwartete Trennung, überraschende und tiefgreifende
Erschütterung

Warnt vor: Selbstzerstörung, unnötigem Leid, unerwarteten Schwie-
rigkeiten, Intoleranz, Angstzuständen, Streß, Unein-
sichtigkeit, sich im eigenen Gefängnis einmauern

Botschaft: Was ursprünglich einmal nützlich war und schützen sollte,
ist zum Gefängnis geworden.

Ziel: Erstarrtes und im Leben Überflüssiggewordenes ablegen,
sich dem Lebendigen, Neuen und Unbekanntem öffnen.

Zur Erinnerung: Ich öffne mich belebenden und befreienden neuen
Erfahrungen.

17. Die Sternenfrau (Der Stern)

Urbild: Hoffnung, Leitstern

Eigenschaften der Karte: Mensch und Natur in Harmonie, Hoffnung, Glaube,
Inspiration, Selbsterkenntnis, Selbstvertrauen, Ausstrahlung, klare Visionen, Lebensfreude, Optimismus, Liebe,
tiefe Einsicht und Weisheit, Fülle

Warnt vor: Engstirnigkeit, Angst, Zweifeln, Zerstörung bestehender
Harmonie, Leichtgläubigkeit, Wankelmut, Resignation,
Luftschlössern

Botschaft: Deine Hoffnung ist dein Leitstern. Folge ihm vertrauensvoll
in die Zukunft.

Ziel: Vertrauen und Einsicht in eine höhere Ordnung gewinnen.

Zur Erinnerung: Mein Leben steht unter einem guten Stern.

18. Der Mondmann (Der Mond)

Urbild: das Dunkle, die Nacht

Eigenschaften der Karte: Tiefe der Gefühlswelt, Intuition, neue Bewußtseins-
ebene, Sehnsucht, sich mit Unbewußtem beschäftigen, Hell-
sichtigkeit, Körperbewußtsein, sich von Vergangenem befreien

Warnt vor: Angst, Illusionen, Halluzinationen, Launenhaftigkeit, Chaos,
Verrat, Identitätsverlust, Hinterhältigkeit, Enttäuschungen,
Abhängigkeit

Botschaft: Erkunde das Land deiner Gefühle.

Ziel: Die Höhen und Tiefen unserer Gefühlswelt kennen und
ausloten lernen.

Zur Erinnerung: Ich sehe meine helle Seite, ich sehe meine dunkle Seite -
zusammen ergeben sie das Ganze.

19. Die Sonnenkinder (Die Sonne)

Urbild: das Licht, der Tag

Eigenschaften der Karte: Erfolg, Kraft, Lebendigkeit, Glück, erfüllte Liebe,
Kreativität, Unschuld, Lebensfreude, Urvertrauen, Heilung,
Versöhnung, Weisheit, Ausstrahlung, das innere Licht
finden, Bewußtheit, grenzenlos fließende Energie

Warnt vor: Eitelkeit, Angeberei, Selbstsucht, Oberflächlichkeit, Besser-
wisserei, intellektueller Arroganz, Blenderei

Botschaft: Die Lichtquelle - das bist du selbst.
Die Kraft der Sonne ist in dir.

Ziel: Die Unschuld eines Kindes mit der Weisheit des Alters
vereinen.

Zur Erinnerung: Die Kraft der Sonne erhellt jeden Tag - ich sonne mich in
ihrem Licht.

20. Die Heimkehr (Das Gericht)

Urbild: das jüngste Gericht, die Erlösung, die Auferstehung

Eigenschaften der Karte: kritische Selbstprüfung, Erwachen, Veränderung, Befreiung, Offenheit, Gleichwertigkeit von Gut und Böse, sich am Erreichten freuen, mit sich ins Reine kommen, unverfälschte Beurteilung der eigenen Taten, Talente und Fähigkeiten (wieder-)entdecken

Warnt vor: Verlust, Schuld, Stagnation, Gefangenschaft, Todesangst, dem Verhaftetsein in der Materie, Selbstvorwürfen wegen verpaßter Chancen

Botschaft: Wer sich vom Tod nicht töten läßt, der lebt.

Ziel: Sich vertrauensvoll einer höheren Ordnung überlassen.

Zur Erinnerung: Ich übernehme die Verantwortung für meine Welt - und wachse daran.

21. Die Welt

Urbild: das Universum, der Kosmos

Eigenschaften der Karte: innerer und äußerer Reichtum, Lebensfreude, Anerkennung, im Einklang mit dem Universum sein, seine Mitte finden, Erleuchtung, Ziele erreichen, Vereinigung von Körper, Geist und Seele

Warnt vor: Verachtung seiner selbst und anderer, Leichtfertigkeit, Nichtbeachtung von Ahnungen und Winken des Schicksals, Hinterhältigkeit, Vermögensverlust

Botschaft: Du, die Welt und das Unfaßbare sind eins.

Ziel: Schöpfer seiner eigenen Welt werden.
Das alltägliche Leben meistern.

Zur Erinnerung: Ohne mich würde im Universum etwas fehlen.

Klaus Holitzka

Kinder-Tarot

Die Großen Arkana
für kleine Leute

2 x 22 Karten
ISBN 3-930944-23-5
DM 29,80

Klaus Holitzka hat mit dem Kinder-Tarot ein so phan-
tasievolles Kartendeck erschaffen, daß nicht nur Kin-
der seinem Charme erliegen! Jede Karte weist eine
Menge von liebevoll gestalteten Details auf, die die
Symbolik der Tarotkarten widerspiegeln und zum
Geschichten-erfinden einladen.

Durch den doppelten Kartensatz können Kinder außer Tarot damit auch andere Spiele spielen, wie z.B.
SchnippSchnapp, Memory und Schwarzer Peter.

Für Kinder von 8 bis 88!

Mit Mandalas zur eigenen Mitte!

Klaus Holitzka
Keltische Mandalas
Malblock
Lassen Sie sich verzaubern vom magischen Formenreichtum alter
keltischer Mandalas. Die Kraft der ineinander verwobenen Schlin-
gen und Knoten ist eines der wenigen offenbarten Geheimnisse
dieses alten Volkes. Malen Sie die Mandalas aus, und erleben Sie
in sich die Mystik der Kelten.
ISBN 3-930944-17-0
32 Blatt, perforiert zum Herausnehmen
DM 19,80/ SFR 19,–/ ÖS 145,–

Klaus Holitzka
Kinder-Mandala-Welten 1
Malblock
Das Selbst erkennen als Teil
des großen Ganzen – das ge-
lingt Kindern ganz intuitiv und
spielerisch mit den bezaubern-
den Illustrationen von Klaus
Holitzka.
ISBN 3-930944-06-5
32 Blatt, perforiert zum Herausnehmen (Umschlag: rosa)
DM 19,80/ SFR 19,–/ ÖS
145,–

Klaus Holitzka
Kinder-Mandala-Welten 2
Malblock
Weg vom Außen, hin zum Innen
läßt sich die kindliche Aufmerksamkeit beim Ausmalen der phan-
tasievollen Illustrationen von Klaus
Holitzka lenken, die nun im zweiten Band vorliegen.
ISBN 3-930944-15-4
32 Blatt, perforiert zum Herausnehmen (Umschlag: hellblau)
DM 19,80/ SFR 19,–/ ÖS 145,–